Șri Mata Amritanandamayi

O Biografie

Şri Mata Amritanandamayi

O Biografie

Viaţa şi Experienţe ale Credincioşilor

de

Swami Amritaswarupananda Puri

Mata Amritanandamayi Center, San Ramon
California, Statele Unite

Şri Mata Amritanandamayi - O Biografie

Publicată de:
Mata Amritanandamayi Center
P.O. Box 613
San Ramon, CA 94583
Statele Unite

———————— *Mata Amritanandamayi, A Biography (Romanian)* ————

Prima ediție de MA Center: aprilie 2016

In România: www.ro.amma.org/

In India:
www.amritapuri.org
www.embracingtheworld.org
inform@amritapuri.org

Mulțumiri

Multe din întâmplările relatate în această carte au fost preluate din biografia Sfintei Mame scrisă în Malayalam de Profesorul M. Ramakrişnan Nair căruia dorim să-i exprimăm recunoştinţa noastră. Mulțumim deasemenea tuturor celor ce au participat la publicarea acestei ediţii.

Conţinut

Prefață

Pradīpajvālabhirdivasakaranīrājanavidhiḥ
sudhāsūteścandrōpalajalalavairardhyyaracanā

svakīyairambhōbhiḥ salilanidhisauhityakaranam
tvadīyābhirvāgbhistava janani vācām stutiriyam

O, Mamă! Această laudă ce îți aduc în cuvinte, alcătu-
ită cu propriile Tale cuvinte, e ca o ceremonie în cinstea
soarelui, făcută cu propriile sale raze, ca o slujbă in
cinstea lunii, oficiată cu apa din piatra lunii[1] și ca o
cinstire adusă oceanului cu propria sa apă.

Saundaryalahari, vers 100

Iată un mistic accesibil tuturor cu care poți sta de vorbă și în a cărei prezență îl putem simți pe Dumnezeu. Este umilă dar fermă ca pământul. Este simplă dar frumoasă ca luna plină. Este Iubire, este Adevăr, este întruparea Renunțării și a sacrificiului de sine. Nu doar îi instruiește pe alții, ci acționează. Dăruiește mereu totul fără a primi nimic în schimb. Este delicată ca o floare dar tare ca diamantul. Este un mare Maestru și o mare Mamă – Mata Amritanandamayi.

---

[1] În cultura vedică, perla este considerată ca fiind piatra ce rezonează cu energia subtilă a lunii, fiind numită și „piatra lunii". Apa din piatra lunii este apa în care s-a lăsat peste noapte o perlă și care a fost în același timp expusă razelor lunii pline. Această apă absoarbe vibrațiile perlei și ale lunii și este apoi folosită în diferite ritualuri.

S-a născut perfect conştientă. În urma unor practici spirituale riguroase, care nu ştim dacă au fost necesare sau nu, a îmbrăţişat întreaga omenire cu o iubire şi o compasiune de nedescris, iubire şi compasiune care sunt însăşi esenţa ei.

Din fragedă copilarie a căutat pe Mama si Tatăl ceresc, fără îndrumarea nici unui Maestru spiritual. A înfruntat atacurile familiei şi a rudelor, a raţionaliştilor şi a unui număr mare de adversari care au încercat să o distrugă. Complet singură în mijlocul acestui câmp de luptă, a înfruntat totul netulburată şi cu un curaj neabătut. La vârsta de douăzeci şi unu de ani a manifestat public starea mistică ultimă de uniune permanentă cu Dumnezeu iar la vârsta de douăzeci şi doi de ani a început să iniţieze căutători ai Adevărului în viaţa spirituală. La douăzeci şi şapte de ani Amma pusese deja baza centrului spiritual al misiunii ei internaţionale în casa părintească. Cinci ani mai târziu douăzeci de mănăstiri (aşramuri) fuseseră înfiinţate în India şi în străinătate. La vârsta de treizeci şi trei de ani, Amma a întreprins primul ei turneu internaţional la invitaţia credincioşilor din America şi Europa, inspirând şi consolând numeroşi oameni din întreaga lume.

Mai presus de toate, Amma a sfătuit, a şters lacrimile şi a alinat suferinţele a mii şi mii de oameni din toate colţurile lumii şi de toate categoriile sociale.

Rămâne la latitudinea ta, dragă cititorule, să decizi cine şi ce este Amma, ascultând vocea inimii…

Swami Amritaswarupananda

Legenda

În Alappad Panchayat din ținutul Kollam aflat în provincia Kerala în sudul Indiei, există un mic sat pe nume Parayakadavu. Acest sat se află în mijlocul unei întinderi nesfârșite de cocotieri, pe o peninsulă îngustă separată de uscat la est de către o lagună și udată la vest de apele Mării Arabiei.

Sătenii fac parte dintr-un neam simplu de pescari și sunt mândri să aibă la originea lor, printre alții, și pe înțeleptul Parasara. Înțeleptul Parasara s-a căsătorit cu fata de pescar Satyavati, mamă a lui Șri[1] Veda Vyasa, renumitul autor al Vedelor în forma lor scrisă. Multe legende menționează sfințenia și măreția acestui sat în care viața de zi cu zi și obiceiurile oamenilor sunt încă strâns legate de mituri sacre. Sătenii nu au nici o îndoială că evenimentele descrise în aceste legende s-au petrecut cu adevărat, în urmă cu câteva mii de ani. Una din aceste legende e precum urmează:

Odată, Zeul Subramanya, fiu al Domnului Șiva[2] și al zeiței Parvati[3], a comis o greșeală gravă. Înfuriat de greșeala fiului sau, Domnul Șiva l-a blestemat să se nască sub forma unui pește. Amărâtă de soarta fiului său, Parvati i-a cerut lui Șiva să îl ierte.

---

[1] De bun augur. Termen folosit în India pentru a exprima respectul pentru o anumită persoană.

[2] Nume al divinului sub aspectul său de Domn al ascetismului (austerităților spirituale); a treia persoană a Trinității hinduse, asociat în special cu aspectul distructiv al divinului (Brahma crează, Vișnu menține iar Șiva distruge); principiu masculin sau conștiință pură, nemanifestată.

[3] „Fiica Muntelui". Unul dintre numele perechii lui Șiva.

În loc să îi îndeplinească rugămintea, Şiva s-a mâniat şi mai tare şi a condamnat-o pe Parvati să se nască sub forma unei pescăriţe. Ulterior, mânia lui Şiva s-a mai potolit cât de cât şi El i-a făcut cunoscut lui Subramanya că va veni în persoană la timpul potrivit pentru a ridica blestemul şi pentru a-i binecuvânta.

Potrivit blestemului Domnului Şiva, Domnul Subramanya a luat forma unui peşte, mai exact, a unei balene uriaşe. Balena şi-a făcut apariţia în mare în regiunea Alappad şi a cauzat pescarilor daune teribile. Obişnuiţi să pescuiască şi ziua şi noaptea, pescarii nu mai puteau acum ieşi deloc în larg. Uneori balena le sfâşia plasele de peşte, alteori le răsturna bărcile, punându-le viaţa în pericol. Sătenii erau practic condamnaţi la sărăcie şi la foamete.

Regele pescarilor a încercat în zadar să găsească o soluţie. Încercând să hrănească pe sătenii ce mureau de foame, averea i-a fost repede secătuită. În final, a dat o proclamaţie: cel care va reuşi să prindă balena aducătoare de necaz nu numai că va primi o recompensă bogată dar i se va acorda şi mâna prinţesei în căsătorie. Însă balena era atât de înfricoşătoare, că nimeni nu a răspuns acestei provocări. Regele şi supuşii pierdusera orice speranţă, când şi-a făcut apariţia un bătrân misterios din nord. Nimeni nu îi cunoştea identitatea. Adus în faţa regelui, a declarat cu îndrăzneală că poate captura balena şi salva pescarii de la dezastru. Însoţit de regele uimit şi de supuşii săi, bătrânul s-a îndreptat spre mare cu paşi siguri.

Ajuns acolo, a început să răsucească fâşii de viţă de vie până când a făcut o frânghie lungă şi, prinzând în mâini un capăt, a aruncat celălalt capăt în mare. Frânghia a înconjurat locul în care se afla balena. Bătrânul a dat frânghia pescarilor şi le-a spus să tragă de ea cu toată puterea, recitând în tot acest timp o anumită mantră[4]. După ore de efort susţinut, peştele uriaş a fost în sfârşit

---

[4] „Aceea care potoleşte mintea"; silabă sacră, nume sau formulă mistică; rugăciune dată de către guru şi a cărei repetiţie (japa) duce la mântuire (mokşa);

tras pe uscat, înlănţuit în frânghie. Brusc, spre uimirea tuturor, balena a dispărut şi în locul ei s-a ivit Domnul Subramanya, eliberat de blestem de Domnul Şiva. În locul în care fusese tras la mal peştele gigantic a fost construit un templu închinat Domnului Subramanya. Acest templu care există şi astăzi e mărturie vie a acelor evenimente de mult trecute.

Legenda nu se încheie însă aici. Domnul Şiva, deghizat în forma bătrânului din nord, s-a înfăţişat regelui şi şi-a cerut recompensa: mâna prinţesei. Regele, care promisese pe unica sa fiică eroului care îi va salva supuşii, se afla acum într-o mare dilemă. Şi el şi supuşii lui erau extrem de tulburaţi. Cum să dea un tată, şi mai ales un rege, pe frumoasa lui fiică, în căsătorie unui om bătrân? Regele îl rugă să ceară orice alt lucru din regat, dar nu pe fiica lui. Bătrânul răspunse calm că un rege trebuie să îşi ţină cuvântul dat.

Regele sa afla acum într-o situaţie fără ieşire. Adevărul este puterea pescarilor. Ei cred cu tărie că Adevărul îi ocroteşte. Fără Adevăr, spun ei, ieşirea pe mare e sinucidere curată. Regele înmărmurise. Nu putea nici să-şi rupă jurământul, nici să-şi dea fiica iubită bătrânului. În acest moment, prinţesa, nimeni alta decât Zeiţa Parvati, a spus fără ezitare: „Tată şi nobile rege, este datoria fiecăruia dintre noi să protejăm dharma[5]. Nimic nu trebuie sa stea în calea ei". Trist, regele a trebuit să o lase să plece cu bătrânul. Nimeni nu bănuia că umilul sat de pescari fusese scena unei drame divine în care Domnul Şiva şi Zeiţa Parvati fuseseră reuniţi. Cu inima grea, poporul a urmat cuplul celest o parte din drum întrebând tot timpul: „Unde vă duceţi? Am vrea

---

toate versetele Vedelor, versete revelate de divin rişilor, în urma austerităţilor spirituale efectuate de aceştia.

[5] Dharma se traduce prin „ceea ce ţine lucrurile legate". Lege, adevăr, regulă de acţiune corectă, în armonie cu ordinea universală şi voinţa divină. În sistemul social indian, reguli de conduită religioasă, socială şi morală.

să venim şi noi cu voi." „Nu avem un loc anume în lume. Ne vom
aşeza oriunde vom ajunge", au răspuns ei. Domnul Şiva şi Zeiţa
Parvati şi-au continuat călătoria, însoţiţi de pescari, oprindu-se
în final într-un anumit loc. Aici Domnul Şiva şi-a îndreptat faţa
spre răsărit iar Zeiţa Parvati spre apus şi cei doi s-au transformat
în statui de piatră. Locul în care s-au oprit a devenit cunoscut în
vremurile noastre sub numele de Chenganoor.

Mai târziu, aici s-a construit un templu în care se săvârşesc
ritualuri zilnice. Şi apoi s-a întâmplat ceva foarte ciudat. De câte
ori se aducea apă în *sanctum sanctorum* pentru ritualul zilnic,
preoţii găseau în ea un peşte. Din acest motiv ritualul zilnic
nu putea fi dus la bun sfârşit. Încercând să găsească o soluţie,
administraţia templului a făcut nişte calcule astrologice şi a
descoperit întreaga poveste a Domnului Şiva şi a Zeiţei Parvati
şi blestemul Domnului Subrumanya. Calculele astrologice au
revelat totodată că uniunea bătrânului şi a prinţesei nu fusese
niciodată oficiată conform tradiţiei. Conform obiceiului locului,
sătenii din Alappad, unde Zeiţa Parvati se născuse ca pescăriţă,
ar fi trebuit să aducă zestre şi alte obiecte sacre în Chenganoor
pentru a celebra căsătoria. Sătenii din Chenganoor şi Alappad
au făcut pregătirile necesare. Sătenii din Alappad au adunat la
un loc obiectele de cult pe care le cerea ocazia şi au pornit spre
Chenganoor pentru a celebra căsătoria divină. Chiar şi în zilele
noastre, localnicii respectă acest obicei în amintirea vechii legende.
Templul constituie şi în prezent un centru de atracţie pentru mii
de credincioşi.

În urmă cu câteva zeci de ani, a avut loc un incident intere-
sant legat de această legendă. Într-un an, sătenii din Alappad nu
au participat la această sărbătoare, ignorând vechile obiceiuri şi
pregătirile obişnuite. Au decis că nu are sens să cheltuiască atâţia
bani ca să călătorească tocmai până la Chenganoor, că ar fi o
risipă. S-au gândit: „De ce să participăm la o sărbătoare ce se ţine

într-un loc îndepărtat?" Imediat, în templul din Chenganoor au avut loc evenimente misterioase. Elefantul de paradă care urma să poarte statuia Domnului Şiva în procesiune a refuzat să se miște din loc. Toate eforturile de a-l urni din loc au eșuat. Vestea acestui eveniment nefast a fost imediat transmisă celor din Alappad, dar a sosit prea târziu. Aici izbucnise deja o epidemie de variolă. Dându-și seama de greșeală și cu mare părere de rău, sătenii au pornit imediat spre Chenganoor, ducând cu ei toate cele necesare contribuției lor obișnuite la sărbătoare.

Acestea sunt vechile legende strâns legate de țărmul Mării Arabiei și de oamenii acestor locuri. Este oare atunci de mirare că acest loc sfânt a devenit din nou scena principală a unei drame divine?

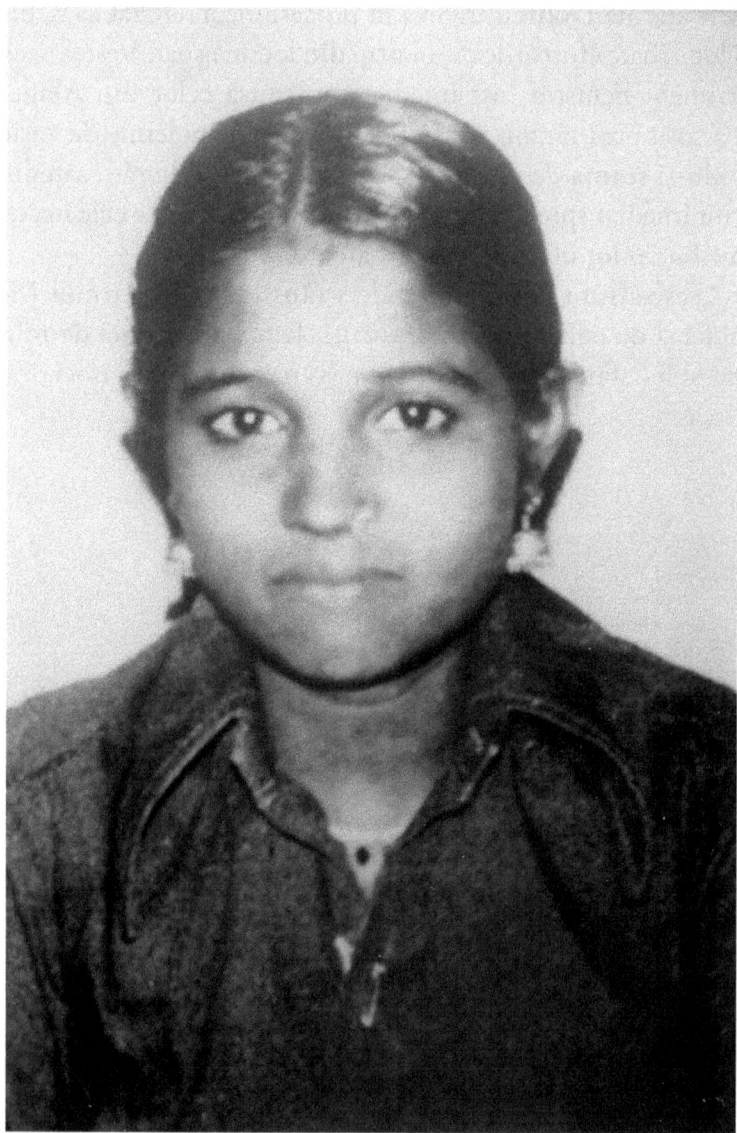

Capitolul 1

Încă de la Naştere

„Încă de la naştere am avut o mare dragoste pentru Numele Domnului. Atât de mare, încât obişnuiam să-l repet Numele fără încetare, cu fiecare respiraţie, iar prin minte îmi treceau neîntrerupt gânduri sfinte indiferent de locul în care mă aflam sau de munca pe care o făceam. O astfel de reamintire constantă a lui Dumnezeu cu dragoste şi devotament ar fi de mare ajutor oricărei persoane care aspiră să cunoască pe Dumnezeu."

Mata Amritanandamayi

Thīrthikurvanti tīrthani sukarmikurvanti
karmāni saccāstri kurvanti śāstrāni
modante pitaro nrityanti devatāḥ
sanatha ceyan bhūrbhavati

*„Marii Sfinţi sfinţesc locurile de pelerinaj, conferă
corectitudine şi valoare oricărei acţiuni întreprinse şi
dau autoritate spirituală scripturilor.
Când se naşte un asemenea Sfânt, strămoşii se bucură,
Zeii dansează de fericire iar Pământul primeşte un
Salvator".*

Sutrele Narada Bhakti, versuri 69-71

Strămoşii

Familia Idamannel era o familie veche din satul Parayakadavu
ale cărei proprietăţi ocupau o mică parte din Alappad Pancha-
yat. Ocupaţia lor strămoşească era pescuitul, dar aceasta nu era
singura lor activitate. O parte esenţială a vieţii de zi cu zi era
formată din practicile religioase şi respectarea diferitelor posturi
şi a altor obiceiuri religioase. Pescarii din această familie erau
cunoscuţi printre altele pentru generozitatea lor. Primul lucru
pe care îl făceau la întoarcerea din larg era sa distribuie o parte
din peştele prins sătenilor aflaţi pe ţărm, fără să accepte nici un
ban în schimb. Iar după ce vindeau peştele, dădeau întotdeauna
o mână de monede copiilor din sat.

În familia Idamannel se născuseră multe suflete pioase.
Printre ele se afla şi Şri Velayudhan, un om de mare generozitate,
compasiune şi mare iubitor de adevăr, extrem de devotat practicii
ahimsa (de non-violenţă). Şri Velayudhan nu permitea nimănui
să ucidă nici măcar un şobolan. Velayudhan a luat de soţie pe
Şrimati Madhavi, o femeie cucernică care obişnuia să se trezească

înainte de răsăritul soarelui pentru a împleti ghirlande de flori pentru toate zeităţile venerate de familie. În timp ce împletea, repeta neîncetat Numele Domnului. Chiar şi astăzi, deşi trecută de optzeci de ani, Şrimati Madhavi poate fi întâlnită zilnic în faţa templului, împletind ghirlande cu acelaşi zel şi devotament.

Sugunanandan era primul născut dintre cei cinci copii ai familiei. Inspirat de atmosfera religioasă din familie, Sugunanandan a crescut cu mare credinţă în Domnul Krişna. În jurul vârstei de nouă ani a început să studieze Kathakali, un dans clasic din regiunea Kerala, prin care sunt puse în scenă diferitele jocuri şi activităţi ale zeilor şi zeiţelor din Panteonul Hindus. În timp ce muzicienii prezintă povestea prin cântece tradiţionale, actorii, principalii interpreţi, dansează într-un mod special, făcând gesturi sacre (numite mudre). Personajul favorit al lui Sugunanandan era Şri Krişna. Odată, în timpul unui spectacol de Kathakali, Sugunanandan s-a identificat atât de puternic cu rolul lui Krişna, încât şi-a pierdut cunoştinţa.

Atmosfera din jurul casei familiei Idamannel era foarte calmă şi liniştită. Trei laturi ale casei erau mărginite de apa lagunei, plină de sălbăticiuni şi vegetaţie bogată ce consta în principal din cocotieri, pomi fructiferi şi nuci.

La acea vreme, nu existau multe alte case în jur. După terminarea orelor de şcoală, în drum spre casă, Sugunanandan, acum băiat de treisprezece, paisprezece ani, se delecta împreună cu vărul său cu activitatea sa favorită: culesul de nuci. Băieţii culegeau nuci după pofta inimii. Într-o zi, pe când culegeau de zor nuci, au observat un saniasin (călugăr care călătoreşte permanent dintr-un loc în altul) cu păr lung apropiindu-se de Idamannel. Băieţii îl vedeau pentru prima oară în sat şi au fost intrigaţi de înfăţişarea lui radioasă. După ce a umblat o vreme pe proprietate, saniasinul a izbucnit brusc într-un râs extatic şi a declarat cu voce tunătoare: „Văd aici mulţi asceţi cufundaţi în meditaţie. Aici au trăit multe suflete mari, mormintele lor se află în acest pământ. Mulţi saniasini se vor mântui aici. Acesta va deveni un loc sfânt." Izbucnind din nou într-un râs extatic, călugărul şi-a văzut de drum. Neştiind ce să creadă despre această întâmplare, băieţii au reluat culesul nucilor. Mulţi ani mai târziu, Sugunanandan şi vărul lui îşi vor aminti, minunându-se, vorbele profetice ale saniasinului.

Nu după multă vreme Sugunanandan a început să facă comerţ cu peşte iar la vârsta de douăzeci şi unu de ani a luat-o în căsătorie pe Damayanti, o fată de douăzeci de ani din satul alăturat, Bhandavaturuttu. Damayanti provenea dintr-o familie foarte pioasă care participa la slujbe religioase în fiecare zi, fără excepţie. Aceste slujbe religioase erau organizate de familie, care avea chiar şi un templu propriu. Încă din copilărie, Damayanti dusese o viaţă virtuoasă. Tatăl ei, Punyan, şi mama, Kanutta Kumya, erau extrem de credincioşi. Întreaga atmosferă familială a încurajat-o să ducă o viaţă religioasă.

Damayanti era atât de pioasă încât sătenii o numeau în semn de respect: „Pattathi Amma", „Doamna Brahman[1]". Întrucât credinţa în Dumnezeu constituia elementul central al vieţii ei, Damayanti respecta diferite practici religioase (cum ar fi ţinutul postului) aproape în fiecare zi a săptămânii. Damayanti postea frecvent şi îşi încheia postul bând laptele nucilor de cocos fragede care cădeau misterios din copaci în calea ei.

Damayanti şi Sugunanandan au avut treisprezece copii dar patru au murit la naştere iar un altul la cincizeci şi trei de zile. Copiii rămaşi în viaţă, patru fii şi patru fiice au următoarele nume (în ordine cronologică, de la cel mai mare la cel mai mic):

---

[1] Casta brahmanilor este cea mai înaltă castă în sistemul social indian. Este casta celor ce îndeplinesc ritualurile vedice (preoţi), a educatorilor, a celor ce fac legile şi a predicatorilor.

Kasturbai[2], Sunil Kumar[3], Sudhamani, Sugunamma, Sajani, Sureş Kumar, Sathiş Kumar şi Sudhir Kumar. Dintre aceşti copii, Sudhamani a fost cea menită să devină cunoscută în întreaga lume ca Mata Amritanandamayi, sau Mamă a Beatitudinii Eterne.

În timpul celei de-a patra sarcini, Damayanti a început să aibă viziuni ciudate. Uneori îl visa pe Domnul Krişna într-o formă încântătoare; alteori i se arăta joaca divină dintre Domnul Şiva şi Devi[4]. Într-o noapte, Damayanti a visat că un personaj misterios a venit să îi încredinţeze o statuie a lui Şri Krişna, făurită din aur curat. În aceeaşi perioadă, Sugunanandan a visat-o pe Devi, Mama Divină. Întrucât Sugunanandan era devotat în principal Domnului Krişna, nu şi-a putut imagina de ce i s-ar arăta Devi în vis. Când i-a povestit visul lui Damayanti, a descoperit că şi ea avusese multe viziuni în ultima vreme. Amândoi au început să se întrebe ce ar putea însemna aceste vise şi dacă nu cumva prevestesc un mare noroc.

În această perioadă, Sugunanandan şi Damayanti locuiau pe plajă într-o colibă modestă, întrucât acesta era un loc mult mai convenabil pentru comerţul cu peşte decât cealaltă casă de pe proprietatea familiei Idamannel ce se afla la cinci minute de mers, dincolo de apa lagunei.

În timpul celor trei sarcini anterioare, Damayanti se umflase la trup cu câteva săptamâni înainte de naştere şi acesta devenise pentru ea semnalul că este timpul să îşi reducă activitatea fizică şi să se întoarcă în casa familiei ei în Bhandavaturuttu pentru a fi ajutată să nască. Damayanti se afla încă în aşteptarea acestui semnal şi nu începuse pregătirile necesare pentru naşterea celui de-al patrulea copil.

---

[2] Numită de aici încolo Kasturi, forma colocvială a numelui ei.

[3] Numit de aici încolo Subhagan.

[4] Mama Divină; energia divină care a dat naştere întregii creaţii şi care menţine în existenţă tot ceea ce există, cunoscută şi sub numele de Şakti Divin; Şiva este aspectul nemanifestat al divinului, conştiinţa pură, iar Devi este aspectul manifestat, întreaga creaţie; Devi are multe alte nume, printre care şi Parvati, Şri Lalita, Sita, Durga, Kali, Uma, Tara, Radha.

Într-o noapte, Damayanti a avut un vis minunat. A visat că îl născuse pe Krișna și că Îi ședea în poală și sugea lapte de la sânul ei. A doua zi, în timp ce lucra pe plajă, a avut brusc senzația că e pe cale să nască. Damayanti nu a dat atenție acestei senzații, întrucât nu se umflase încă la trup. Dar când această senzație stranie a continuat, Damayanti s-a oprit din lucru. Fără să știe de ce, a simțit dorința inexplicabilă să meargă la Idamannel și, traversând singură apa lagunei, s-a îndreptat spre casă. Ajungând în colibă, a început să adune câteva lucruri. O clipă mai târziu, a avut o senzație familiară și a realizat brusc că e pe cale să nască. Abia apucă să aștearnă ceva pe podea și să se întindă pe jos, că se și născu copilul. Rapiditatea cu care se derulaseră aceste evenimente a uluit-o pe Damayanti. Când a reușit să-și revină un pic din șoc, a observat că bebelușul era o fată. Nașterea fusese perfect liniștită și se produsese fără nici un zgomot. În afara senzației care o alertase inițial, Damayanti nu avusese nici o durere. Imediat ce și-a venit în simțiri un pic, a fost cuprinsă de neliniște. Trăiește fetița? Nu o auzise încă plângând. Mare i-a fost uimirea când, examinând-o îngrijorată, a văzut pe fața ei micuță un zâmbet larg. Privirea copilului îi străpunse inima și Damayanti nu o uită niciodată.

În acest moment, în ușa colibei și-a făcut apariția o femeie din casa vecină. Realizând imediat ce se întâmplase, s-a grăbit să ajute pe mamă și pe nou-născut. Astfel, în dimineața zilei de douăzeci și șapte septembrie 1953, într-o colibă modestă din frunze de palmier, a venit pe lume o fetiță.

Părinții au fost intrigați de tenul albastru închis al fetiței și de faptul că stătea în padmasana[5] cu degetele în chinmudra[6]. S-au temut că tenul albastru închis se datora unei boli rare și că

---

[5] Postura lotusului în hatha yoga: așezat, cu picioarele încrucișate.

[6] Chinmudra este un gest sacru în care vârful degetului mare atinge degetul arătător, formând un cerc. Acest gest simbolizează uniunea sinelui individual cu Absolutul.

poziţia ciudată ar putea fi cauzată de o anomalie în structura osoasă sau unei dislocări a oaselor. Neliniştiţi, au consultat diverşi doctori care au confirmat în final absenţa oricărui handicap. În ce priveşte culoarea neobişnuită a pielii, ea nu a putut fi atribuită eredităţii, întrucât şi Sugunanandan şi Dayamanti aveau un ten brun deschis. Ţinând cont de acest fapt, părinţii au fost sfătuiţi să nu îmbăieze copilul timp de şase luni de zile, în speranţa că maladia misterioasă va dispărea de la sine.

Şase luni mai târziu, pielea bebeluşului era tot albăstruie, culoare care aminteşte de Domnul Krişna şi de Kali[7]. În final, după o vreme, albastrul închis a devenit maro închis. Dar mai târziu, de câte ori dorinţa fetiţei de a vedea pe Domnul Krişna se intensifica, pielea ei lua culoarea albastră. Chiar şi în zilele noastre, în timpul Bhavelor[8] divine ale lui Krişna şi Devi, se poate observa această nuanţă albăstruie.

Ironia este că tocmai acest ten albastru închis a fost motivul pentru care Damayanti şi ceilalţi membri ai familiei au tratat întotdeauna pe acest copil cu mare dispreţ. Aversiunea lor pentru copilul cu pielea întunecată i-a determinat în final să o trateze ca pe o servitoare a familiei şi a rudelor. De fapt, doar câteva rude apropiate au fost informate de această naştere, întrucât acest copil nu a fost considerat de mare importanţă. Damayanti născuse deja trei copii iar aceasta era la urma urmelor doar o fată.

Cine şi-ar fi putut imagina că acest copil ciudat cu piele albăstruie, născut într-o colibă de pe malul Mării Arabiei, este de fapt un Maestru spiritual venit în această lume pentru a aduce

---

[7] Kali este o altă formă a divinului feminin, o formă fioroasă însă doar în aparenţă. Kali distruge calităţile negative şi apare ca fiind fioroasă celor ce rezistă purificării interioare necesare. Însă pentru cei ce îi sunt devotaţi, Kali este Mama Divină, plină de iubire şi afecţiune pentru copiii ei.

[8] Stare de conştiinţă extatică născută din identificarea interioară totală cu un anumit aspect al divinului. În timpul unei bhave divine, credinciosul se transformă în acel aspect al divinului, Zeu sau Zeiţă, pe care îl venerează.

umanității în suferință preaplinul păcii și iubirii dumnezeiești? Cine ar fi putut prevedea potențialul spiritual al micuței care urma să ajute mii și mii de credincioși să traverseze oceanul transmigrației[9]?

Din momentul nașterii fetiței, familia a început să observe semne neobișnuite ce nu aveau să fie pe deplin înțelese decât mulți ani mai târziu. În mod obișnuit, înainte de a merge, un copil trece prin câteva stadii de dezvoltare bine definite. Copilul stă întâi întins pe spate, apoi se răstoarnă și stă întins pe burtă, ridicându-se cu ajutorul brațelor. În final, copilul începe să se târască și, după câteva luni, se ridică în picioare sprijinindu-se de diverse lucruri. În jurul vârstei de un an, începe să meargă. În cazul acestei fetițe însă, lucrurile s-au petrecut diferit. Într-o zi, după aproximativ șase luni de la naștere, fetița se ridică dintr-o dată în picioare și se îndreptă direct spre verandă. Nu mult după aceea începu să alerge, uimind și umplând de bucurie întreaga familie.

Giuvaer de ambrozie

Părinții au numit această fetiță remarcabilă Sudhamani, „Giuvaer de ambrozie". Spre deosebire de alți copii mici, Sudhamani a început să vorbească limba maternă, Malayalam, la doar șase luni. Pasiunea ei pentru Numele Domnului s-a manifestat imediat ce a început sa vorbească fluent. La vârsta de doi ani, fără a fi instruită de nimeni, a început să se roage și să cânte mici imnuri de slavă Domnului Krișna. De câte ori se întâmplau să o audă, membrii familiei rămâneau surprinși. În cursul anului care a urmat, Sudhamani a început să recite melodios Numele Domnului cu voce tare. Acest obicei continuă și în prezent. La vârsta de patru

---

[9] Metafora folosită pentru a reprezenta ciclul nesfârșit al nașterii, morții și renașterii.

ani cânta cu fervoare devoţională compoziţii proprii de un rând sau două, aşezată în faţa pozei ei favorite a Domnului.

Încă din fragedă copilarie, Sudhamani a fost plină de viaţă şi de energie. Toţi cei din sat iubeau acest copil ascultător şi chiar şi străinii simţeau o atracţie inexplicabilă şi afecţiune pentru ea. Iubirea de Dumnezeu, grija pentru ceilalţi şi alte trăsături admirabile s-au manifestat încă din copilarie. Datorită acestor calităţi, toţi cei din sat o numeau „Kunju", „Micuţa". În mod straniu, tocmai aceste calităţi au devenit mai târziu scuza pentru tratamentul abuziv pe care avea să îl îndure în copilărie din partea părinţilor şi a rudelor.

Sudhamani nu avea nici cinci ani şi deja iubirea înnăscută pentru Domnul Krişna i se revărsa neîntrerupt din inimă. Nu a trecut mult până când această iubire a luat forma unor cântece. Izvorâte din adâncul sufletului şi pline de un dor arzător pentru iubitul ei Krişna, aceste cântece simple, însă de un misticism profund, au devenit binecunoscute în întregul sat. În timp ce cânta, îşi aţintea privirea asupra unei poze micuţe a lui Krişna pe care o purta mereu cu ea. La final, rămânea nemişcată multă vreme. Acest comportament extraordinar şi iubire intensă pentru Dumnezeu a uimit pe toată lumea şi a atras atenţia tuturor credincioşilor din sat. Ei obişnuiau să se trezească devreme în zori pentru a asculta vocea angelică a lui Sudhamani întâmpinând o nouă zi.

Ampati Tannile

O, Doamne, Ocrotitor al Gokulam şi fiu iubit al lui Ampati,
O, Dumnezeu al Oceanului de Lapte,
Tu, Cel de culoarea norilor,
O, Tu Cel cu ochi de lotus,
Te ador cu palmele împreunate...

Ușurează te rog de păcate pe cei păcătoși,
O, Tu Cel de culoarea norilor închiși,
Și fie-ți milă de sărmanii din acest sătuc...

O, Doamne al Flautului ce porți straie galbene
Și o ghirlandă de iasomie,
Vino te rog și cântă la Flaut.
O, Distrugător al lui Putana, te rog să mă ocrotești!
O, Cel ce te odihnești pe un șarpe imens,
O, Doamne al Gokulam care
Ai oprit ploaia torențială, fă-mă, rogu-te,
una cu Picioarele Tale de Lotus,
Eliberându-mă astfel pentru totdeauna de durerea din
sufletul meu.

Chiar de la această vârstă fragedă au început să apară la Sudhamani anumite trăsături vizibile ale divinității ei. În timp ce se juca sau în timpul altor activități, Sudhamani pierdea uneori brusc cunoștința lumii exterioare. Cu aceste ocazii, părinții sau alți membrii ai familiei o găseau încremenită în poziție de meditație în locuri pustii sau izolate. Alteori o găseau așezată pe malul lagunei, cu privirea ațintită asupra apei sau contemplând în tăcere albastrul cerului, ca și când s-ar fi aflat pe o altă lume. De multe ori o găseau așezată de una singură, cu ochii închiși. Când era readusă în simțiri, de multe ori nu părea a fi complet prezentă, într-o stare normală.

Întrucât nu puteau înțelege semnificația acestor stări de conștiință neobișnuite, părinții obișnuiau să o certe pentru că nu era jucăușă ca ceilalți copii. Aceasta a marcat începutul unei lungi perioade de tratament abuziv al fiicei lor și de interpretare eronată a momentelor de reverie mistică. În ceea ce îi privea, părinții erau îngrijorați că acest comportament ciudat al fiicei lor semnala o afecțiune psihologică.

La vârsta de cinci ani, Sudhamani a fost înscrisă în clasa întâi a şcolii Srayicadu din satul alăturat. Chiar şi la această vârstă, Sudhamani dădea dovadă de o inteligenţă şi memorie extraordinare. Odată ce auzea o lecţie, îi rămânea întipărită în minte pentru totdeauna şi putea recita fără nici un efort oricare dintre lecţiile citite sau care îi fuseseră predate la şcoală. Aflată în clasa a doua, Sudhamani recita cu uşurinţă lecţiile claselor mai mari pe care le auzise din întâmplare pe când le citeau colegii din clasele superioare. Colegii ei mai mari, inclusiv fratele şi sora ei, erau uneori pedepsiţi sever de către învăţător pentru că nu reuşeau să memoreze poezii. Însă micuţa Sudhamani, aflată într-o clasă mai mică decât ei, intona poeziile melodios, dansând ca un fluture delicat în timp ce le recita. Toţi profesorii o admirau şi erau permanent uimiţi de memoria ieşită din comun a lui Kunju. Sudhamani a luat nota zece la toate disciplinele şi s-a clasat prima în clasă, în ciuda faptului că era deseori absentă datorită responsabilităţilor casnice.

Un alt incident care ilustrează memoria remarcabilă a lui Sudhamani s-a petrecut la cinci luni de la naştere. În ziua în cauză, Damayanti a lăsat casa şi bebeluşul în grija lui Sugunanandan. Dintr-o cauză necunoscută, bebeluşul a devenit agitat şi a început să plângă. Aceasta era o situaţie nefamiliară pentru Sugunanandan care a făcut tot ce i-a stat în putinţă pentru a linişti bebeluşul, dar fără succes. Sudhamani a continuat sa plângă exasperând complet pe Sugunanandan care a sfârşit prin a o arunca brutal pe pătuţ.

Mulţi ani mai târziu Sudhamani avea să îi spună tatălui ei: „O, cum m-ai aruncat în ziua aceea! Mai aveai puţin şi mă omorai". Iniţial, Sugunanandan nu a înţeles ce vroia să spună, dar după câteva momente amintirea vechiului incident i-a străfulgerat prin minte şi el a rămas din nou peste măsură de uimit de memoria fiicei lui.

De câte ori avea timp liber la şcoală, Sudhamani îl folosea pentru a termina temele pentru acasă în speranţa că, odată ajunsă acasă, putea petrece timpul astfel câştigat gândindu-se la Dumnezeu. La întoarcerea acasă, fetiţa obişnuia să-şi ajute mai întâi mama la treburile gospodăriei. Când mama nu avea nevoie de ea, Sudhamani se uita pe sine în cântece devoţionale.

Încă din copilărie, Sudhamani era foarte grijulie cu timpul liber şi nu lăsa să treacă nici măcar un moment fără a face ceva util. În timp ce lucra, Sudhamani repeta neîntrerupt Numele Sfânt al Domnului Krişna. Vizualizând forma încântătoare a iubitului ei Krişna în inima sa în timp ce îi repeta Numele, Kunju îşi petrecea zilele şi nopţile în propria ei lume.

Casa în care Sudhamani şi-a petrecut copilaria consta din doar două camere şi o bucătărie. Pentru a atenua disconfortul cauzat de un spaţiu locuibil atât de modest, Sugunanandan a mai construit o cămăruţă de-a lungul staulului[10]. Aceasta era folosită ca şi cameră de studiu pentru copii dar a fost şi locul în care micuţa Sudhamani şi-a petrecut multe din zilele copilăriei meditând şi cântând cântece devoţionale. În staul se mai aflau încă doi refugiaţi: o femeie abandonată pe nume Potichi, de meserie bărbier, şi copilul ei. Lui Sugunanandan i se făcuse milă de starea ei jalnică şi îi permisese să stea acolo. Potichi, femeia bărbier, o iubea pe Sudhamani foarte mult. O purta mereu pe şold şi avea grijă de ea mai mult chiar decât Damayanti.

Astfel o găsim pe micuţa Sudhamani trăind în staul, concentrându-şi mintea şi inima pe forma încântătoare a lui Krişna. Aşa cum vacile îi fuseseră dragi lui Krişna, şi micuţa le adora. De câte ori avea un moment liber le căuta compania, petrecându-şi timpul alături de ele în solitudine, pierdută în

---

[10] În vecinătatea locului în care se află în prezent vechiul Templu al Darşanului Bhavei.

reverie divină și în dorul nemărginit de a vedea forma divină a lui Krișna.

Datorită firii ei iubitoare, Sudhamani era mereu înconjurată de copii care veneau cât de des puteau la Idamannel să se joace cu ea. Împreună, mergeau să strângă iarbă pentru vaci. Deși micuții prieteni ai lui Sudhamani nu erau interesați de munci obositoare, i se alăturau fericiți, pentru a se putea bucura de compania ei veselă. Toți copiii simțeau o atracție misterioasă pentru ea și o iubeau foarte mult. După ce terminau lucrul, Sudhamani organiza diferite jocuri, atrăgând și alți copii. Sudhamani regiza diferite întâmplări din viața lui Șri Krișna, în special pozne săvârșite când era copil. Fără nici o dificultate, îi făcea pe copii să cânte împreună cântecele devoționale care îi treceau prin gând necontenit.

Nimeni nu putea înțelege stările devoționale ale lui Sudhamani care deveneau din ce în ce mai intense. Astfel au trecut săptămâni și apoi luni și cu trecerea lor, Sudhamani a devenit din ce în ce mai absorbită de activitățile ei devoționale, de cântecele ei pline de dor, pline de dorința arzătoare de a contempla frumusețea divină a Domnului ei. Stările ei extatice au devenit din ce în ce mai frecvente și nu erau limitate întotdeauna la clădirea staulului. Uneori Sudhamani dansa în extaz, învârtindu-se pe loc și cântând cântecele ei devoționale, uitând complet de lumea înconjurătoare. Următorul cântec a fost compus de Kunju la vârsta de șapte ani:

Ocrotește-mă, O, Dumnezeu Suprem care rezidă în Guruvayoor
O, copile Krișna, ce ai jucat rolul unui păstoraș,
O, Doamne al întregului Univers, consort al Zeiței Lakshmi,
Ocrotește-mă, O Krișna, Preaiubit al Radhei,
O, Krișna, Preaiubit al Gopilor,
O, Krișna, fiu al lui Nanda,
O, Krișna, care ești adorat și preaslăvit de toți.

Familia și vecinii nu înțelegeau stările de extaz ale micuței pe care le considerau simple jocuri copilărești. Cine și-ar fi putut imagina că această fetiță de șapte ani, fără nici o educație spirituală, înota în Oceanul Iubirii Pure și al Beatitudinii Eterne? Uneori, Kunju se încuia într-o cameră pentru a cânta și dansa în extaz, total ruptă de lume. Odată, Damayanti, uitându-se pe gaura cheii a exclamat: „Uite și pe fata noastră cum dansează! I-ar trebui niște lecții de dans". Săracii părinți! Nu știau altceva în afara dansurilor acestei lumi. Nu auziseră niciodată de cineva care să danseze în extaz, copleșit de beatitudine divină. Dacă cineva familiarizat cu viața Marilor Suflete ar fi fost prezent, ar fi recunoscut probabil stările spirituale ale lui Sudhamani. Chiar și așa, cine s-ar fi așteptat să întâlnească o asemenea stare de extaz la un copil atât de mic? Așa a ajuns familia la concluzia că era doar martora comportamentului excentric al fiicei lor ciudate ce suferea de un exces de imaginație.

Dorința arzătoare a lui Sudhamani de a vedea pe Domnul Krișna și de a se contopi cu El a continuat să crească. Contempla neîncetat micuța poză pe care o ținea la loc sigur în cămașă. Dăruindu-și sufletul Domnului Krișna prin cântece și rugăciuni, fetița obișnuia să strige: „O dragul meu Krișna, văd atâta necaz și suferință în jurul meu. O Krișna! Nu uita te rog să păzești pe acest copilaș. Te strig mereu: nu vrei să vii să te joci cu mine?".

Cântecul care urmează a fost compus de Sudhamani la vârsta de opt ani:

Kanivin porule

O, Esență a Milei, O, Cel plin de Compasiune,
O, Krișna, ocrotește-mă!

O, Krișna, nu știi tu oare povestea acestor lacrimi
Ce curg necontenit?

Te voi adora, O, Krişna,
Oferind flori la Picioarele Tale care au zdrobit şarpele Kaliya,
Tu ai venit să îl conduci în luptă pe Arjuna
La Kurukşetra, pentru a proteja Adevărul şi Dreptatea.
O, Doamne care protejezi Dharma,
Milostiveşte-te de noi!

O, Doamne al Ghitei[11], Iubitorule de Muzică Dumnezeiască,
Dă-mi puterea să Îţi cânt cântecul...
O, Iubitorule de cântări devoţionale,
Nu auzi Tu Numele Tale sfinte,
Ce izvorăsc din adâncul inimii mele?

Faţa amărâtă a fetiţei şi cântecele ei pline de tristeţe au cucerit inima sătenilor. Dar marele mister al vieţii interioare a lui Sudhamani a continuat să rămână necunoscut celor din jurul ei. Cine şi-ar fi putut imagina bucuria extatică în care o arunca devoţiunea sa de copil? Cine alţii decât Cei Înţelepţi ar fi putut înţelege?

---

[11] Lucrare epică în care este descrisă bătălia de la Kurukşetra şi ale cărei personaje principale sunt Krişna şi Arjuna.

Capitolul 2

Servitoarea Divină

„Mama este servitoarea servitorilor. Ea nu locuieș-
te într-un loc anume. Ea sălășluiește în inima ta."

Mata Amritanandamayi

Kāminīriti hi yāminishu khalu kāmanīyaka
  nidhē bhavān
pūrnasammada rasārnavam kamapiyōgigamya
  manubhāvayan
brahmaśankara mukhānapīha paśupanganāsu
  bahumānayan
bhaktalōka gamanīyarūpa kamanīya driśna
  paripāhi mām

O, Comoară de Frumusețe! Tu cel ce ai dat în miez de noapte Gopițelor[1] *îndrăgostite aceeași bucurie duhovnicească pe care doar asceții o dobândesc, făcându-le astfel demne chiar și de respectul lui Brahma și Șiva. O, Krișna minunat, accesibil doar celor plini de credință, binevoiește să mă protejezi!*

Șrimad Narayaneeyam, canto 69, versul 11

La vârsta de 9 ani, Sudhamani a intrat în clasa a patra. La această vârstă, Sudhamani avea deja în grijă cea mai mare parte a treburilor gospodăriei, întrucât mama ei suferea de o boală cronică. Trezindu-se înainte de răsăritul soarelui, Sudhamani muncea din greu până când termina toate treburile și doar după aceea pornea spre școală. Seara, după ce se întorcea acasă, continua treaba, petrecând timpul rămas în meditație și rugăciune. Sudhamani purta mereu cu ea poza lui Krișna, pe care o îmbrățișa și o săruta plângând. Uneori, Damayanti mergea să aducă apă dintr-un loc îndepărtat, lăsând acasă pe mica Sudhamani, dar micuța se ducea după ea pe furiș, gândindu-se că s-ar putea ca mama să aibă nevoie de ajutorul ei. Când Damayanti încerca să o oprească, Sudhamani protesta viguros. Exasperată de încăpățânarea fiicei

---

[1] Gopii și Gopițele erau păstori și păstorițe de vaci din satul natal al lui Krișna, Vrindavan. Din lapte, Gopițele preparau unt și alte produse pe bază de lapte.

sale, Damayanti o încuia uneori în cameră şi încerca să o sperie spunând: „Uite, vine o stafie! Vine să te fure!". Dar nimeni nu o putea speria pe micuţa Sudhamani. Deşi micuţă, nu ştia ce e frica. Aceasta a inspirat respectul sătenilor care aveau deja o mare afecţiune pentru acest copil extraordinar. În sat trăia o femeie care obişnuia să sperie copiii mici. Când copiii deveneau prea neastâmpăraţi, părinţii o chemau să îi sperie pentru a-i linişti şi a-i face astfel din nou ascultători. Numele ei era Appisil Amma şi era uneori chemată şi la Idamannel să o sperie pe micuţa Sudhamani. Această femeie obişnuia să se furişeze la fereastra sub care stătea aşezată Sudhamani. Acoperindu-şi capul cu un sac, sărea în sus ţipând şi făcând gesturi terifiante. Uitându-se pe fereastră, Kunju îi striga cu îndrăzneală: „Du-te de aici, ştiu cine eşti. Esti Appisil Amma. Nu încerca să mă sperii!".

Sudhamani plângea după iubitul ei Krişna precum un copil părăsit şi copleşit de durere. Sătenii o considerau de pe acum ca pe cineva de pe o altă lume. Incapabili să înţeleagă motivul agoniei micuţei, ei obişnuiau să îşi exprime compasiunea spunând: „Ce păcat! Săracuţa! Ce se-ntâmplă cu ea oare? Lacrimile îi curg şiroaie. Ce situaţie deplorabilă. S-a născut oare doar pentru a plânge? O maltratează poate familia? Cu ce-a greşit ca să aibă parte de o asemenea suferinţă?" Toată lumea o compătimea pe micuţa Sudhamani şi unii încercau chiar să o consoleze. Dar cine altul decât Preaiubitul Gopilor putea să îi potolească setea nestinsă de uniune spirituală?

După cum am mai menţionat, atitudinea nepărtinitoare a lui Sudhamani faţă de toţi şi toate, caracterul ei nobil, compasiunea pentru toate creaturile şi cântecele ei încântătoare atrăseseră deja afecţiunea tuturor sătenilor. Sufletul celor ce aveau norocul să o cunoască se deschidea spontan în prezenţa ei. Soarta nu a fost însă la fel de milostivă în ceea ce priveşte propria ei familie. Mama şi fratele mai mare îi erau în mod special ostili datorită comportamentului ei neobișnuit. În final, după încă cinci nașteri, sănătatea lui Damayanti s-a deteriorat complet și nu a mai fost în stare să se îngrijească de treburile gospodăriei. Astfel, toate treburile gospodăriei, de majoritatea cărora Sudhamani se ocupa deja, au căzut acum în totalitate pe umerii ei. Kasturi, fata cea mai mare, studia la unul din liceele locale, iar Subhagan, fiul cel mai mare, mergea și el la școală. Și mai împovărată cu treburi ca înainte, Sudhamani muncea începând de la trei dimineața, dereticând casa, măturând curtea, aducând apă, pregătind mâncarea, îngrijind și mulgând vacile, spălând hainele și frecând vasele.

O rutină zilnică atât de încărcată era extrem de obositoare pentru copil. Doar îngrijitul vacilor și al păsărilor ar fi dat de lucru cuiva o zi întreagă. Dar Sudhamani făcea toate treburile cu răbdare și dedicație. În acest punct, educația ei aproape se încheiase. Împovărată de treburi, micuța nu reușea să ajungă la școală la timp. Uneori, când reușea să termine treaba și să fugă la școală, descoperea că orele începuseră deja. Ca pedeapsă pentru întârziere, învățătorul o punea să stea afară la ușă. Deși forțată să rămână afară, Sudhamani se concentra asupra lecției și astfel a reușit să termine clasa a patra.

Dar după intrarea în clasa a cincea, Sudhamani nu a mai reușit să se mențină la zi cu studiile în paralel cu treburile nesfârșite ale gospodăriei. La zece ani, Sudhamani a fost forțată să își abandoneze educația. Din zori de zi și până noaptea târziu, muncea fără întrerupere. Dar chiar și în timpul lucrului, micuța cânta sau repeta mereu Numele Sacre ale preaiubitului ei Krișna. Uneori, în mijlocul unei activități, devenea atât de absorbită în gândul la Krișna încât pierdea total cunoștința lumii exterioare.

După cum am mai menționat, pentru Sudhamani, ziua începea cu mult înainte de răsăritul soarelui. Dacă, extenuată fiind, nu se trezea la timp, Damayanti nu ezita să-i toarne pe cap o oală de apă rece. Una din primele sarcini ale zilei era să bată fibrele nucilor de cocos cu un pistil pentru a le transforma într-o fibră fină ce urma să fie folosită pentru fabricarea corzilor – un produs local. După aceasta începea etapa curăţeniei: a casei, a curţii, aducerea apei de la robinetul din sat aflat la oarece distanţă, spălatul vaselor, gătitul mâncării şi pregătirea pentru şcoală a fraţilor şi surorilor mai mici. Apoi, Sudhamani spăla vacile şi le dădea de mâncare, spăla vasele după masa de prânz, spăla hainele familiei şi aduna iarbă pentru vaci. Toate aceste treburi se terminau în jurul orei patru, ora la care fraţii şi surorile se întorceau de la şcoală. Sudhamani le făcea ceai, le prepara o gustare şi apoi găsea cumva timp să meargă prin vecini şi să colecteze resturi alimentare pentru vacile familiei. Pe deasupra, Damayanti o instruise să se uite ce treburi le rămăseseră de făcut vecinilor sau ce treburi nu fuseseră bine făcute şi să le termine ea. Sudhamani prepara apoi masa de seară pentru întreaga familie şi spăla vasele fără ajutorul nimănui.

Sudhamani era considerată servitoarea familiei şi toate treburile casnice cădeau în exclusivitate în sarcina ei. În plus, Damayanti era mereu cu ochii pe ea. Cum observa o greşeală cât de mică, nu întârzia să o pedepsească. Singurul prieten al lui Sudhamani era Krişna; singura ei inspiraţie era Numele Lui. În timp ce trebăluia de zor, gândul la Krişna o făcea să lăcrimeze şi Sudhamani plângea cu orele, contemplându-i forma minunată.

Ziua de lucru a lui Sudhamani se sfârşea în jur de ora unsprezece. Sudhamani avea în sfârşit un mic răgaz pentru a se odihni dar nu simţea nevoia să se întindă pe pat sau să doarmă, ci căuta să se odihnească în Sinele ei, să fie, cu alte cuvinte, în prezenţa Domnului ei. Când, într-un sfârşit, toată lumea adormea, Sudhamani obişnuia să şadă în mica odaie cu icoane a familiei, împărtăşind lui Krişna oful inimii ei prin cântece devoţionale. În miez de noapte, Sudhamani plângea şi cânta cu dor nespus până când, într-un final, adormea.

Krişna niyennil karunyamekane

O Krişna, fie-ţi milă de mine!
O Doamne Vişnu, te ador cu palmele împreunate!
Înlătură rogu-te povara vorbelor, a minţii şi a trupului!
Ocroteşte-mă cu afecţiune!

O Krişna, prietenul celor nefericiţi,
Nu ai oare nici măcar un pic de compasiune?
Locuieşti oare doar în templul aurit?
Ochii Tăi strălucitori şi-au pierdut vederea?

O, Ocean de Compasiune,
Tu, Cel ce eşti plin de afecţiune pentru cei ce îţi sunt devotaţi!
Picioarele Tale sunt Sprijin Veşnic!

Chiar şi în acele zile, gândurile lui Sudhamani planau la asemenea înălţimi, încât cel mai mic eveniment, un cântec sau o privelişte care mişcau inima, erau suficiente pentru a o face să îşi ia zborul spre culmile spirituale. Într-o zi, pe când se întorcea acasă de la piaţă, Sudhamani a auzit în depărtare melodia unui cântec devoţional. Atrasă de cântec şi într-o stare semiconştientă, Sudhamani s-a întors din drum şi s-a îndreptat spre locul de unde venea melodia. Melodia venea dintr-o casă creştină în care murise cineva. Rudele stăteau aşezate în jurul decedatului şi cântau imnuri religioase plini de tristeţe. Inima copilului a fost imediat mişcată de această privelişte şi Kunju a pierdut complet cunoştinţa lumii exterioare, rămânând nemişcată într-o stare de beatitudine spirituală. Ochii i s-au închis şi pe obraji au început să îi curgă lacrimi. Plasele cu cumpărături i-au căzut din mâini. Cei adunaţi nu au ştiut ce să creadă despre brusca transformare a acestei fete necunoscute, închipuindu-şi în mod greşit că se simţea şi ea mişcată de moartea rudei lor.

Sudhamani a rămas în această stare o jumătate de oră. Recăpătându-şi cunoştinţa, şi-a adunat rapid plasele de pe jos şi a plecat în grabă către casă, dar era prea târziu. Damayanti o aştepta mânioasă şi, într-o criză de furie, a certat-o şi a bătut-o crunt. Micuţa se afla încă într-o stare introvertită şi a primit tratamentul aplicat de Damayanti în tăcere şi fără a fi afectată. Ce forţă exterioară poate distrage o minte absorbită de Dumnezeu?

Pe lângă inteligenţa ei extraordinară, buna dispoziţie imperturbabilă şi vocea care topea inimile, Sudhamani era în special cunoscută pentru compasiunea ei faţă de cei nevoiaşi. Deşi Sudhamani făcea tot ce îi stătea în putinţă pentru a-şi servi şi mulţumi mama, Damayanti, iute la mânie din fire, nu şovăia niciodată să o pedepsească aspru pentru cea mai mică greşeală, reală sau imaginară. Principala ei justificare pentru aversiunea pe care o avea pentru mica Sudhamani era tenul ei închis la culoare. În plus, Damayanti o prindea uneori strecurându-se din casă cu unt, lapte şi iaurt, asemenea celebrului hoţ de unt – Şri Krişna. A trecut multă vreme până când Damayanti a descoperit că mâncarea era oferită familiilor muritoare de foame cu care Sudhamani se împrietenise.

Sudhamani obişnuia să se strecoare din casă pe furiş cu lapte şi iaurt după ce înlocuise cantitatea furată cu apă. De câte ori era prinsă, primea fără excepţie o bătaie. De multe ori firea ei altruistă a fost exploatată de fraţi şi de surori care furau mâncare pentru uz personal, dând apoi vina pe Sudhamani. Deşi cunoştea identitatea adevăratului hoţ, Sudhamani nu sufla niciodată vreo vorbă, ci îndura în tăcere loviturile grele ale mamei ei.

Când afla de vreo familie nevoiaşă ce nu avea ce mânca, Sudhamani lua pe furiş bani din puşculiţa pentru cumpărături a mamei ei pentru a cumpăra cele necesare. Dacă nu putea face asta, îşi bătea la cap tatăl până când îi dădea nişte bani. Când ambele variante eşuau, Sudhamani lua alimentele necesare direct din cămara modestă a familiei. Cu excepția câtorva trăznăi de copil și a unui comportament uneori jucăuș, toate poznele lui Sudhamani au avut la origine o intenție altruistă. Acțiunile întreprinse erau consecința compasiunii ei firești pentru orice persoană aflată în suferință. Însă aceste acte caritabile nu făceau decât să sporească mânia lui Damayanti, care nu întârzia să aplice pedepse corporale severe. În ciuda loviturilor suferite, Sudhamani era extrem de fericită când îi putea ajuta pe alții. Pedepsele îndurate nu i-au afectat în nici un fel acțiunile pline de bunăvoință. Sudhamani nu a împărtășit niciodată nimănui ce trebuia sa îndure acasă pentru a ajuta pe cei săraci.

De multe ori Sugunanandan era plecat din Idamannel zile in șir cu treburi legate de comerțul cu pește, întorcându-se acasă în miez de noapte când copiii dormeau duși. De cum intra în casă, Damayanti se grăbea să înșire învinuirile împotriva copilului ei servitor. Cu o asemenea ocazie, Sudhamani, care se prefăcuse că dormea, a strigat brusc cu voce tare: „Nu cred că sunt fiica ta! Trebuie că sunt nora ta!". Damayanti a fost uluită de izbucnirea micuței a cărei implicație era clară. Ea i-a reamintit lui Damayanti că o mamă adevărată e dispusă să ierte în repetate rânduri greșelile fiicei ei, în timp ce o soacră ține meticulos contabilitatea tuturor greșelilor nurorii pe care le înșiruie apoi exagerate de zece ori, exact ca Damayanti.

Cine și-ar fi putut imagina că apetitul insațiabil al micuței Sudhamani de a ușura tristețea și suferințele lumii va atrage curând mii de oameni din întrega lume pe țărmurile îndepărtate ale Mării Arabiei, precum atrage o oază în deșert pe cei însetoșați? Cum ar fi putut înțelege cineva că Sudhamani, ce abia împlinise zece ani, începuse deja să trezească în acest sat de pescari îndepărtat un val de compasiune ce avea să se facă simțit în întreaga lume?

Deși își îndeplinea sarcinile cu toată sinceritatea, mama ei obișnuia să îi spună: „Fiică, nu fi leneșă! Dacă ești leneșă

Dumnezeu nu o să îți dea de lucru și o să mori de foame. Roagă-te lui Dumnezeu tot timpul: «O, Doamne, dă-mi te rog de lucru. Așa trebuie să te rogi»". Auzind aceste cuvinte, Sudhamani a adoptat rugăciunea: „O Krișna, dă-mi te rog de lucru, dă-mi te rog lucrul Tău!".

Răbdarea, capacitatea de îndurare și sacrificiul de sine de care Sudhamani dădea dovadă erau remarcabile. Abilitatea ei de a nu se lăsa afectată de persecuția pe care o îndura și de a-și aminti neîncetat de Preaiubitul ei divin, a prefigurat apariția unui nou Mare Suflet în tradiția neîntreruptă a Indiei de Salvatori care au realizat Adevărul Etern. Deși a îndurat nenumărate suferințe și a fost torturată cu cruzime, Sudhamani a văzut în toate acestea expresia milei lui Dumnezeu. Ea și-a păstrat durerea ascunsă în suflet, mărturisind-o doar Cântărețului de Flaut Divin, Domnului Krișna.

În miez de noapte, în spatele ușilor închise ale odăii cu icoane a familiei[2], se ruga lui Krișna, plângându-i la picioare: „O, Iubite Krișna, nimeni în afară de Tine nu poate înțelege ce-i în sufletul meu. Această lume e plină de suferință și de durere și e stăpânită în întregime de egoism. Oamenii nu urmăresc decât plăcerea și fericirea personală. Dragul meu Kanna, nu doresc nimic altceva decât uniunea completă cu Tine. O Doamne, nu mi-ai văzut suferința astăzi? O Doamne, vino te rog! Dezvăluie-mi Forma Ta Divină! Aceste necazuri nu sunt nimic pentru mine dar despărțirea de Tine e pură agonie" Următorul cântec a fost compus de Sudhamani în această perioadă:

---

[2] În India, în majoritatea caselor există o cameră dedicată practicilor spirituale; în această cameră se găsesc icoane ale zeilor hinduși și ale diferiților sfinți, în funcție de preferințele spirituale ale familiei; am numit această cameră, odaie cu icoane.

Karunya murte

O, Întrupare a Compasiunii, Tu Cel de culoare neagră,
Binevoiește să Îți deschizi ochii!
Nu ești Tu Distrugătorul Suferinței?
De ești într-adevăr acesta, pune capăt, rogu-te, suferințelor
mele.

În această lume, Tu ești adăpostul,
O, Cel de culoare aprinsă
cu ochi ca petalele unui lotus roșu,
Te voi adora veșnic
Cu florile lacrimilor mele, O Krișna…

O Gopala, Cel ce Farmeci mintea,
Orbecăiesc în întuneric.
O, Tu cel ce umpli cele paisprezece lumi, O Șridhara[3],
Deschide ai Tăi ochi și mă mântuiește.

Astfel au trecut trei ani de aspirație intensă și încercări dureroase. Sudhamani, acum o fată de treisprezece ani, continua să lucreze din greu. Pe măsură ce a crescut, responsabilitățile i s-au înmulțit și ele. Fără să se plângă, a continuat să se străduiască la fel ca și mai înainte. În același timp și practicile ei spirituale au devenit din ce în ce mai intense. Buzele micuței se mișcau neîncetat repetând Numele lui Dumnezeu. În interior ca și la exterior, Numele Sfânt îi izvora necontenit din inimă.

La Casa Rudelor

Pe țărmul Mării Arabiei nu era ușor de găsit servitori dispuși să lucreze în bucătărie sau în alte părți ale gospodăriei deoarece se

---

[3] Un alt nume al lui Krișna.

putea găsi uşor de lucru în domenii mult mai profitabile precum cusutul plaselor de pescuit şi manufactura corzilor din nucă de cocos. Pe lângă aceasta, orice altă muncă în afara pescuitului era considerată umilitoare pentru un pescar. Prin urmare, fetele care îşi întrerupseseră studiile erau silite să lucreze neîntrerupt în gospodărie. În plus, ele erau deseori trimise la casele rudelor să ajute la treburile casnice. Conform obiceiului, rudele care aveau nevoie de ajutor cereau pe aceste fete de la părinţi.

Aceasta a fost şi soarta lui Sudhamani. Rudele au cerut-o de la părinţi în repetate rânduri şi în final părinţii s-au văzut nevoiţi să o trimită la casa bunicii din partea mamei. Aşa a ajuns Sudhamani să petreacă următorii patru ani ca servitoare în casa diferitelor rude.

Bunica lui Sudhamani locuia la şase kilometri sud de Para-yakadavu, într-un sat numit Bhandaraturuttu. Drumul dintre cele două sate putea fi parcurs fie cu barca, pe apa lagunei, fie pe jos, pe malul Mării Arabiei. După cum nu e greu de imaginat, ambele rute aveau un efect îmbătător asupra micuţei Sudhamani. În barca cu motor, Sudhamani privea cerul şi plângea lacrimi tăcute de bucurie, gândindu-se la Krişna cel albastru şi intonând 'Aum'[4] în ritm cu motorul bărcii. Uneori îşi fixa atenţia pe micile valuri ce dansau pe suprafaţa apei, vizualizând în ele pe Iubitul ei şi imaginându-şi jocul Său divin. Intrând astfel într-o stare de fervoare devoţională, 'Aum'-ul tăcut devenea cântec devoţional. Celorlalţi pasageri le făcea mare plăcere să o audă cântând şi nu erau deloc surprinşi de comportamentul ei, întrucât o conside-raseră întotdeauna ca fiind de pe o altă lume. Uitând de sine în aceste practici devoţionale, Sudhamani nu resimţea niciodată plictisul călătoriei.

Însă plăcerea călătoriilor cu barca a fost de scurtă durată. Într-o zi, când Sudhamani i-a cerut mamei ei bani pentru bilet,

---

[4] Sunet sacru.

Damayanti a repezit-o: „Cine te crezi să mergi cu barca? Vreo studentă? Poți merge foarte bine și pe jos!" Kasturi tocmai intrase la liceu, fapt rar întâlnit în această parte a Keralei, iar Damayanti, extrem de mândră de această realizare, îi dădea întotdeauna bani de buzunar pentru cheltuielile de zi cu zi. Era un fapt ieșit din comun în această regiune ca un copil să meargă la liceu, deoarece părinții erau în general prea săraci să își permită să trimită copiii la studii superioare. Dar chiar dacă părinții își puteau permite, copiii se dovedeau atât de lipsiți de inițiativă sau de interes încât ideea era rapid abandonată. În această situație, nu este surprinzător că Damayanti resimțea un pic de mândrie maternă.

Sudhamani, neagră la față și o simplă servitoare, era ignorată, nesprijinită și complet neînțeleasă de familia ei. În ciuda acestui fapt, Sudhamani a acceptat prejudecățile și sărăcia, întrucât era plină de prezența lui Krișna. Vorbele crude ale mamei ei nu au avut nici un efect negativ asupra ei. Dimpotrivă! Micuța era fericită să meargă la casa bunicii pe jos, pe țărmul mării. Să poată cânta și dansa în voie, ce binecuvântare! Plimbarea de șase kilometri a devenit o încântare pentru Sudhamani, care considera oceanul propria ei mamă.

Ne-o putem imagina cu multă ușurință pe țărmul mării, cântând cu voce tare, acompaniată de ritmul valurilor. Pe măsură ce uita de lumea înconjurătoare pașii începeau să îi șovăiască. Priveliștea oceanului albastru închis și a norilor albaștri gri o făceau să își piardă capul. Sunetul tumultuos al oceanului se asemăna sunetului 'Aum' și avea întotdeauna un efect îmbătător asupra ei. Uneori, Sudhamani îl zărea în valuri pe Krișna și se repezea să le îmbrățișeze! Briza oceanului era pentru ea mângâierea delicată a lui Krișna Însuși pe care Îl striga uneori din răsputeri: „Krișna! Krișna!" Pașii micuței încetineau treptat pe măsură ce mintea îi devenea complet absorbită într-o stare de devoțiune supremă. În final, își pierdea total cunoștința și se prăbușea pe nisip. Recăpătându-şi apoi parţial cunoştinţa, Sudhamani izbucnea în plâns: „Kanna, dragul meu Krişna, vino degrabă! Unde te-ai dus fără mine? De ce m-ai părăsit pe acest ţărm străin? Unde mă aflu? O, Iubite Krişna, vino degrabă înainte ca valurile acestui Ocean al Transmigraţiei să mă înghită complet! O Krişna, ridică pe această nefericită din nisipul plăcerilor. Nu eşti tu Salvatorul celor ce Te adoră? Nu ştii ce mă doare? Cu ce am greşit de îngădui această suferinţă? O Doamne al tuturor lumilor, de ce nu ţi-e milă măcar un pic de această servitoare umilă a Ta? Zi de zi aştept să aud sunetul magic al flautului Tău divin. O Krişna, vino te rog….vino!"

După o vreme îşi recăpăta cât de cât cunoştinţa şi îşi continua drumul pe ţărmul mării cântând în extaz. Micuţa mai cădea apoi pe nisip în câteva rânduri, uitând de lumea înconjurătoare.

Karunya varidhe

O, Krişna, Ocean de Compasiune,
Durerile acestei vieţi se înmulţesc pe zi ce trece.
Mintea şi-a pierdut liniştea şi e atât de dezorientată...
Iertându-mi toate greşelile,
Şterge-mi sudoarea de pe frunte.
O, Kanna, nu am nici un alt ajutor acum,
În afara Picioarelor Tale de Lotus mult iubite.

O, Krişna, gâtul mi se usucă,
Ochii mi se înceţoşează,
Picioarele-mi sunt istovite,
Cad la pământ, O Krişna...

În acest fel, bând din nectarul iubirii şi devoţiunii supreme, Sudhamani ajungea într-un final la casa bunicii ei unde o aştepta o zi de muncă istovitoare. Dar tânăra fată se apuca de treabă fericită, repetând Numele Domnului. Fiecare moment al vieţii era o oportunitate oferită de Domnul Krișna de a-L servi și de a și-L reaminti.

Din când în când, Sudhamani era trimisă la o moară de grâne aflată la ceva depărtare de casa bunicii pentru a decortica orez. În drum spre moară, Sudhamani traversa o parte a satului unde multe familii trăiau într-o sărăcie neagră. Sudhamani, care era compasiunea întruchipată, se simțea extrem de întristată de soarta lor. La întoarcerea de la moară, obișnuia să dea o parte din orez acestor familii care nu mâncaseră de câteva zile. Uneori bunica ei vedea că lipsește o parte din orez și convinsă că Sudhamani îl vânduse în schimbul unei gustări, o certa și o bătea. Dar toate eforturile de a o constrânge să divulge numele familiei căreia îi vânduse orezul se dovedeau zadarnice întrucât Sudhamani era sigură că bunica ar merge și s-ar certa cu familiile în cauză dacă le-ar afla identitatea.

Pe când se afla în Bhandaraturuttu, Sudhamani era uneori trimisă să păzească câmpurile proaspăt semănate cu orez ce erau adesea ținta ciorilor și a găinilor flămânde. Întrucât câmpul se afla la mare depărtare de sat, această sarcină îi oferea ocazia de a fi departe de toți membrii familiei și de a petrece timp în solitudine și în rugăciune. Fiecare respirație răsuna cu Numele lui Krișna. Fiecare pas făcut era însoțit de amintirea Formei Lui Divine. Iubirea și devoțiunea ei erau atât de intense încât se prăbușea deseori plângând la margine de câmp.

O mare alinare pentru Sudhamani era faptul că bunica ei era devotată Domnului Krișna și ținea un portret al Lui pe perete. Sudhamani obișnuia să stea în picioare în fața acestui portret în timp ce cânta Domnului ei. Cu asemenea ocazii, unchiul ei, Ratnadasan, care o iubea pe micuță foarte mult, obișnuia să îi aducă un scăunel pe care să șadă în timp ce se ruga, pentru ca Sudhamani să nu trebuiască să stea în picioare atâta vreme. Dar Sudhamani refuza spunând: „O, cum să șed când Krișna stă în picioare?" Portretul Domnului nu era pentru ea o simplă bucată de hârtie pictată ci era Însuşi Krişna, stând în faţa ei în carne şi oase. Pentru cei cu iubire adevarată de Dumnezeu nu există un asemenea lucru ca „materie inertă"; fiecare obiect este o manifestare a gloriei Domnului.

Atraşi de cântecele pline de iubire ale lui Sudhamani, vecinii veneau adesea să o asculte. Vocea exaltată a copilului le umplea sufletele de iubire şi devoţiune. Cu timpul, au învăţat şi ei compoziţiile lui Sudhamani şi au început să le cânte în propriile lor case. Temându-se că micuţa ar putea fi deocheată de cineva, unchiul ei obişnuia să îi pună cenuşă sfinţită pe frunte.

Aşa au trecut toamna, iarna, primăvara şi vara. Sudhamani, acum o fată de paisprezece ani, a fost trimisă la casa surorii mai mari a lui Damayanti. Ca de obicei, şi aici a fost nevoită să ducă mare parte din povara gospodăriei. Întâi, fierbea orez nedecorticat ce trebuia apoi uscat la soare. Apoi gătea, făcea curat şi spăla toate hainele familiei. Toţi copiii familiei erau la liceu şi considerau munca fizică ruşinoasă. Nu aveau deloc credinţă, o ironizau pe Sudhamani necontenit pentru atitudinea ei devoţională şi încercau mereu să o oprească din cântat. Ce putea face acest copil iubitor înconjurat de aceşti oameni lipsiţi de sensibilitate? De câte ori reuşeau să o oprească din cântat, Sudhamani izbucnea în plâns, ascunzându-şi faţa în mâini. Deşi redusă la tăcere în exterior, nimeni nu putea opri curgerea necontenită a sufletului ei către Iubitul său.

Deoarece casa se afla în apropierea oceanului, fântânile din jurul ei dădeau doar apă sărată. Pentru a face rost de apă potabilă, Sudhamani trebuia să vâslească până la un robinet îndepărtat de apă dulce aflat pe celălalt mal al lagunei. Uneori transporta şi copiii rudelor aflaţi în drum spre şcoală iar alteori chiar şi copiii altor familii.

La întoarcere, micuța savura frumusețea peisajului înconjurător. Strigând pe Domnul ei fără nici o reținere, dorința puternică de a-L vedea pe Krișna devenea extrem de intensă. Sudhamani vorbea cu micile valuri de pe apa râului întrebându-le: „O vălurele, ați văzut vreunul dintre voi pe Krișna al meu cel albastru întunecat ca norii de furtună? Ați auzit cumva sunetul dulce al flautului său minunat?" Văzând că valurile continuau să se formeze pe suprafața apei, Sudhamani își imagina că spuneau „Nu, nu l-am văzut" și începea să plângă cu amărăciune, gândindu-se: „O, și valurile acestea suferă ca și mine, pentru că nu Îl pot vedea pe Krișna." Percepea în tot și în toate reflecția propriei ei dureri insuportabile de a fi despărțită de Krișna și implora strigând: „O, nori albastru întunecat ai cerului infinit, unde l-ați ascuns pe iubitul meu Krișna? O, berze albe ce zburați grăbite spre orizont, sunteți în drum spre Vrindavan[5]? Dacă se întâmplă să îl întâlniți pe Krișna, vă rog să îi vorbiți despre acest copil sărman ce plânge neîncetat, gândindu-se la El!". Nu trecea mult și Sudhamani își pierdea complet cunoștința rămânând încremenită în barcă, precum o statuie. Recăpătându-și într-un târziu starea obișnuită de conștiință, Sudhamani realiza că se afla încă în barcă, care era acum purtată de curent. Din cauză că aceste stări de exaltare spirituală se petreceau în mod spontan, Sudhamani a avut de înfruntat în câteva rânduri pericole ce ar fi putut-o costa viața.

Într-o zi, tocmai începuse să vâslească barca înapoi spre casă după ce terminase de decorticat orezul. În timp ce vâslea contemplând cerul, Sudhamani a remarcat la orizont niște nori de furtună. Această priveliște a umplut sufletul ei curat cu amintirea preiubitului ei de culoare albastră, Krișna, și Sudhamani a pierdut

---

[5] Locul în care Șri Krișna și-a petrecut copilăria și unde și astăzi locuiesc un număr mare de credincioși ce Îi sunt devotați.

imediat cunoştinta lumii exterioare, intrând în samadhi[6]. Vâsla i-a căzut din mâini şi Sudhamani a încremenit cu ochii aţintiţi spre cer, complet ruptă de lume. Din când în când îl striga pe Krişna cu voce tare dar nu era conştientă de ceea ce se petrecea în jurul ei. La un moment dat, bărcuţa i-a fost luată de curent. Brusc, zgomotul unui motor puternic a anunţat apropierea unei bărci mari ce se îndrepta direct spre bărcuţa lui Sudhamani. Pasagerii din barcă au început să strige alarmaţi, încercând zadarnic să o readucă în simţiri pe fetiţă. În ultimul moment, copilul şi-a recăpătă parţial prezenţa de spirit şi a reuşit să manevreze bărcuţa din calea bărcii cu motor.

Un an mai târziu, Sudhamani a fost trimisă la casa fratelui cel mai mare al lui Damayanti, Anandan, în oraşul Karunagapally, aflat la aproximativ zece kilometri depărtare de Parayakadavu. Sudhamani şi-a îndeplinit şi aici sarcinile zilnice cu sinceritate şi entuziasm spre încântarea lui Anandan şi a soţiei lui care i-au dăruit chiar o pereche de cercei, în semn de recunoştinţă pentru zelul de care dădea dovadă.

Compasiunea pentru cei săraci era una din trăsăturile de caracter cele mai remarcabile ale micuţei Sudhamani. Oriunde se afla, în casa unchiului, a mătuşii sau în casa părinţilor, nimic nu putea sta în calea dorinţei ei de a ajuta pe cei aflaţi în suferinţă. În zona în care se afla casa unchiului ei trăiau multe familii musulmane şi marea majoritate erau foarte sărace. Micuţa lua diferite lucruri din casa unchiului şi le dădea acestor familii. La început, nimeni nu a observat nimic, dar nu după multă vreme familia a descoperit ce se întâmpla. Mătuşa ei a bătut-o în câteva rânduri însă Sudhamani nu s-a simţit defel ofensată de această atitudine. Ea s-a gândit: „De ce m-aş simţi ofensată? Aversiunea

---

[6] Stare de conştiinţă la care se ajunge în urma practicilor spirituale în care conştiinţa individuală (mintea) se uneşte cu Sinele Universal, Conştiinţa Supremă. Extaz care rezultă din această absorbţie în Absolut.

și supărarea apar doar când mă consider diferită de ei, însă eu nu i-am considerat niciodată ca nefiind una cu mine. Chiar și acasă mă bat părinții, de ce aș fi tratată diferit aici?"

Deși bătută sever în câteva rânduri, Sudhamani nu s-a lăsat descurajată ci a continuat să îi ajute pe cei nevoiași. Obiceiul ei de a da lucruri altora a continuat. Asemenea incidente arată imensa răbdare și compasiune care erau însăși ființa ei. Mesajul de iubire pe care urma să îl transmită mai târziu nu reprezintă decât continuarea acestui sacrificiu uriaș pe care ea l-a acceptat ca pe un mod de viață.

Mintea ascuțită a lui Sudhamani înțelegea cu ușurință diferitele situații, extrăgând din ele principiile spirituale esențiale. Mai târziu, ea a descris încercările prin care a trecut ca pe o binecuvântare rară pe care Dumnezeu i-a dat-o pentru a o ajuta să înțeleagă natura trecătoare a lumii și a relațiilor umane. După cum a explicat mai târziu: „Toate aceste experiențe m-au făcut să înțeleg că lumea e plină de durere. Nu avem familie sau relații adevărate pentru că rudele noastre ne iubesc doar pentru a-și satisface propriile dorințe egoiste. Ființele umane se iubesc una pe alta doar din dorință. Nimeni nu ne iubește dezinteresat. Doar Dumnezeu ne iubește cu o iubire dezinteresată."

Lui Sudhamani i-a devenit clar că a continua relația strânsă pe care o avea cu unchiul și mătușa ei ar constitui un obstacol în calea realizării scopului ei în viață. Așa că în final a creat circumstanțele necesare pentru a rupe această legătură. Într-o dimineață, s-a certat aprins cu familia pentru a rupe angajamentul și a părăsit casa. Rudele lipsite de inimă i-au luat înapoi până și darurile pe care i le făcuseră anterior, inclusiv cerceii, și au trimis-o înapoi acasă cu mâna goală. La plecare, Sudhamani a exclamat: „Într-o zi, veți fi siliți să veniți la mine cerșind. Până atunci, nu voi mai intra niciodată în această casă."

La unsprezece ani de la această întâmplare, familia unchiului s-a văzut confruntată cu probleme financiare serioase şi s-a văzut nevoită să vină la Idamannel pentru a cere ajutorul lui Sudhamani. Doar atunci s-a întors Sudhamani la casa lor pentru a oficia o slujbă, binecuvântându-i astfel. În acea zi, mătuşa lui Sudhamani a deplâns comportamentul ei din trecut, spunând: „O, nu mi-am imaginat niciodată că micuţa va deveni atât de mare. Cu câtă cruzime am certat-o şi am bătut-o!"

Dumnezeu îşi ţine întotdeauna promisiunea dată celui ce îi este devotat cu adevărat. Asemenea incidente, des întâlnite în istoria epică a Indiei, exemplifică adevărul etern că Dumnezeu este servitorul celor ce îi sunt devotaţi.

Capitolul 3

Lacrimi pentru Krişna

„Neavând nici unt, nici lapte să Îţi ofer, Îţi voi oferi un pic din durerea mea. O Kanna, la Picioarele Tale ofer perlele lacrimilor mele.”

Mata Amritanandamayi

śri bhagavan uvāca

mayyāveśya mano ye mām nitya yuktā upāsate
śraddha parayopets te me yuktatamā matāḥ

mayyeva mana ādhatsva mayi buddhim niveśaya
nivasiśyasi mayyi evq ata rdhvam na samśayaḥ

Dumnezeu cel Binecuvântat a spus:
Cei care, fixându-şi mintea asupra mea, mă adoră
neîntrerupt şi cu toată atenţia, ei sunt, în opinia Mea,
cei mai versaţi în Yoga.
Fixaţi-vă mintea exclusiv asupra Mea, concentraţi-vă
intelectul în Mine; (atunci) veţi trăi, fără nici o îndo-
ială, în Mine veşnic.

Bhagavad Gita, capitolul 12, versurile 2 şi 8

Întoarcerea la Idamannel

De la casa unchiului ei, Sudhamani, acum o fată de şaisprezece ani, s-a întors acasă la Idamannel. Aici s-a cufundat complet în practici spirituale, în paralel cu continuarea îndeplinirii numeroaselor responsabilităţi casnice. Chiar şi în India, acest tărâm al sfinţilor, pasiunea ei extraordinară pentru austerităţi spirituale, în ciuda opoziţiei întâmpinate, nu are precedent.

Ca şi mai înainte, munca ei era o ofrandă neîntreruptă adusă Puterii Supreme. Oricine ar fi văzut pe Sudhamani în acele zile ar fi rămas cu gura căscată de uimire. Cum putea suporta trupuşorul ei o povară atât de grea? Damayanti devenise şi mai crudă şi mai iute la mânie decât înainte, întrucât acum suferea de un reumatism cronic, afecţiune agravată de munca suplimentară din perioada în care Sudhamani fusese plecată de acasă. În plus, firea plină de compasiune a lui Sudhamani ce o făcuse să fure lucruri din casa rudelor ei, îi stricase reputația. Aceasta a intensificat simțitor animozitatea resimțită de Damayanti față de fiica ei. Chiar şi când aceasta îşi îndeplinea impecabil îndatoririle, Damayanti continua să o certe şi să o bată.

În ciuda acestui tratament dur din partea propriei ei mame, Sudhamani nu i-a purtat niciodată pică. Dimpotrivă, dupa ani şi ani, Sudhamani se va referi la Damayanti cu mare reverență, ca la primul ei Guru[1]. Cu propriile ei cuvinte:

„Damayanti Amma a fost, într-un fel, Gurul meu. Ea a inoculat în mine o atitudine devoțională, hărnicie şi disciplină. Îmi urmărea cu atenție toate acțiunile. Dacă după ce terminam de măturat curtea, vedea pe jos chiar şi o bucățică de hârtie, mă lovea. După ce terminam de spălat vasele, Damayanti le inspecta, şi dacă observa cea mai mică urmă de murdărie, mă certa. Nu îmi ierta nimic, nici măcar dacă omiteam o crenguță scăpată accidental din mănunchiul de crenguțe al măturei, în timp ce măturam. Dacă vreun fir de praf sau cenuşă cădea în oala cu mâncare, pedeapsa nu întârzia să vină. Mama se aştepta ca fetele ei să îşi facă rugăciunile devreme, în zori de zi, şi nu ezita să ne toarne o oală de apă rece pe față, în special pe fața mea, dacă eram prea obosite să ne sculăm la timp. Când culegeam iarbă pentru vaci, mă urmărea de la distanță să vadă dacă nu cumva pierdeam vremea stând la poveşti cu lumea. M-a lovit chiar şi cu pisălogul de lemn cu care se zdrobeşte orezul. Cei ce se întâmplau să fie martori la aceste acțiuni ale mamei o implorau adesea: „N-o pedepsi aşa de tare, te rog! Într-o bună zi va trebui să o măriți." Dar în toată această perioadă am înțeles că aceste experiențe erau spre binele meu."

---

[1] În sanscrită, Guru provine din cuvintele Gu şi Ru. Gu înseamnă „întuneric" iar Ru, „lumină". În India, maestrul spiritual este numit Guru, cel ce călăuzeşte pe aspiranții spirituali de la întuneric la lumină.

Cititorii sunt probabil şocaţi de comportamentul lipsit de inimă a lui Damayanti, având în vedere că Damayanti era renumită pentru cucernicia ei. Dar de fapt acest comportament nu este dificil de înţeles dacă luăm în considerare faptul că devoţiunea ei nu era bazată pe cunoaşterea scripturilor. Mulţi credincioşi au o mare reverenţă pentru zei şi zeiţe şi săvârşesc adesea rituraluri religioase dar cu toate acestea noţiunea lor de Dumnezeu e extrem de limitată. Ei nu percep pe Dumnezeu ca pe ceva ce sălăşluieşte în toate fiinţele, ci mai degrabă ca pe ceva ce există doar între cei patru pereţi ai templului. Asemenea credincioşi săvârşesc rituraluri religioase cu scopul de a se face plăcuţi lui Dumnezeu sau de a obţine îndeplinirea propriilor lor dorinţe. Din punctul lor de vedere, religia şi iubirea de Dumnezeu nu au nici o legatură cu clădirea caracterului sau eradicarea propriilor tendinţe negative. Aceşti credincioşi nu doresc să cunoască pe Dumnezeu şi nu consideră uniunea cu Dumnezeu ca fiind scopul suprem al vieţii. Ei Îl slăvesc pe Dumnezeu din obişnuinţă, pentru că i-au văzut pe părinţii lor făcând asta, sau de frică să nu comită vreun păcat. Însă credincioşii ce au un anumit grad de înţelegere, percep pe Dumnezeu ca existând în tot şi în toate şi Îl servesc slujindu-i toate fiinţele şi toată creaţia. Ei abandonează toate dorinţele lumeşti şi îşi oferă întrega fiinţă la Picioarele de Lotus ale Domnului. Scopul lor suprem în viaţă este de a deveni conştienţi de divinitatea prezentă în întreaga creaţie şi de a se contopi cu Realitatea Supremă. Damayanti avea o viziune extrem de limitată a lui Dumnezeu şi a spiritualităţii, fapt reflectat de atitudinea ei dură faţă de fiica ei mai puţin obişnuită.

Uneori, când Damayanti era pe cale să o lovească, Sudhamani îi apuca mâna. Deşi micuţă, Sudhamani era foarte puternică. Nereuşind să-şi elibereze mâna din strânsoarea lui Sudhamani, Damayanti încerca să o lovească cu piciorul. Micuţa îi apuca atunci şi piciorul. Neştiind cum altfel să îi aplice pedeapsa,

Damayanti recurgea la muşcături. De câteva ori Damayanti a lovit-o chiar şi cu un cuţit mare folosit la spartul nucilor de cocos. Mama revărsa adesea torente de insulte vulgare asupra copilului, fără nici o reţinere.

Sudhamani putea fi uneori foarte îndrăzneaţă şi impertinentă cu mama ei. Când Damayanti îi comanda: „Nu mai vorbi!", Sudhamani replica imediat: „Ba o să vorbesc". Damayanti spunea: „Nu fă asta", iar Sudhamani replica fără nici o ezitare: „Ba o voi face!" Dar cu cât riposta mai mult, cu atât pedeapsa devenea mai aspră. Damayanti o blestema chiar spunând: „Blestemată fie fata asta care mă sfidează! Dacă creşte aşa, în mod sigur va strica reputaţia familiei. O Doamne, de ce nu îi pui Tu capăt vieţii?"

În ceea ce o privea, Sudhamani nu se simţea deloc afectată de cruzimea mamei ei. În ochii ei, toţi oamenii erau egali. Încă din copilărie, numea pe toţi bărbaţii în etate „tată", iar pe femeile în vârstă „mamă". Aceasta era o altă sursă de iritare pentru părinţii ei care considerau obiceiul ăsta o ruşine şi o certau spunându-i: „Păi cum se poate să numeşti tu pe toţi jegoşii ăştia tată şi mamă?" La care Sudhamani replica: „Nu am văzut niciodată pe Tatăl meu adevărat şi pe Mama mea adevărată. Prin urmare, toată lumea mi-e mamă şi tată."

Micuţei i se interzisese să îşi aplice cenuşă sfinţită pe frunte. Membrii familiei o ironizau spunând: „Hei fetiţo, o să te faci saniasin[2]?" Lui Sudhamani nu i se permitea nici măcar să se îmbrace ca celelalte fete. Dacă îşi punea vermilion[3] pe frunte sau dacă purta vreo bluză în carouri sau jachetă curată era batjocorită:

---

[2] Unii saniasini poartă cenuşă sfinţită pe frunte; cenuşa le reaminteşte de faptul că toate lucrurile din această lume sunt trecătoare şi se vor transforma la un moment dat în cenuşă şi astfel îi ajută să îşi menţină atenţia asupra lui Dumnezeu, care singur este veşnic.

[3] Vermilionul este un punct roşu sacru pe care hinduşii îl aplică pe frunte.

„De ce porți hainele astea colorate și îți pui vermilion? De ce te dai mare? Fetele trebuie să dea dovadă de pudoare."

Însă și mai surprinzătoare decât abuzul deplorabil al familiei ei, era atitudinea tolerantă de care dădea dovadă Sudhamani față de tot ce i se întâmpla. Deși răspundea uneori cu sarcasm provocărilor verbale ale familiei, ea nu a resimțit niciodată nici un dram de ură față de cei ce o chinuiau. Mai târziu, avea să declare simplu: „Damayanti nu mă pedepsea. Mă trata rău doar din cauza viziunii ei înguste. Toate acele încercări m-au ajutat să aleg calea corectă în viață și deci nu simt nici un pic de ură pentru ea."

Unul dintre frații mai mari, Subhagan, era o veritabilă teroare, nu doar pentru Sudhamani, ci și pentru familie și săteni. Subhagan era un ateu arogant ce insista ca femeile să fie complet tăcute și rezervate. Firea lui colerică era binecunoscută tuturor iar Sudhamani a devenit principala lui victimă. Subhagan nu îi permitea să își facă prietene printre fetele de vârsta ei, întrucât era convins că asemenea prietenii îi vor strica caracterul. Când Sudhamani mergea să aducă apă de băut pentru familie, se ducea întotdeauna singură. Dacă se întâmpla să vorbească cu alte fete pe drum, putea conta pe o bătaie bună din partea lui Subhagan. De fapt această regulă îi convenea lui Sudhamani, care prefera singurătatea pentru a se putea gândi la Dumnezeu netulburată.

În acele vremuri nu exista decât un singur robinet de apă potabilă pentru întregul sat ce funcționa pe baza energiei eoliene. Era mereu coadă la acest robinet și fiecare trebuia să își aștepte rândul. Sudhamani și femeile din sat se adunau cu ulcelele lor de lut și așteptau uneori cu orele să înceapă să bată vântul. Dacă coada era lungă, Sudhamani trebuia să-și lase ulcelele la coadă pentru a merge să culeagă iarbă pentru vaci. Celelalte femei, cunoscându-i pietatea și hărnicia, îi umpleau cu drag vasul și i-l țineau apoi la umbră.

După cum am mai menţionat, Sudhamani vizita adesea casele vecinilor pentru a colecta resturi vegetale şi orez pentru vaci. Dacă familia întârzia cu resturile alimentare, Sudhamani intra în odaia cu icoane pentru a cânta câteva cântece devoţionale şi pentru a medita. Apoi petrecea câteva minute cu femeile în vârstă din casă, interesându-se cu afecţiune de sănătatea lor şi ascultându-le poveştile triste cu interes. Proprii lor copii le tratau prost şi le neglijau doar pentru că erau bătrâne şi infirme. Astfel, Sudhamani a fost martora egoismului şi naturii trecătoare a relaţiilor umane încă de la o vârstă fragedă. De câte ori se putea, Sudhamani le lua cu ea acasă pe aceste bătrâne şi le îmbăia cu apă caldă, le dădea de mâncare şi le îmbrăca în haine ale membrilor familiei. Dacă se întâmpla să afle de cineva care nu avea nimic de mâncare, le dădea cel puţin câteva provizii din cămară. Uneori aducea acasă copii mici pe care îi găsise cutreierând pe stradă şi care nu erau bine îngrijiţi sau hrăniţi de părinţii lor. Sudhamani le dădea îngrijirile necesare înainte de a-i înapoia părinţilor.

Într-o zi, Sudhamani a fost prinsă luând mâncare de acasă pentru un om sărac. Deşi bătută rău, a refuzat să-şi înceteze activităţile caritabile şi a continuat să se comporte în acelaşi mod de câte ori vedea pe cineva care avea nevoie de ajutor. Cu o altă ocazie, Sudhamani a întâlnit o familie pe cale să moară de foame. Negăsind nimic altceva în casă, Sudhamani le-a dat una din brăţările de aur ale mamei ei. Cu banii de pe această brăţară, familia a reuşit să cumpere mâncarea mult necesară. Când tatăl ei a aflat ce făcuse, a făcut o criză de furie şi, legând-o de trunchiul unui copac, a bătut-o până i-a dat sângele. În ciuda acestui tratament, Sudhamani şi-a păstrat curajul şi şi-a iertat părinţii. Într-o zi, a fost auzită rugându-l pe Dumnezeu să ierte faptele groaznice pe care rudele ei le săvârşiseră din neştiinţă. Aşezată într-un loc retras, s-a rugat:

„O Krişna, ce fel de lume e asta? Până şi mama care dă naştere copilului îl tratează fără nici un pic de afecţiune. Nici măcar ea nu îşi iubeşte cu adevarat propria ei familie. Unde pot găsi o iubire pură şi dezinteresată în această lume? Iubirea asta pe care o văd în jur, e iubire reală sau o simplă iluzie?" Şezând uneori în odaia cu icoane şi gândindu-se aşa, Sudhamani izbucnea în plâns şi striga: „Krişna, Krişna! Nu am pe nimeni pe lume în afara Ta! Sufletul meu aleargă mereu către tine, tot ce doreşte e să Îţi vadă Forma Divină. Nu vrei să mă iei cu Tine? O Krişna, te rog, vino degrabă!"

În această perioadă, un bătrân, rudă îndepărtată a familiei, a venit să locuiască la Idamannel. Acest bătrân rămăsese singur pe lume şi era foarte bolnav. Nu se putea deplasa de unul singur şi suferea de incontinenţă, din care cauză patul îi era mereu murdar. Fără a fi rugată de nimeni, Sudhamani a început imediat să aibă grijă de el, asumându-şi în întregime responsabilitatea îngrijirii lui. Ceilalţi membrii ai familiei nici nu catadicseau să se uite la el, nici vorbă să îi dea îngrijirile necesare. Sudhamani îl îngrijea însă cu răbdare şi devotament, pe lângă munca zilnică în gospodărie. Îi spăla hainele şi îl îmbăia în fiecare zi cu apă caldă, îi curăţa patul de urină şi excremente şi îi administra medicamentele prescrise de doctor la timpul potrivit. Deşi Sudhamani dădea dovadă de o bogăţie extraordinară de virtuţi nobile, nimeni din familie nu a observat asta şi nici nu a înţeles sau apreciat atitudinea ei iubitoare faţă de tot ce era viu. Nu poate fi decât rezultatul unui paradox divin că micuţa nu a primit decât grămezi de insulte în schimbul a tot ceea ce a făcut pentru alţii.

În timp ce lucra, Sudhamani obişnuia să se gândească la Krişna, pretinzând că ea însăşi este Krişna, sau Radha, sau una dintre Gopiţe, sau o altă personalitate asociată cu viaţa lui Krişna.

Uneori, pe când făcea de mâncare, Sudhamani îşi amintea de mama lui Krişna, Yaşoda. Yaşoda făcea iaurt din lapte în timp ce dădea să sugă lui Krişna. Pe când Sudhamani pregătea pe fraţii şi surorile ei pentru şcoală, îşi imagina că îi împodobeşte pe Krişna, Balarama şi pe Gopi înainte ca aceştia să iasă cu vacile la păscut. Percepând toate acestea cu ochii minţii, Sudhamani vărsa lacrimi de fericire. Când mergea la piaţă pentru a cumpăra cele necesare pentru casă îşi amintea de Gopiţele ce străbăteau străzile din Vrindavan vânzând lapte şi unt. În loc să strige: „Lapte, unt...", ele strigau: „Krişna, Madhava, Govinda, Achyuta!"[4], atât de mare le era dragostea pentru Krişna.

Iubirea curată şi devotamentul Gopilor pentru Krişna erau mereu o mare sursă de inspiraţie pentru Sudhamani. Uneori îşi imagina că e Radha, iubita lui Şri Krişna. Un simplu gând la Radha era suficient să o facă să piardă cunoştinţa lumii exterioare. Cu mintea total absorbită de Dumnezeu şi într-o stare de beatitudine supremă, cânta, dansa şi plângea în extaz.

Kalina Kannan

O, Cel de culoare întunecată,
Ochii îmi ard jalnic de dorinţa de a vedea
Picioarele Tale.

O, Cel cu Ochi de Lotus, vino degrabă
Cu vacile şi sunetul flautului tău.
Câte zile Te-am strigat?
Nu ai nici măcar un dram de milă pentru mine?

Ce mare greşeală am săvârşit?
Nu eşti Tu, Iubitul celor ce Îţi sunt devotaţi?
Binevoieşte să vii cu flautul Tău,
Înainte să mă copleşească lacrimile.

---

[4] Nume sacre ale lui Krişna.

Nu mai pot trăi fără să Te văd pe Tine,
Singura Realitate, vino, vino...

Cel ce împlineşti dorinţele,
Cauza a tot ceea ce există,
O, Cel de culoare întunecată, vino, vino...
Fără să pierzi nici un moment,
fără să îmi sporeşti suferinţa,
O, Încarnare a Compasiunii, vino, vino...

Pe când mergea să aducă apă, Sudhamani îşi amintea de Gopiţele care mergeau la râul Yamuna purtând pe cap ulcele de lut. Pe când spăla hainele familiei, Sudhamani îşi imagina că spală hainele de mătase ale lui Krişna şi ale Gopilor. După ce le întindea pe frânghie la uscat, Sudhamani le privea cum flutură în vânt şi se gândea: „O, ce frumos dansează în vânt straiele de mătase aurii ale lui Krişna!" Pe când culegea iarbă pentru vaci şi în timp ce le dădea de mâncare, se gândea intens la Krişna care păstorea vacile în fiecare zi în pădurile şi poienile din Vrindavan, lăsându-şi imaginaţia furată de jocurile pe care Păstoraşul Divin le juca cu Gopii.

Pentru Sudhamani, apusul soarelui era momentul preferat al zilei. Atunci obişnuia să intre în apa lagunei pentru a căuta animalele domestice, raţele, caprele şi vacile care se rătăciseră în timpul zilei. Dacă se întâmpla să audă muzică devoţională, ce se cântă de obicei în India la apusul soarelui, rămânea nemişcată, cu mintea dusă într-o altă lume. Aceasta se întâmpla destul de des şi însemna că un membru iritat al familiei trebuia să meargă în căutarea ei.

Deşi Sudhamani era mereu angajată într-o activitate sau alta, mintea nu îi stătea deloc la lucrul pe care îl făcea ci îi fugea mereu, plină de dor, la Krişna. Avea mereu pe buze Numele lui Sfinte şi simpla menţiune a numelui „Krişna" îi aducea lacrimi în ochi. Pentru că Sudhamani căra tot timpul apă potabilă, ori spăla hainele familiei, ori intra în apa lagunei după animale, îmbrăcămintea ei simplă era mereu udă. Cu propriile ei cuvinte: „Îmi doream atât de mult să am şi eu haine uscate! Deşi aveam atât de mult de lucru, mă rugam mereu lui Dumnezeu să îmi dea şi mai multă muncă, pentru că vroiam să Îi dăruiesc din ce în ce mai mult. Atâta apă potabilă am cărat pe cap si atâtea oale cu orez, că în final am rămas fără păr pe vârful capului."

Indiferent ce făcea, buzele lui Sudhamani se mişcau neîntrerupt. Nimeni nu şi-a dat seama că fata repeta încontinuu Numele Domnului. Într-o zi, fratele ei mai mic Sathiş, care deprinsese de la ceilalţi membri ai familiei obiceiul de a o batjocori pe Sudhamani, a remarcat sarcastic: „Mişcatul necontenit al buzelor e semn de nebunie!" Deşi auzise foarte bine ce spusese, Sudhamani nu s-a simţit afectată şi de câte ori Sathiş avea un atac sever de astmă, Sudhamani era cea care îl ducea în spate până la spital, deşi alţi membrii ai familiei l-ar fi putut duce cu mult mai multă uşurinţă. Însă nimănui nu-i păsa de criza lui de astm, cu excepţia lui Sudhamani care aştepta mereu o ocazie de a-i ajuta şi servi pe ceilalţi.

Era deja foarte târziu când Sudhamani termina treaba. În casă şi în vecini nu mai ardea nici o lampă. Atunci cânta Sudhamani fără nici o reţinere în solitudinea odăii cu icoane. Damayanti şi Subhagan obişnuiau să o certe pentru că le tulbura somnul şi pentru că obişnuia să cânte pe întuneric. Fratele mai mare, Subhagan, spunea: „De ce ţipi şi urli aşa de tare? Ca să te audă Dumnezeu din cer? Ce, Dumnezeul tău e surd?" Deşi certată în acest fel şi pedepsită, Sudhamani nu şi-a întrerupt obiceiul de a lăuda pe Dumnezeu în miez de noapte. Odată, Subhagan a intrat în odaia cu icoane mânios că Sudhamani cânta pe întuneric. Sudhamani i-a spus fără să ezite: „Tu nu poţi percepe decât lumina exterioară, dar în mine arde o lampă ce nu se stinge niciodată!"

Inutil să mai menţionăm că semnificaţia acestei remarci i-a scăpat total cinicului Subhagan.

Sudhamani se temea că Dumnezeu îi va pedepsi mama, tatăl şi fraţii pentru că o băteau în timp ce cânta muzică devoţională. Din acest motiv, de multe ori cânta cu voce joasă pentru a nu îi provoca la acte violente. Descurajată profund de obstacolele create de familia ei, Sudhamani plângea deseori în faţa altarului. Familia a început atunci să spună că e un păcat să plângi în timp ce cânţi cântece de slavă lui Dumnezeu şi că păcatul lui Sudhamani îi pune pe toţi în mare pericol. Indiferent ce făcea, îi găseau mereu cusur. Săraca Sudhamani! Îndura totul în tăcere şi îşi uita nefericirea pierzându-se în gândul la Krişna al ei cel dulce.

Încă din copilărie Sudhamani nu îşi împărtăşea necazurile altor oameni. Singurul căruia îi mărturisea ce era în sufletul ei era Domnul Krişna. Sudhamani avea totodată obiceiul de a vorbi cu animalele şi Natura, imaginându-şi pe Krişna ascultând-o cu atenţie. Percepând întreaga creaţie ca fiind Însuşi Krişna, vorbea astfel cu toate creaturile. Dacă se întâmpla să întâlnească o vacă aşezată pe jos, odihnindu-se, i se aşeza alături şi îşi închipuia că se află în poala lui Krişna.

Privind stelele, luna şi pomii înfloriţi, Sudhamani întreba: „O, prieteni, L-aţi văzut pe Krişna? O, briză lină, I-ai mângâiat cumva forma încântătoare? O, stele strălucitoare şi tu, lună tăcută, şi voi Îl căutaţi? Dacă se întâmplă să Îl găsiţi, să-i spuneţi vă rog că şi săraca Sudhamani Îl aşteaptă."

Ninagalil arummundo

L-a văzut vreunul dintre voi pe dragul meu Kanna?
Voi îl puteţi vedea,
*   dar El nu se arată niciodată acestor ochi,*
Semnul pastei de lemn de santal pe frunte,
Frumuseţea hainelor de mătase galbenă,

Părul buclat cu pană de păun...
O, când voi vedea toate acestea?
La ce îmi folosesc trupul acesta şi viaţa asta a mea?
Norocul tot mi s-a sfârşit...
Câtă vreme vor mai dura aceste suferinţe?

Marea era şi ea unul dintre prietenii lui Sudhamani. Sudhamani considera marea ca pe o mamă. De câte ori avea un moment liber, copilul se strecura pe ţărmul mării pentru a-i spune ce o doare. Culoarea ei albastru închis îi amintea de Iubitul ei şi nu după multă vreme pierdea cunoştinţa lumii exterioare.

Sudhamani observase că unele vecine îşi cîştigau existenţa cu mici comenzi de croitorie şi gândindu-se că ar putea fi de ajutor altora cu banii obţinuţi din cusut, simţi dorinţa de a învăţa şi ea această meserie. În acest fel, se gândea ea, ar reuşi să evite situaţia neplăcută de a trebui să ia lucruri din casă pentru a ajuta pe alţii. Plină de speranţă, Sudhamani a împărtăşit această dorinţă părinţilor ei dar răspunsul lui Damayanti nu a fost deloc încurajator: „Nu te vom trimite să înveţi croitorie, ci te vom mărita curând cu un culegător de nucă de cocos". Culegătorii de nucă de cocos aparţin unei categorii sociale inferioare în Kerala. Nucile de cocos sunt singura lor sursă de venit. Sudhamani fusese de multe ori prinsă furând nuci de cocos pe care Damayanti credea că le mânca, dar pe care ea le dăruia întotdeauna celor nevoiaşi.

Sudhamani a insistat însă, şi în final părinţii i-au permis să meargă la cursul de croitorie o oră pe zi, cu condiţia să termine mai întâi treburile gospodăriei. În acea perioadă, Sudhamani avea un program zilnic extraordinar. După ce reuşea să termine cumva treburile dinainte de prânz, alerga la ora de croitorie. Uneori, unele colege de curs ce cunoşteau situaţia lui Sudhamani, veneau să o ajute să termine treaba. Sudhamani parcurgea apoi pe jos doi sau trei kilometri în căldura sufocantă a miezului de zi. După o oră de curs alerga înapoi acasă pentru a servi masa de prânz.

Restul zilei continua ca de obicei cu programul său epuizant. Singurele momente pe care le avea pentru activitățile cele mai importante ale zilei, rugăciunea și meditația, erau clipele tăcute ale nopții. Plângând de dor, micuța intra într-o stare de beatitudine și de uniune cu Dumnezeu. Revenind în final la o stare semiconștientă, adormea.

Răbdarea, perseverența și energia aparent inepuizabile de care Sudhamani a dat dovadă și care continuă și astăzi, au fost și sunt de domeniul miracolului. Orice muncă îi era încredințată, era dusă la bun sfârșit cu entuziasm și fără nici o crâcnire. Sudhamani simțea că era dreptul și datoria ei să ofere ajutor tuturor fără a fi rugată. Mai târziu ea a explicat: „Bucuria mea consta în a vedea pe alții fericiți. Nu m-am gândit niciodată la confortul meu și la volumul de muncă pe care mi-l asumam. Ori de câte ori am avut oportunitatea de a servi pe alții am făcut tot ce mi-a stat în putință să îi ajut cu toată dragostea și sinceritatea."

Inițial, Sudhamani a învățat croitoria în două locuri diferite. După o vreme a ales să urmeze în exclusivitate cursurile oferite de un atelier ce aparținea unei capele din apropiere. Aici a învățat meserie repede și a început să croiască mici lucruri pentru femeile sărace din vecini. Inițial, Sudhamani nu a acceptat bani pentru aceste servicii, întrucât nu era obișnuită să primească ceva în schimbul a ceea ce oferea. Dar când părinții au refuzat să îi plătească cursul de croitorie, a fost forțată să accepte. Astfel a reușit să plătească taxa pentru curs, folosind banii rămași pentru a ajuta pe sătenii nevoiași. Totodată, a reușit să cumpere câteva articole pentru practicarea croitoriei de care avea nevoie. Sudhamani era o croitoreasă talentată și câștiga bani buni, dar nu a dat niciodată nici un ban familiei, ci i-a folosit pentru a ajuta pe sătenii săraci.

În timp ce lucra în atelierul de croitorie, Sudhamani se cufunda în cântece devoționale, vărsând lacrimi fierbinți pe mașina de cusut. Preotul ce slujea în capelă era un bărbat în vârstă, pios, și care a remarcat imediat caracterul excepţional al lui Sudhamani. În timp ce celelalte fete lucrau povestind una cu alta, Sudhamani lucra cufundată în rugăciune. Preotul a fost mişcat de acest comportament şi a îndrăgit-o foarte mult pe Sudhamani. Aceasta le-a făcut geloase pe celelalte fete dar Kunju a continuat să le arate aceeaşi afecţiune ca şi mai înainte, fără nici o urmă de animozitate.

Sathiş o însoţea întotdeauna pe sora lui şi o aştepta în curtea Bisericii, aşezat într-un colţ. Într-o zi, în timpul rugăciunii, Sudhamani l-a întrebat: „De ce nu participi şi tu la rugăciune?". El a răspuns: „Suntem hinduşi, nu-i aşa?" Sudhamani i-a spus: „Întreabă pe Părinte dacă poţi participa şi tu". Părintele şi-a dat bucuros consimţământul şi de atunci încolo Sathiş a participat întotdeauna la rugăciuni.

Când termina de cusut, Sudhamani mergea în cimitirul Bisericii pentru a broda. Iubea solitudinea de care se putea bucura aici. Şedea şi întreba sufletele morţilor: „Cum o duceţi? Unde vă aflaţi? Sunteţi fericiţi acolo? Simţiţi ceva?" Sudhamani le simţea prezenţa şi căuta să le aducă alinare. Una din prietenele lui Kasturi, sora mai mare a lui Sudhamani, era îngropată în acel cimitir. Această fată avusese o mare afecţiune pentru Sudhamani, inclusiv în perioada în care familia o tratase extrem de rău. Probabil că acesta era un alt motiv pentru care lui Sudhamani îi plăcea să viziteze cimitirul. Vorbea cu sufletele ce pluteau în corpurile lor subtile şi cânta melodii triste pentru odihna lor. Uneori, pe când medita în atmosfera plină de linişte şi pace a cimitirului creştin, Sudhamani intra în samadhi.

Dacă îi rămânea timp după ce termina de brodat, Sudhamani se întorcea în capelă. Aceasta avea o cameră interioară ce se asemăna cu o peşteră. Contemplând forma crucificată a lui Iisus Cristos în lumina palidă, Sudhamani simţea că acesta nu era altul decât iubitul ei Krişna şi intra imediat în extaz. Recăpătându-şi apoi cunoştinţa, plângea gândindu-se la iubirea şi sacrificiul lui

Cristos şi al lui Krişna. Se gândea ea: „O, cum au sacrificat ei totul pentru lume. Lumea s-a întors împotriva lor, dar ei tot au iubit-o. Dacă ei au făcut-o de ce nu aş putea-o face şi eu? Nu e nimic nou în asta."

Sudhamani era extrem de conştientă de sărăcia extremă a sătenilor. Văzându-le chinurile şi suferinţele, micuţa plângea în miez de noapte în odaia cu icoane, rugându-se: „O Doamne, ce fel de viaţă e asta? Oamenii muncesc din greu zi şi noapte doar pentru un pic de mâncare pentru a-şi potoli foamea. O, Krişna, de ce îi laşi să sufere de foame? De ce se îmbolnăvesc de tot felul de boli? Peste tot unde mă uit nu văd decât egoismul oamenilor şi suferinţa pe care o cauzează. Cei tineri se roagă pentru o viaţă lungă, iar copiii se roagă pentru moartea cât mai grabnică a bătrânilor lor părinţi. O, Doamne, ce fel de lume e asta? Care e scopul creării unei astfel de lumi? O, Krişna, ce e de făcut?" Aşa se ruga fata inocentă.

Sudhamani urmase cursul de croitorie vreme de trei ani de zile când s-a hotărât să îl întrerupă, întrucât a considerat că devenise o piedică în calea practicilor spirituale pe care dorea să le intensifice. Totodată, în acea perioadă, şi preotul a fost transferat la o altă parohie. Înainte de a pleca, a trimis câteva din fetele de la cursul de croitorie la Idamannel pentru a-i transmite lui Sudhamani că ar dori să o vadă pentru a-şi lua rămas bun de la ea. Însoţită de Sathiş, Sudhamani a mers să îl viziteze pe Părinte pentru ultima oară. Privind pe copil, Părintele a izbucnit în plâns. Sudhamani a rămas tăcută alături de el fără să îşi arate emoţia. Preotul i-a spus: „Fiica mea, mă voi lăsa de meseria asta. Am decis să duc o viaţă de saniasin". Pe când Sudhamani şi Sathiş erau pe cale să plece, preotul i-a zis lui Sathiş: „O să vezi, Sudhamani va deveni cineva". Este posibil ca acest preot virtuos să fi perceput deja divinitatea ce strălucea în micuţa Sudhamani.

Pricepută acum la croitorie, Sudhamani şi-a exprimat dorinţa de a avea propria ei maşină de cusut. Damayanti a certat-o pentru ambiţia ei dar Sugunanandan a promis de câteva ori că îi va cumpăra una. Însă maşina nu s-a materializat niciodată iar Sudhamani a decis că nu va mai cere niciodată maşină de cusut. „Voi folosi o maşină de cusut doar dacă Dumnezeu îmi va da una". Câţiva ani mai târziu, când la Idamannel începuseră să sosească credincioşi în număr mare, un credincios olandez, pe nume Peter, a cumpărat o maşină de cusut pentru ea. Atunci şi-a amintit Sudhamani de promisiunea pe care o făcuse. Dumnezeu se îngrijeşte de toate nevoile celor ce îi sunt devotaţi.

Cu excepţia lui Sudhamani, toţi copiii erau ori la şcoala gimnazială ori la liceu. Toţi erau frumoşi, cu un ten deschis la culoare. Tenul albastru închis al lui Sudhamani şi munca grea pe care o făcea îi făcuse pe toţi să o privească ca pe o servitoare. Nu i se dădeau nici măcar haine suficiente. Văzând greutăţile cu care se confrunta Sudhamani şi cât de ostili îi erau părinţii şi fratele mai mare, sătenii obişnuiau să comenteze: „Sudhamani a fost cumpărată în Kollam[5] în schimbul unei măsuri de orez." Părinţii obişnuiau să îi ia cu ei pe copii când mergeau să viziteze temple cu ocazia diferitelor sărbători sau a altor ceremonii, dar pe Sudhamani o ignorau şi o lăsau întotdeauna acasă.

Într-o zi, Sudhamani a primit o cămaşă în carouri pe care a îmbrăcat-o fericită, însă fratele ei mai mare i-a poruncit să o dea jos imediat. Smulgându-i-o apoi din mână, i-a dat foc în faţa ei strigând: „Porţi haine din astea doar ca să atragi atenţia altora!" Altădată, Damayanti a certat-o pentru că purta o jachetă din mătase galbenă care aparţinea uneia dintre surori. Din acel moment, Sudhamani a decis că va purta doar hainele pe care i le va da Dumnezeu, doar haine vechi şi peticite aruncate de alţii. Sudhamani tăia aceste haine în bucăţi şi îşi croia bluză şi fustă

---

[5] Cel mai mare oraş din regiune.

din ele. Pentru a coase bucăţile de material împreună, folosea firele vechi dintr-o frânghie de rufe uzată şi se simţea fericită că nu este o povară pentru nimeni. Legat de aceste zile a spus mai târziu: „Fără aţă de cusut, fără foarfeci sau maşină de cusut, am reuşit cumva să îmi croiesc propriile haine".

Capitolul 4

Adevăratul Flaut

„Adevăratul flaut se află înlăuntrul vostru. Străduiți-vă să cântați la el cu plăcere. Odată ce îi puteți auzi sunetul, veți fi fără moarte și naștere".

Mata Amritanandamayi

Vaggadgadā dravatē yasya cittam
rudatyabhīshnam hasati kvacicca
vilajja udgāyati nrityatē ca
madbhaktiyuktō bhuvanam punāti

Credinciosul a cărui voce se îneacă de emoție,
a cărui inimă se topește de iubire, care plânge și suspină
adesea și care, uitându-și timiditatea, începe să cânte cu
glas tare și să danseze, sfințește întreaga lume.

Srimad Bhagavatam, Skanda X, Canto XIV, Vers 24

Gloria spirituală și comportamentul straniu al unui suflet ce a realizat Esența Sa Divină, depășesc cu mult capacitatea de înțelegere a unei ființe obișnuite. Unii oameni consideră setea de Dumnezeu o nebunie, alții o numesc represie psihologică, iar alții refuză pur și simplu să îi accepte existența. Marile suflete rămân netulburate și nu dau niciodată atenție remarcilor lipsite de sens ale scepticilor și criticilor ce nu pot fi învinuiți pentru percepția lor limitată a nivelurilor subtile de conștiință. Se îngrijorează oare vreodată fizicianul pentru că omul de rând se îndoiește de existența particulelor subatomice? Se simte el vreodată jignit de critica lor lipsită de orice bază științifică?

Nici o jignire, nici o insultă și nici o batjocoră nu au avut vreun efect asupra virtuoasei Sudhamani. Spre sfârșitul adolescenței, se afla cufundată într-o stare continuă de trezvie. Sentimentul de devoțiune pentru Șri Krișna devenise incredibil de intens. Mintea i se înălța firesc spre Dumnezeu, ridicându-se în mod spontan spre planuri de conștiință din ce în ce mai înalte. Ca și cum ar fi încercat să compenseze pentru povara grea a treburilor zilnice, Sudhamani își revărsa dorul inimii în cântece devoționale pline de înțelesuri adânci pe care le cânta zi și noapte.

Niramilla

Cu inima un curcubeu fără culori, o floare fără parfum,
Cum ţi-aş putea implora compasiunea?

Viaţa mea şi-a pierdut căldura şi este rece,
precum o vină [1] lipsită de sunetul ei dulce,
Aflată mereu într-o tăcere dureroasă.

Cum pot oare florile de lotus de pe lacul din adâncul pădurii înflori,
Acolo unde Soarele nu le poate ajunge?

Văzând că norii au acoperit cerul, păunul îşi întinde aripile şi se pregăteşte de dans,
Dar în zadar, iar pasărea chataka [2] aşteaptă în van picăturile de ploaie.

Incapabili să înţeleagă semnificaţia stărilor de extaz mistic ale lui Sudhamani, părinţii şi fratele mai mare o certau şi o torturau fără milă, convinşi că toate activităţile ei spirituale nu erau nimic altceva decât simptomele unei slăbiciuni mentale sau ale unei depresii.

Sudhamani îşi petrecea acum zilele şi nopţile meditând, cântând şi repetând numele Domnului. Adesea, se încuia în odaia cu icoane şi dansa, spre dezgustul fratelui ei mai mare.

---

[1] Vina este un instrument cu coarde, asemănător unei chitare; Mama Divină este deseori reprezentată ţinând o vină în mână.

[2] Chataka este o pasăre legendară despre care se spune că bea doar picăturile de ploaie ce cad în timpul ploii, înainte ca ele să atingă pământul. Nu îşi doreşte nici o altă apă. Ideea acestui cântec este că păunul şi pasărea chataka se simt fericiţi la vederea norilor de ploaie dar îşi pierd entuziasmul şi se întristează când ploaia întârzie să apară. Într-o manieră similară, aşteptarea viziunii lui Dumnezeu după practici spirituale îndelungate ce nu au dat nici un rezultat, pare a fi o aşteptare zadarnică.

Alteori plângea, copleşită de durerea absenţei Iubitului ei Divin
şi era găsită zăcând inconştientă pe nisip. Ne putem doar întreba
cum era posibil ca iubirea ei pentru Krişna să continue să crească,
întrucât părea a fi deja o iubire nemărginită. Cu poarta inimii
larg deschisă, Sudhamani aştepta cu nerăbdare apariţia Iubitului
ei. Cum s-ar putea descrie în cuvinte intensitatea dedicaţiei şi a
dăruirii de sine de care dădea dovadă Sudhamani?

Sudhamani avea o sete arzătoare pentru poveştile ce descriau
viaţa lui Şri Krişna. De câte ori auzea pe cineva povestindu-le,
atenţia îi era imediat absorbită în El şi intra în samadhi. După
ce povestea se sfârşea, rămânea complet nemişcată pentru multă
vreme. Sătenii nu mai găseau de pe acum nimic straniu sau sur-
prinzător în comportamentul ei ciudat, ca al cuiva de pe o altă
lume. Uneori Sudhamani chema la ea copii mici şi îi încuraja să
pună în scenă isprăvile lui Krişna. Urmărindu-le joaca cu lacrimi
în ochi, îşi imagina că Însuşi Krişna şade şi povesteşte lângă ea.
Uitând circumstanţele de moment, îi îmbrăţişa, crezând că Îl
îmbrăţişează pe Krişna Însuşi. Neobişnuiţi cu un asemenea com-
portament şi cu stările ei ciudate, copiii se speriau uneori. Astfel
a început Sudhamani să adore copiii mici oferindu-le rugăciuni,
naivediam[3] şi alte delicateţuri, văzând în ei pe Krişna.

Cei ce se întâmplau să nu doarmă, puteau auzi în miez de
noapte vocea jalnică a lui Sudhamani cerând îndurare Domnului
ei.

„Krişna, Krişna! Ţelul vieţii mele! Când îţi voi vedea Forma
minunată? Viaţa asta şi strădania de a te vedea, vor fi ele în zadar?
Îmi auzi sau nu rugăciunile de a deveni una cu Tine? O Krişna,
se spune că ai multă milă pentru cei ce-ţi sunt credincioşi, ţi-am
nemulţumit inima miloasă cu ceva? Merit să Te slujesc? Câte zile
vor mai trece până vei răspunde rugăciunilor mele? Nu simţi nici

---

[3] Naivediam este o mâncare oferită lui Dumnezeu sau unei zeităţi în templu
în timpul unei puje, înainte de a fi distribuită credincioşilor pentru a o mânca.

un pic de milă pentru acest copil părăsit şi neînsemnat? O, Kanna, m-ai abandonat oare? Unde eşti, unde eşti?"

Într-un final, cădea la pământ epuizată, dar nu se odihnea. Convinsă că Domnul putea veni în orice moment, rămânea în aşteptarea Lui fără a închide ochii.

Uneori, Sudhamani sculpta o imagine a lui Krişna din lut şi o adora, confesându-se Iubitului ei în sinea ei: „Vezi Tu, nu m-a învăţat nimeni cum să Te servesc şi să Te ador. Te rog să mă ierţi dacă fac vreo greşeală!" Apoi, în lipsa florilor rituale necesare, oferea la picioarele statuetei nisip. La finalul acestui ritual, simţea că Însuşi Krişna a sosit şi se află în faţa ei în carne şi oase. Tremurând, copleşită de iubire, Sudhamani se închina repetat în faţa imaginii. În momentul următor simţea că Iubitul ei Krişna e pe cale să fugă şi sărea repede să Îl prindă. În acel moment realiza însă că întreaga scenă avusese loc doar în imaginaţia ei şi că idolul de lut era în continuare doar un idol de lut. Suspinând dureros şi înecându-se de plâns, continua să Îl implore: „Krişna, Krişna! Vino, binecuvântează pe această nefericită măcinată de dorinţa de a Te vedea! De ce eziţi? O Kanna, pot îndura orice tortură, dar nu pot suporta să fiu departe de Tine. O Krişna, unde Ţi-e compasiunea?"

Sudhamani nu avea de gând să se lase descurajată. Plină de nerăbdare, fata aştepta încrezătoare venirea Domnului ei. Uneori simţea că este iubita lui Krişna, iar alteori simţea că este servitoarea Lui. Acest copil fără studii înalte, care nu avea mai mult de patru clase şi care nu citise niciodata Vedele şi Upanişadele[4], a devenit întruparea devoţiunii supreme pentru Domnul Krişna, manifestând în mod spontan diferite aspecte ale acestei devoţiuni.

La un moment dat, Sugunanandan a suferit o pierdere serioasă în afaceri şi situaţia financiară a familiei s-a deteriorat brusc. Damayanti şi familia au fost cuprinşi de disperare. Într-o

---

[4] Scripturi ce conţin bogăţia spirituală milenară a Indiei.

zi, Damayanti i-a spus lui Sudhamani: „De ce ne dă Dumnezeu necazuri? Fiica mea, roagă-te pentru tatăl tau. Toate afacerile i-au dat faliment." Auzind acestea, Sudhamani a reflectat astfel: „O Krişna, unde începe durerea? Ce se află la rădăcina ei? Mama este supărată pentru că îşi doreşte ca soţul ei să o facă fericită şi pentru că doreşte să trăiască în confort. Nu este în acest caz dorinţa cea care aduce nefericirea? O, dragă Krişna, nu mă lăsa să mă pierd în dorinţe! Dacă depind de oameni afundaţi în dorinţe şi ignoranţă, atunci voi deveni cu siguranţă nefericită! O Krişna, fă ca gândul să îmi fie mereu la Picioarele Tale de Lotus!"

În această perioadă, în ciuda dificultăţilor financiare, părinţii au decis să o mărite cumva pe Sudhamani. Damayanti fusese întotdeauna extrem de atentă cu educaţia fiicelor ei şi era foarte mândră de rezultat - aceasta nu era un secret în sat. Fetele ei trebuiau văzute de către comunitate ca fiind virtuoase şi de o moralitate neîndoielnică. Din punctul de vedere al lui Damayanti, dacă reputaţia le era afectată, totul era pierdut. Pentru a le asigura o reputaţie impecabilă, Damayanti le-a disciplinat sever în copilărie şi nu le-a permis să vorbească niciodată cu vreun bărbat, mai ales dacă acesta era tânăr.

În acea vreme, trei laturi ale proprietăţii Idamannel erau înconjurate de apă, dar, ca şi cum aceasta nu ar fi fost de ajuns, Damayanti a decis să construiască un gard în jurul casei, pentru a asigura protecţie suplimentară împotriva potenţialilor intruşi. Însă nici după ce gardul a fost construit nu s-a simţit pe deplin satisfăcută şi a decis să cumpere un câine pentru a o avertiza când se apropia cineva de casă. Când câinele lătra, îl trimitea pe Subhagan să vadă cine este. Dacă era un străin sau un bărbat tânăr, Subhagan refuza să îi deshidă uşa. Damayanti îşi făcea mereu griji pentru fetele ei, de acum adolescente. Din acest motiv era nerăbdătoare să scape cât mai repede de Sudhamani, principala ei grijă.

Sugunanandan şi Subhagan au reuşit în final să găsească un mire pentru Sudhamani şi au stabilit o zi pentru prima întâlnire a tinerilor. Scopul unei asemenea întâlniri este ca părinţii să se asigure că tinerii se plac, înainte de a-i căsători. Toate aranjamentele pentru întâlnire au fost făcute fără ştiinţa sau consimţământul lui Sudhamani. Şi nu doar atât, întâlnirea urma să aibă loc într-o altă casă, la mare depărtare de Idamannel. În ziua stabilită, o femeie s-a prezentat la Idamannel şi a angajat-o pe Sudhamani să croiască nişte fuste şi bluze pentru fiica ei, cerându-i apoi să vină cu ea acasă pentru a lua măsurile necesare.

Când Sudhamani a ajuns la această casă, a înţeles că în spatele acestei rugăminţi se afla o cu totul altă intenţie. Oferindu-i o ceaşcă cu ceai, femeia i-a spus: „Uite ce e, Sudhamani, du-te în camera alăturată, o să găseşti pe cineva acolo. Dă-i ceaiul ăsta". Acesta este modul tradiţional de a prezenta pe mireasă mirelui. Înţelegând însă clar intenţia lor ascunsă, Sudhamani i-a răspuns: „Nu pot face asta. Am venit aici pentru altceva, nu să servesc ceai." Şi părăsind casa, s-a întors imediat la Idamannel unde i-a relatat incidentul lui Damayanti. Doar atunci a înţeles că toate aceste aranjamente fuseseră de fapt făcute de proprii ei părinţi împreună cu fratele ei.

O altă cerere în căsătorie a sosit pentru Sudhamani. De această dată, potenţialul mire urma să vină la Idamannel împreună cu părinţii lui. Când potenţialul soţ a ajuns la Idamannel, Damayanti a rugat-o frumos pe Sudhamani să aducă nişte banane pentru el. În prezenţa oaspeţilor însă, aceasta a spus: „Nu! Nu vreau! Dacă vrei, poţi să mergi să-i cumperi tu banane." Şi aşa s-a sfârşit şi această cerere în căsătorie!

Însă părinţii au refuzat să renunţe la ideea măritişului. O altă cerere în căsătorie a sosit pentru Sudhamani şi o altă vizită a fost planificată. Într-o zi, înainte de vizită, Damayanti a avut o conversație cu Sudhamani în care a implorat-o plângând: „Fiica mea, nu ne face familia de râs. Fii te rog politicoasă cu viitorul tău soț." În ziua stabilită, tânărul în chestiune s-a prezentat la Idamannel și luând loc în camera de oaspeți, a început să o aștepte liniștit pe Sudhamani. În această vreme, Sudhamani se afla în bucătărie, tocând ardei iute cu un pisălog de lemn. Sudhamani se hotărâse deja să rezolve situația într-un mod mult mai tranșant decât înainte. Ținând pisălogul de lemn cu ambele mâini, ca un soldat pe cale să-și atace dușmanul cu baioneta, Sudhamani și-a făcut intrarea în cameră țipând, amenințându-l cu pisălogul și făcând alte gesturi ridicole. Damayanti aproape a leșinat de rușine, dar micuța nu avea de gând să se dea bătută așa ușor și a continuat scandalul până când mirele a fugit din casă împreună cu întreaga lui familie, convins că are de-a face cu o nebună. Sudhamani, bineînțeles, și-a primit prompt pedeapsa, sub forma loviturilor și a bătăii obișnuite.

După acest incident, Sudhamani a hotărât că dacă părinții vor continua să o mai deranjeze cu cereri în căsătorie, va părăsi casa și își va continua practicile spirituale într-o peșteră sau în vreun alt loc retras. Era pe deplin hotărâtă în această privință, dar în același timp era convinsă că va trece multă vreme până când părinții vor încerca din nou să o mărite.

Familia a continuat să o trateze pe Sudhamani din ce în ce mai rău. Întrucât nu mai era dispusă să suporte această situație, Sudhamani s-a hotărât să fugă de acasă. În ziua în care a luat această hotărâre, la picioare i-a ajuns o bucățică de ziar adusă de vânt. În ea, Sudhamani a citit despre soarta groaznică a unei fete care fugise de acasă și a fost extrem de impresionată. Interpretând aceasta ca pe un mesaj de la Dumnezeu, Sudhamani a renunțat la ideea de a fugi de acasă.

Cu o altă ocazie, hărţuirea permananentă la care era supusă de membrii familiei a făcut-o să se hotărască să se sinucidă, sărind în mare. Reflectând asupra acestei decizii, ea s-a întrebat: „Cine moare? Cine se naşte? Cine poate hărţui un slujitor adevărat al Domnului?" Această convingere puternică a alungat gândul morţii din mintea ei.

În această perioadă de sadhana[5] intensă, Sudhamani nu putea dormi în nici o altă casă sau mânca mâncare din bucătăria cuiva cu înclinaţii lumeşti. Dacă se întâmpla să mănânce o asemenea mâncare, devenea imediat agitată sau vomita. Din acest motiv, o mare parte din timp, Sudhamani postea. Dacă încerca să stea într-o altă casă, unde dormiseră persoane fără înclinaţii spirituale, nu se putea odihni nici un moment. Însă lipsa somnului nu o deranja, întrucât prefera să stea trează, meditând şi chemând pe Iubitul ei. Lui Sudhamani îi era frică că s-ar putea să adoarmă chiar în momentul sosirii lui Krişna, pierzând astfel ocazia de a-I vedea Forma Divină.

Chiar şi în această perioadă, Sudhamani reuşea cumva să îşi îndeplinească toate îndatoririle casnice, fără excepţie. Datorită faptului că trudea necontenit, sătenii o porecliseră „Kaveri". Kaveri este un personaj fictiv, înzestrat cu toate virtuţile posibile. Chiar şi când era bolnavă, Sudhamani mergea din uşă în uşă pentru a vinde lapte. Văzând greutăţile teribile cu care se confrunta şi caracterul ei nobil, sătenii simţeau mare dragoste şi respect pentru ea.

Experienţele de viaţă amare şi mediul dur în care a crescut, au convins-o pe Sudhamani de caracterul trecător şi egoist al vieţii lumeşti. Singurele gânduri care o preocupau erau contemplarea vieţii şi a scopului ei. Contemplând taina vieţii, se gândea: „O, Doamne Dumnezeule, nu ne vezi durerile şi suferinţele? Sunt oare singură pe lume? Cine îmi este rudă

---

[5] Practici spirituale.

adevărată? Cine îmi este Mama și cine îmi este Tatăl? Unde se află Adevărul în toate acestea? Dacă cineva ia trup de om, e sortit să sufere?" Sudhamani i-a înțeles întotdeauna pe oamenii obișnuiți care tânjeau după plăcerile de moment ale vieții lumești. Ea se ruga pentru ei astfel: „O Doamne, salvează-i te rog pe cei neștiutori ce își închipuie că lumea asta efemeră e ceva minunat. Dă-le rogu-te lumina cunoștinței."

Damayanti iubea vacile tare mult. Nu permitea ca vacile ei să resimtă nici o greutate, chiar dacă asta cauza disconfort membrilor familiei. În opinia ei, Dumnezeu și vacile erau unul și același lucru. În anotimpul musonului de sud-vest, în Kerala, apa lagunei inunda uneori fâșia de pământ ce o separa de Marea Arabiei, devenind una cu marea. La Idamannel, clădirea staulului nu reușea să facă față nivelului ridicat al apei și în acele zile Damayanti muta vacile în casă! Camera de zi se umplea de bălegar și urină. Toți membrii familiei protestau și o înjurau pe Damayanti, cu excepția lui Sudhamani bineînțeles, care iubea vacile chiar mai mult decât mama ei, datorită rolului special pe care acestea îl jucaseră în viața lui Krișna.

Pe Sudhamani, toate anotimpurile o inspirau în egală măsură. Nu o deranja nici arșița verii, nici ploile torențiale ale musonului și nici adierea rece ce venea dinspre ocean în timpul iernii. Nu putea vedea nimic altceva în Natură decât pe Iubitul ei. Nu își dorea nimic de la această lume. Singurul ei țel era să devină una cu Picioarele de Lotus ale lui Șri Krișna. Chiar și sunetul ploii îi umplea inima de iubire. Pentru ea, toate sunetele se asemănau silabei sacre „Aum", în special sunetul ploii, și obișnuia să aducă laudă Domnului ei în ritm cu acest sunet. Contemplând fericită ploaia, Îl vedea pe Krișna în mijlocul fiecărei picături.

Pe măsură ce practicile spirituale ale lui Sudhamani s-au intensificat, starea ei de spirit interiorizată, îndepărtată de lumea materială, a devenit din ce în ce mai evidentă. Uneori mergea să se îmbăieze şi era descoperită trei ore mai târziu în acelaşi loc, fără nici cea mai vagă idee de unde se afla. Aceste stări constituiau un mister total pentru familia ei care era convinsă că Sudhamani suferea de o boală psihică. Sudhamani era un călător solitar în propria ei lume. Cum ne-am putea imagina adâncimea spirituală a acestui copil inocent a cărui iubire nu cunoştea limite? Ce altă forţă decât Dumnezeu Însuşi o călăuzea pe calea cunoştiinţei Eului ei Adevărat?

Deseori, pe când mergea să culeagă frunze pentru capre, Sudhamani era însoţită de copii mici care o adorau şi o urmau peste tot. Sudhamani era conducătorul lor. Pe când şedea pe creanga vreunui copac culegând frunze, Sudhamani era brusc copleşită de sentimentul clar că ea însăşi este Krişna. După cum a menţionat mai târziu: „Toate fetele şi băieţii de sub copac păreau a fi Gopi şi Gopiţe”.

A avut multe experienţe mistice. Krişna venea şi i se arăta noaptea târziu. Păstoraşul Divin o prindea de mâini şi dansa cu ea. Alteori, se juca cu ea şi o făcea să râdă. În acele momente minunate, dansa ca niciodată în extaz divin, dansul lui Radha şi Krişna. Cu aceste ocazii, auzea sunetul fermecător al flautului lui Krişna. La început, a crezut că sunetul venea de undeva din apropiere, dar apoi a descoperit cu uimire că sunetul venea din interiorul ei! De cum auzea sunetul flautului izbucnea în plâns şi cădea în genunchi în faţa icoanei lui Şri Krişna. Dacă se întâmpla să adoarmă, Krişna venea imediat să o trezească. Mai târziu, Sudhamani a spus: „Faţa lui Krişna e o combinaţie de albastru închis şi roşu deschis”. Uneori, vedea un pat acoperit cu diferite feluri de flori cu parfum minunat. Prinzând-o de mâini, Krişna dansa cu ea pe pat. O lua cu el dincolo de nori şi îi arăta alte lumi şi peisaje minunate. Dar Sudhamani se gândea: „Ce atracţie ar avea locurile acestea dacă El nu ar fi cu mine? El este Esenţa; înfăţişarea exterioară a acestor lumi va continua să se schimbe!" Convingerea îi era fermă. Zborul interior către Iubitul ei - un fapt frecvent. Abandonul de sine al lui Sudhamani la picioarele Domnului era de pe acum total.

Uneori, Sudhamani îl vedea pe Krişna păşind alături de ea. Alteori, când simţea în interior că devenise una cu Krişna, simţea dorinţa de a smulge toate icoanele cu zei şi zeiţe de pe pereţi, inclusiv pe cea a lui Krişna. „Portretele astea sunt doar hârtie şi vopsea; nu sunt Krişna. Eu însămi sunt Krişna!" Dar în momentul următor atitudinea i se schimba: „Nu, nu trebuie să le smulg. Această icoană m-a ajutat să îl cunosc pe Krişna. Totul este animat de Krişna, Conştiinţa Supremă. Prin urmare, şi acest portret este tot El".

Această realizare interioară că totul este Krişna a fost încununarea anilor lungi de sacrificiu şi dor de Dumnezeu. Sudhamani putea fi acum văzută îmbrăţişând copaci, sărutând plante şi copii mici, întrucât, oriunde se uita, putea vedea doar forma încântătoare a Domnului Krişna. Nu exista nici măcar un punct cât de mic din care El să lipsească.

Legat de această perioadă a spus mai târziu:

„Obişnuiam să privesc Natura şi să văd că totul este Krişna. Nu puteam să culeg nici măcar o floare, întrucât ştiam că şi ea este tot Krişna. Ori de câte ori o adiere îmi atingea trupul, simţeam că e Krişna, mângâindu-mă. Îmi era teamă şi să păşesc, întrucât mă gândeam: 'O, păşesc pe Krişna!' Fiecare fir de nisip era pentru mine Krişna. Din când în când aveam senzaţia clară că sunt Krişna. Treptat, aceasta a devenit o stare naturală. Nu mai reuşeam să fac nici o distincţie între mine şi Krişna, cel care a trăit în Vrindavan".

Astfel, Sudhamani a devenit una cu Oceanul Existenţei şi Fericirii Pure, dobândind pace sufletească totală. Însă această identificare interioară totală cu Principiul Suprem a continuat să rămână complet necunoscută familiei şi sătenilor. Deşi în exterior era aceeaşi fată simplă de la sat ca şi mai înainte, în sinea ei, Sudhamani se afla de pe acum în starea de uniune absolută cu Realitatea Unică, una cu Domnul Krişna.

Capitolul 5

Pentru Binele Lumii

„Toate zeitățile Panteonului Hindus, care nu reprezintă nimic altceva decât numărul infinit de aspecte ale Ființei Unice Supreme, există și în noi. O Încarnare a Divinului în planul fizic al existenței are capacitatea de a manifesta pe oricare dintre ele, printr-un simplu act de voință, pentru binele lumii. Bhava lui Krișna (starea de identificare totală cu Krișna) este manifestarea aspectului de Purușa sau Conștiință Pură a Absolutului".

Mata Amritanandamayi

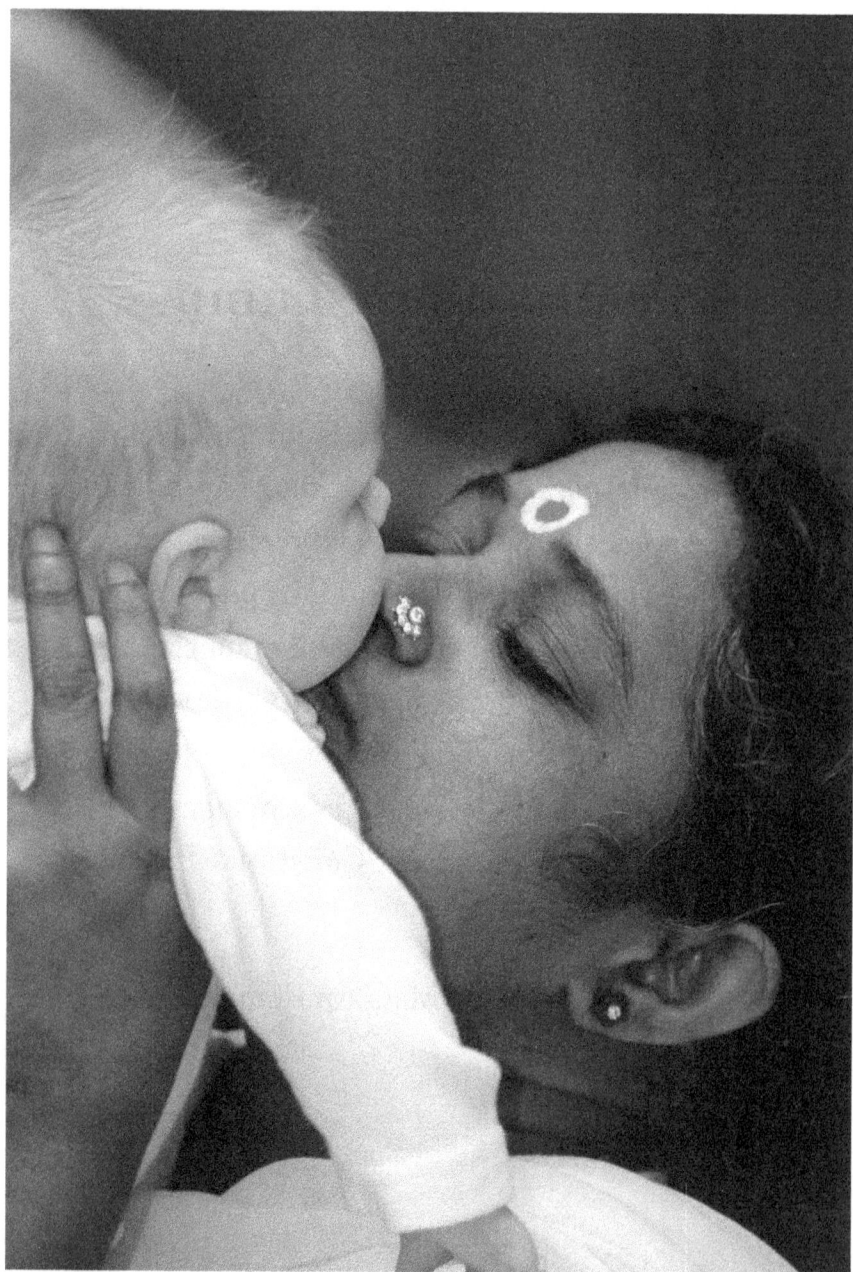

Vamsī vibhūśita karāt navanīra dabhāt
pitāmbarāt aruna bimba phalā taroṣtāt
purnēntu sundara mukhāt aravinda nētrāt
kṛṣṇāt param kimapi tatva maham na jāne

*Nu cunosc nici o altă Realitate decât Şri Krişna, care
ţine în mâinile sale flautul, care este frumos ca un nor
de ploaie proaspăt, înveşmântat în galben, ale cărui buze
sunt roşii ca un fruct de aruna bimba, a cărui faţă este
încântătoare ca luna plină şi ai cărui ochi sunt alungiţi
ca petalele de lotus.*

Madhusudana Saraswati

Apariţia Bhavei lui Krişna

Tânăra Sudhamani, a cărei fiinţă îşi aflase pacea eternă în Principiul Suprem, a continuat să se străduiască să îşi îndeplinească responsabilităţile zilnice ca şi mai înainte. Deşi încerca din răsputeri să îşi facă datoria, Dumnezeu avea alte planuri pentru ea, după cum vom vedea.

Într-o miercuri seară, în septembrie 1975, au avut loc anumite evenimente care aveau să marcheze începutul unui nou capitol în analele istoriei spirituale a Indiei. Sudhamani tocmai terminase de adunat iarba pentru vaci şi se întorcea acasă însoţită de fratele ei mai mic, Sathiş. Era în jur de ora cinci după-amiază. Sudhamani ducea pe cap o legătură mare de iarbă şi se afla într-o stare extatică, cu melodia unui cântec devoţional pe buze. Tocmai treceau prin faţa porţii casei vecine, situată pe latura de nord a Idamannelului, când Sudhamani se opri brusc din mers. Auzise versurile de final ale textului sacru Srimad Bhagavatam[1] ce fusese citit în curtea

---

[1] Text sacru ce descrie întâmplări din Viaţa lui Krişna.

acestei case. Lectura se sfârşise şi cântecele devoţionale erau pe cale să înceapă.

Captivată, Sudhamani încremenise pe loc şi părea să asculte cu atenţie cântarea religioasă. Dintr-o dată, ceva s-a schimbat în ea. Legătura de iarbă i-a căzut de pe cap şi Sudhamani a alergat spre grupul de credincioşi adunaţi în curtea vecinului, oprindu-se în mijlocul lor. Ajunsă aici, Sudhamani a fost copleşită de o stare de beatitudine totală. Identificarea ei interioară cu Şri Krişna a pus stăpânire pe întreaga ei fiinţă iar trăsăturile şi mişcările i s-au transformat în cele ale lui Însuşi Şri Krişna!

Înmărmuriţi de uimire, credincioşii au fost convinşi că Şri Krişna a venit cu adevărat în mijlocul lor, sub forma acestei ţărăncuţe, pentru a-i binecuvânta. Sudhamani a rugat pe unul dintre credincioşi să aducă niste apă cu care i-a stropit pe toţi cei prezenţi. Vestea Manifestării Divine a lui Sudhamani s-a răspândit rapid. În scurt timp Sudhamani a fost înconjurată de o mulţime considerabilă. Unii dintre cei veniţi erau sceptici şi au ridicat imediat obiecţii, contestând validitatea acestei Manifestări Divine. „Dacă eşti într-adevăr Şri Krişna, trebuie să ne dai o dovadă, trebuie să ne arăţi o minune. Altfel, cum să te credem?" au spus ei. Răspunsul a venit fără întârziere:

„Un obiect care nu există deja nu poate fi creat. Toate obiectele nu sunt altceva decât proiecţia minţii. Având Adevăratul Giuvaer înlăuntrul vostru, de ce vă doriţi o imitaţie? Deşi Fiinţa Pură Supremă se află în interiorul vostru, ignoranţa o ascunde!"

Dar mulţimea nu a fost în stare să înţeleagă acest adevăr sublim rostit de o fiinţă stabilită în această Stare de Existenţă Pură şi a continuat să insiste să i se arate o minune. Sudhamani le-a spus:

„Nu sunt interesată să convertesc pe oameni la credinţă cu ajutorul miracolelor. Intenţia mea nu e să fac minuni. Ţelul meu este să sădesc în oameni dorinţa de mântuire ce se poate atinge când realizează că Eul lor Adevărat, esența lor, este divin și etern. Minunile sunt iluzorii. Nu ele sunt esența spiritualității. Și mai mult: odată ce vedeți o minune, veți dori să vedeți și altele. Nu mă aflu aici pentru a crea dorințe ci pentru a le înlătura."

Însă scepticii au continuat să insiste: „Nu, nu te vom mai ruga. Dacă ne arăți o minune, nu vom mai cere o alta!" În final, Sudhamani s-a lăsat înduplecată: „Pentru a sădi în voi credință, voi săvârși o minune. Dar să nu mai veniți niciodată la mine cu asemenea dorințe. Toți cei ce se îndoiesc, să vină aici săptămâna viitoare, la următoarea lectură a textului Srimad Bhagavatam."

În acea zi, casa și curtea vecinului s-au umplut de oameni. În speranța că vor reuși să demaște o fraudă, scepticii se urcaseră chiar și în copacii din jur și pe acoperișul caselor vecine. Revelându-și identitatea interioară cu Șri Krișna, Sudhamani a cerut cuiva să aducă o carafă cu apă cu care a stropit pe credincioși. Apoi a rugat aceeași persoană să își cufunde mâna în apa rămasă. Spre uimirea tuturor, apa se transformase în lapte! Acesta a fost distribuit celor prezenți ca un dar sfânt de la Dumnezeu. Sudhamani a chemat apoi un alt sceptic și l-a rugat să își cufunde degetele în laptele din carafă. Laptele din vas se transformase într-un desert dulce și parfumat (panchamritam) făcut din lapte, banane, zahăr crud, stafide și zahăr granulat. Toți cei prezenți au început să strige: „O Doamne Dumnezeule! O Doamne!" și au fost convinși că se aflau cu adevărat în Prezența Divină a Domnului Krișna. Acest desert, numit panchamritam, a fost distribuit la mai mult de o mie de persoane, dar cantitatea disponibilă a rămas aceeași. Panchamritamul a fost distribuit chiar și unor oameni ce stăteau așezați la ceva depărtare, lângă un mic copac banian[2] de pe țărmul mării, dar aceasta nu a diminuat cu nimic conținutul vasului. Câțiva sceptici, încă nesatisfăcuți, au declarat că întreaga întâmplare nu e altceva decât hipnoză în masă și că panchamritamul servit va dispărea

---

[2] Un copac specific regiunii.

curând. Spre dezamăgirea lor, panchamritamul nu a dispărut, iar parfumul lui dulce a rămas pe mâinile tuturor celor prezenți vreme de câteva zile. Acest eveniment a întărit credința sătenilor care erau acum complet convinși de divinitatea lui Sudhamani. Referindu-se la apariția Bhavei lui Krișna, Sudhamani a explicat mai târziu: „La început, dansam în extaz și umblam de una singură în Bhava lui Krișna, dar nimeni nu știa asta. Într-o zi, am simțit o dorință arzătoare să mă contopesc cu Ființa Supremă și să nu mă mai întorc. Atunci am auzit o voce ce venea din interiorul meu și care a spus: «Mii și mii de oameni din întreaga lume sunt cufundați în nefericire. Am multe de realizat prin tine, Tu, cea care ești una cu Mine.»"

Sudhamani a dezvăluit sătenilor starea ei de identificare interioară totală cu Domnul Krișna doar după ce a auzit această voce. Sudhamani a continuat:

„Aveam capacitatea de a ști absolut totul despre oricine. Eram perfect conștientă că eu însămi eram Krișna, nu doar în momentul Bhavei, ci tot timpul. Nu simțeam: 'Sunt cineva'. Când vedeam pe oameni și le intuiam suferințele, simțeam o milă imensă pentru ei. Eram conștientă de faptul că cei credincioși îmi ofereau omagii și că mi se adresau cu apelativul „Doamne". Le înțelegeam durerile încă înainte ca ei să îmi vorbească."

Începând din acel moment, Sudhamani a revelat Bhava lui Krișna în mod regulat, lângă un mic banian ce creștea la vest de Idamannel, pe marginea drumului ce șerpuia de-a lungul țărmului mării. În jurul copacului creșteau flori foarte frumoase. Câțiva ani mai înainte, sătenii plănuiseră să construiască un templu în acest loc. Pentru a inaugura locul pe care urma să fie construit templul, unii dintre tinerii din sat sădiseră un alt banian și aprinseseră o candelă cu ulei.

Sugunanandan îi încurajase pe tineri și participase la aceste pregătiri. Mama lui, Madhavi, însoțită adesea de Sudhamani, obișnuia să vină în acest loc în fiecare seară pentru a aprinde candela și pentru a cânta cântece devoționale. În fața banianului tinerii construiseră o mică colibă cu acoperiș din frunze de nucă de cocos și instalaseră în ea portrete ale Domnului Krișna și ale Mamei Kali.

Acesta a fost locul în care, câțiva ani mai târziu, Sudhamani, avea să își reveleze identitatea interioară cu Șri Krișna. Această bucată de pământ era proprietate publică și a constituit la vremea respectivă un loc foarte convenabil pentru cei ce doreau să se adune acolo pentru a participa la Bhava lui Krișna. Întinsă pe o mică ramură a banianului, Sudhamani obișnuia să asume postura lui Anantasayana, postura Domnului Vișnu odihnindu-se pe șarpele cu o mie de capete, Ananta. Printr-un simplu act de voință, corpul îi devenea ușor ca fulgul. Ce priveliște minunată pentru credincioși!

Acest loc sacru a devenit un veritabil Vrindavan (locul în care Șri Krișna și-a petrecut copilăria). Atmosfera era impregnată de cântece devoționale în cinstea Domnului. Credincioșii au început să sosească în număr mare pentru a primi Darșanul binefăcător al lui Șri Krișna și pentru a scăpa de suferințe. Necazurile le dispăreau în mod misterios după ce le împărtășeau lui Sudhamani în timpul Bhavei lui Krișna.

În acele zile, când sătenii se rugau pentru o soluție la problemele cu care se confruntau, Sudhamani, în Bhava lui Krișna, îi invita să aprindă o bucată de camfor și să pună camforul aprins pe limba ei. După ce camforul era așezat pe limbă, Sudhamani îl înghițea cu tot cu flăcări! După ce Bhava lui Krișna se termina, nimeni nu putea găsi vreo urmă de arsură pe limba ei. Această practică a întărit și ea credința oamenilor.

Vestea Bhavei lui Krișna s-a răspândit rapid și a adus la Parayakadavu oameni și din alte părți ale Keralei și Indiei. Aceasta a marcat începutul unui pelerinaj care continuă și în zilele noastre.

Oamenii veneau să ceară vindecare sau să găsească soluții la problemele materiale cu care se confruntau; unii veneau din curiozitate, iar alții veneau din credință. Însă toți constatau un lucru: după ce o întâlneau pe Sudhamani, problemele li se rezolvau.

Un grup de sceptici din satele alăturate a început să vină regulat, în speranța de a demasca o fraudă. Așa percepeau ei manifestarea Divină a lui Sudhamani. Dar pe micuță nu o tulburau aceste circumstanțe. După cum avea să explice mai târziu:

„În timpul Bhavei, vin să mă vadă tot felul de oameni, unii pentru a se vindeca și pentru a-și rezolva problemele, alții din credință. Eu nu resping pe nimeni. Cum pot să îi resping? Sunt ei oare diferiți de mine? Nu suntem cu toții mărgele înșirate pe același fir al vieții? Fiecare mă vede în conformitate cu nivelul lui de înțelegere. Și cei ce mă iubesc și cei ce mă urăsc sunt pentru mine aceeași."

În timpul primelor două Bhave ale lui Krișna, Sugunanandan fusese plecat din sat cu afaceri. Când a aflat despre transformarea misterioasă a fiicei sale, a bănuit că se datora unei boli nediagnosticate, dar a decis să vadă mai întâi Bhava lui Krișna cu proprii lui ochi înainte de a lua o decizie. Prin urmare, a organizat o lectură a textului Bhagavatam la Idamannel și în acea zi, Sudhamani și-a revelat din nou identitatea cu Şri Krișna. Când a văzut manifestarea divină a fiicei lui, care toată viața fusese o sursă neîncetată de surprize pentru el, Sugunanandan a rămas mut de uimire. Din acel moment, Sugunanandan, care era un credincios înfocat al Domnului Krișna, a participat la toate darșanurile Bhavei lui Krișna.

În această perioadă, părinții credeau că atunci când era în Bhava lui Krișna Sudhamani era practic posedată de spiritul lui Şri Krișna. Ei erau totodată convinși că practicile ei spirituale nu erau decât aberații temporare care aveau să înceteze într-o bună zi și trăiau în așteptarea acelei zile, pentru a o putea apoi mărita.

Părinţii nu pot fi învinuiţi pentru ignoranţa lor, întrucât nu ştiau nimic despre Marile Suflete şi comportamentul lor. Concepţia lor despre Dumnezeu era un foarte simplă: manifestările Lui pe pământ erau, în opinia lor, strict limitate la idolii zeilor şi zeiţelor din temple şi din odăile cu icoane. Dumnezeu nu putea fi găsit nicăieri altundeva şi cu atât mai puţin în fiica lor excentrică!

În ciuda experienţelor anterioare, părinţii au mai făcut o încercare de a aranja căsătoria lui Sudhamani dar aceasta i-a ameninţat pe toţi pretendenţii care au avut nenorocul să se prezinte la Idamannel. În final, Sudhamani şi-a avertizat mânioasă părinţii: „Dacă reuşiţi să mă măritaţi, o să omor bărbatul şi apoi o să mă întorc la Idamannel!"

Eşecurile repetate de a o mărita pe Sudhamani, i-au făcut pe părinţi să decidă să consulte un astrolog celebru[3] care locuia într-un oraş îndepărtat şi care nu auzise niciodată de Idamannel, Sudhamani, sau Manifestările ei Divine. Părinţii sperau din tot sufletul că astrologul îi va ajuta să găsească o soluţie. După ce a terminat de studiat horoscopul, astrologul s-a uitat la Sugunanandan şi i-a spus într-un ton solemn: „Această fată e un Mahatma (Mare Suflet sau Sfânt)! Dacă căsătoria nu a fost încă aranjată, vă rog să nu mai încercaţi să o aranjaţi. Dacă căsătoria a avut loc deja, chemaţi-o urgent acasă. Altfel se va produce o nenorocire ce vă va aduce multă suferinţă." Dezamăgit, Sugunanandan s-a întors acasă cu inima grea şi a abandonat toate planurile de căsătorie.

Când oamenii au înţeles că Manifestarea Divină a lui Krişna revelată de Sudhamani e autentică, au început să vină pentru a-i primi binecuvântarea în număr din ce în ce mai mare. În acelaşi timp, unii oameni veneau în speranţa de a profita de bunăvoinţa divină a lui Sudhamani, pentru a-şi atinge obiectivele personale egoiste sau pentru a face bani. Într-o noapte, nişte oameni au

---

[3] În India, conform tradiţiei, căsătoriile sunt aranjate de către părinţi după ce un astrolog consultă horoscopul fiului sau fiicei lor.

venit la Sudhamani pentru a vedea dacă o pot tenta cu bani. Ei i-au oferit o sumă mare de bani în schimbul unor miracole. Sudhamani a izbucnit în râs şi le-a spus cu afecţiune:

„Nu am nimic de câştigat din minuni. Ţelul meu nu este să dobândesc faimă, glorie sau prosperitate materială făcând minuni. În fiecare dintre noi există o comoară sfântă, imensă şi inepuizabilă. Pentru ce aş ignora-o? Ca să alerg după lucrurile trecătoare şi insignifiante ale acestei lumi? Ţelul vieţii mele este să servesc pe Dumnezeu şi umanitatea aflată în suferinţă în mod dezinteresat. Nu sunt aici pentru a câştiga ceva, ci pentru a renunţa la tot, pentru fericirea celorlalţi."

Experienţele minunate trăite de cei ce primiseră Darşanul lui Krişna i-au încurajat şi pe alţii să vină pentru a cere binecuvântarea lui Sudhamani şi astfel numărul credincioşilor a crescut văzând cu ochii. De jur împrejurul banianului, ţărmul mării răsuna de cântecele pline de devoţiune ale credincioşilor şi ale sătenilor care, uitând neînţelegerile ce îi separau, se reuneau acum în acest loc pentru a cânta şi a-i primi binecuvântarea.

Într-o zi, un grup mare de credincioşi se adunase sub banian când, dintr-o dată, pe cer s-au ivit nori de furtună ameninţători. Nu după multă vreme s-a dezlănţuit o ploaie torenţială. Întrucât nu exista nici un adăpost în apropiere, credincioşii au rămas sub copac, aşteptând cu resemnare să fie făcuţi leoarcă. Însă spre uimirea tuturor celor prezenţi, pe locul unde se aflau credincioşii nu a căzut nici o picătură de apă, deşi în jurul lor plouase torenţial.

În această perioadă, o cobră veninoasă îi speria adesea pe trecători, în special pe timp de noapte. Sătenii, care o vedeau tot timpul prin sat, nu mai îndrăzneau să se plimbe pe ţărmul mării sau în apropierea lui după lăsarea întunericului. Câţiva săteni au venit la Sudhamani în timpul Bhavei lui Krişna şi au rugat-o să îi ajute să rezolve această problemă. Într-o seară, în timpul unei Manifestări Divine, temutul şarpe şi-a făcut apariţia. Mulţimea s-a împrăştiat rapid şi a rămas privind temătoare de la o distanţă sigură. Sudhamani a prins cobra fără teamă şi i-a atins limba ce se mişca ameninţător cu propria ei limbă. Apoi i-a dat drumul. După această întâmplare, sătenii nu au mai fost niciodată tulburaţi de şarpele veninos şi au putut din nou să se plimbe liniştiţi pe ţărm.

Odată, „Copiii Mamei Ocean", cum erau cunoscuţi pescarii, erau chinuiţi de foame, întrucât nu reuşiseră să prindă peşte de ceva vreme. În timpul unei Bhave a lui Krişna, i-au mărturisit marele lor necaz lui Sudhamani. Sudhamani le-a înmânat o frunză de tulasi[4] şi le-a spus să o dea unui băiat tânăr să o arunce în mare într-un anumit loc, şi apoi să meargă să pescuiască în acel loc. Intenţionând să o supună unei încercări, pescarii nu i-au urmat instrucţiunile, ci au venit din nou la ea, în timpul următoarei Bhave a lui Krişna. Înainte să poată zice ceva însă, Sudhamani a relatat tuturor celor prezenţi ce se întâmplase, dezvăluind adevăratele lor intenţii. Apoi le-a oferit din nou o frunză de tulasi. Surprinşi şi simţindu-se vinovaţi, pescarii au acceptat frunza şi au pornit cu ea spre mare dar, nu se ştie cum, nu au reuşit să o arunce în locul indicat de Sudhamani. Milostivindu-se de ei, în timpul următoarei Bhave a lui Krişna, Sudhamani a dansat în extaz pe ţărmul mării, dându-le în acest fel binecuvântarea. Spre bucuria şi uşurarea pescarilor, în ziua următoare, un banc mare de peşti şi-a făcut apariţia în apropierea ţărmului. Cantitatea de peşte pescuit în acea zi a fost un record în istoria satului. Ulterior, Sudhamani a mai înfăptuit două minuni similare ca răspuns la rugăciunile sincere ale pescarilor. Dar nu a încurajat niciodată acest gen de devoţiune egoistă a cărui singură motivaţie o constituia satisfacerea dorinţelor personale.

Deşi Bhava lui Krişna era manifestarea exterioară a puterii spirituale infinite a lui Sudhamani, putere pe care o exprima prin

---

[4] Tulasi este un gen de busuiocşi tradiţia spune că Şri Krişna considera această plantă sfântă.

forma lui Krişna, părinţii ei şi majoritatea sătenilor erau convinşi că era doar posedată temporar de Krişna. Fratele mai mare şi părinţii credeau totodată că suferă de schizofrenie sau o altă boală psihică. În ceea ce o privea, Sudhamani era dispusă să îi lase să creadă aceste lucruri. Pentru ea, era suficient că oamenii simţeau iubire pentru Dumnezeu şi că suferinţele le erau uşurate ca urmare a participării la Bhava lui Krişna. Diversele etape ale acestui joc divin aveau să se desfăşoare în funcţie de nevoile credincioşilor, la timpul potrivit.

Ţărmul mării nu era locul ideal pentru Darşan, deşi credincioşii aveau dreptul din punct de vedere legal să se reunească în acest loc. Deşi majoritatea venea din devoţiune şi reverenţă, un anumit grup venea regulat pentru a o hărţui pe Sudhamani. În plus, creşterea rapidă a numărului de credincioşi dăduse naştere unor situaţii ciudate în jurul banianului. Un grup de săteni a decis din iniţiativă proprie să formeze un consiliu administrativ a cărui primă hotărâre a fost să instaleze o cutie pentru colectă, încuiată cu cheie. Ea putea fi utilizată de cei ce doreau să doneze bani, donaţiile urmând a parveni sătenilor din consiliul administrativ. Acesta a fost primul semn al unor probleme viitoare ce aveau să fie create de constituirea unei alianţe.

Toate aceste întâmplări l-au întristat nespus pe Sugunanandan. Într-o noapte, în timpul Bhavei lui Krişna, el i s-a confesat lui Sudhamani: „Mă doare inima să te văd pe margine de drum în Bhava lui Krişna. Şi nu suport să aud batjocora celor ce nu cred în manifestarea Ta. În plus, Tu eşti fiica mea şi mi se rupe inima să Te văd înconjurată de tot felul de oameni într-un loc public." Spunând acestea, a izbucnit în plâns.

Sudhamani i-a răspuns: „În acest caz, pune-Mi la dispoziţie un alt loc în care să îi primesc pe credincioşi. Îi pot primi de pildă în staul, dacă nu există un alt loc disponibil." Sugunanandan a acceptat bucuros această sugestie şi a început să facă pregătirile necesare pentru repararea staulului. În final, staulul a fost separat printr-un zid în două încăperi. O încăpere a rămas staul iar cealaltă a fost amenajată pentru a găzdui Darşanul lui Şri Krişna. Sugunanandan a turnat pe jos ciment şi a acoperit cele patru laturi ale încăperii cu frunze de palmier.

Curând, Darşanul lui Krişna a fost mutat de la micul altar de sub banianul de pe plajă, la Idamannel, unde continuă şi astăzi. În timpul Bhavei lui Krişna, Sudhamani stătea acum în altarul nou construit. Sprijinindu-se de peretele micuţ ce separa cele două jumătăţi ale clădirii, îşi întindea mâna deasupra lui din când în când şi mângâia vacile aflate în încăperea alăturată.

Într-o noapte, în timpul Bhavei lui Krişna, Sudhamani şi-a chemat tatăl şi i-a spus: „Oameni ce îmi sunt devotaţi vor veni aici din lumea întreagă. Mulţi dintre ei se vor stabili aici pentru totdeauna. Tu vei avea de depăşit multe obstacole, dar nu te teme. Îndură totul. Nu te răzbuna pe nimeni. Nu fi invidios. Nu cere nimic de la nimeni. Tot ceea ce îţi trebuie va veni fără ca tu să ceri nimic. Dă mereu o parte din câştig celor nevoiaşi. Cu vremea, acest loc va deveni un mare centru spiritual. Kunju va face de multe ori înconjurul lumii. Deşi vei suferi probabil mult în viitorul apropiat, Dumnezeu te va binecuvânta mereu şi va avea grijă să nu îţi lipsească nimic. Rudele şi chiar şi sătenii te vor urî şi te vor insulta, dar cu timpul îţi vor deveni prieteni. Mii de credincioşi vor fi ca proprii tăi copii. De azi înainte, Micuţa va fi pură pentru totdeauna."

Încă o dată, Sugunanandan rămase mut de uimire. Fiica lui cu pielea întunecată, pe care o bătuse chiar el de nenumarate ori, va face înconjurul lumii? Cum va fi posibil aşa ceva, când ea nu fusese nici măcar până la Kanya Kumari[5]? Mii de oameni vor veni la Idamannel? Şi unde vor sta? Casa este atât de mică! Şi ce

---

[5] Extremitatea sudică a Peninsulei Indiene, aflată la aproximativ 5 ore de mers cu maşina de Idamannel.

vroia să spună cu : „Micuţa va fi pură pentru totdeauna?[6]" Deşi aceste cuvinte l-au marcat profund pe Sugunanandan, la vremea respectivă le-a considerat ca fiind doar nişte vorbe fără sens. Doar după ani şi ani a realizat adevărul absolut al vorbelor rostite de fiica lui în acea zi.

Unii dintre localnici au descoperit că interesele le-au fost serios afectate de mutarea Bhavei lui Krişna şi au protestat viguros: „Nu vrem un Dumnezeu care face ce vrea tatăl ei!" Credincioşii care cântau la altarul de sub banian s-au împărţit în două tabere. O tabără şi-a declarat opoziţia sub forma refuzului de a coopera, în timp ce cealaltă tabără s-a prezentat la Idamannel pentru a cânta bhajanuri (cântece devoţionale) în timpul Darşanului ca şi mai înainte. Exasperat de grupul loial de credincioşi, un grup de săteni a început să vină la Idamannel cu singurul scop de a se lua la ceartă şi de a crea probleme. Acest grup insulta pe cei ce cântau cântece devoţionale fără nici o reţinere în timpul Darşanului. Grupul, format dintr-un număr egal de bărbaţi şi femei, şi-a continuat activităţile până într-o bună zi când Sugunanandan s-a simţit sătul până peste cap de acest comportament şi i-a izgonit de pe proprietate cu ajutorul unui grup de credincioşi. Din păcate, acest eveniment a marcat începutul unui lung şir de necazuri.

Mişcarea Raţionalistă

O parte a tinerilor din mişcarea raţionalistă erau fii ai proprietarilor de pământ din sat. Ei şi-au unit forţele pentru a forma o organizaţie pe care au numit-o „Comitetul de înlăturare a credinţei oarbe", cunoscut şi sub numele de „Mişcarea Raţionalistă". Ei au adunat în jur de o mie de tineri din treisprezece sate de pe ţărmul

---

[6] După ce Bhava lui Krişna a început, Sudhamani nu a mai avut niciodată ciclu menstrual.

Mării Arabiei şi au iniţiat o campanie menită să pună capăt Bhavei Divine a lui Sudhamani.

Sătenii o iubiseră pe Sudhamani şi virtuţile ei nobile încă din copilărie, când obişnuia să întâmpine fiecare zi cu cântecele ei fermecătoare dedicate lui Krişna. În plus, aveau o credinţă de nezdruncinat în Bhava ei Divină, dar firea încăpăţânată a lui Sugunanandan a agravat sentimentele de gelozie şi duşmănie latente resimţite de unii dintre ei. Încă de la începutul Bhavei lui Krişna, Sudhamani şi-a avertizat tatăl să nu se certe cu nimeni şi să nu se răzbune pe cei care i se opun. Fără să ţină seama de sfatul ei divin, Sugunanandan a luat anumite măsuri împotriva comitetului care nu au făcut decât să agraveze animozitatea aşa numiţilor raţionalişti.

Aceştia au început prin a inventa sloganuri batjocoritoare la adresa lui Sudhamani. Apoi au tipărit nişte afişe pline de critici iraţionale şi lipsite de fundament. Dar campania lor de defăimare nu s-a oprit aici. Era doar începutul eforturilor lor de a ruina reputaţia lui Sudhamani şi de a pune capăt Bhavei lui Krişna. Pasul următor a constat într-o reclamaţie la poliţie, în care susţineau că Sudhamani înşeală pe săteni în numele credinţei! Ca rezultat al petiţiei depuse, câţiva poliţişti au venit la Idamannel pentru a o interoga. Total netulburată, Sudhamani le-a spus: „Puteţi să mă arestaţi dacă doriţi şi să mă băgaţi la închisoare. Aici, familia şi sătenii nu mă lasă să meditez. Cel puţin în închisoare voi avea solitudinea necesară meditaţiei. Dacă aceasta este Voia lui Dumnezeu, eu nu mă voi opune!" Spunând acestea, Sudhamani şi-a întins mâinile pentru a i se pune cătuşele. Ofiţerii de poliţie au fost extrem de impresionaţi de maniera îndrăzneaţă şi totodată inocentă în care li s-a adresat Sudhamani. Câţiva dintre ei au decis că Sudhamani e nebună, dar ceilalţi poliţişti prezenţi au fost cuceriţi de personalitatea ei şi s-au simţit întristaţi că un Suflet Mare ca acesta este persecutat şi supus unui asemenea tratament fără nici un motiv. În final, ofiţerii de poliţie s-au închinat şi au părăsit Idamannelul. Următorul cântec a fost compus de Sudhamani în timpul petiţiei false şi a cercetărilor efectuate de poliţie:

Bhagavane Bhagavane

Tu Cel ce ai Compasiune pentru cei credincioşi Ţie,
O Conştiinţă Pură!
Distrugător al tuturor păcatelor!
Nu există oare decât păcătoşi pe lume?

O Bhagavan! O Bhagavan!
 Cine ne poate arăta calea corectă?
Principiile Fundamentale nu pot fi întâlnite
Decât în paginile cărţilor.

O Bhagavan! O Bhagavan!
Tot ce văd sunt
Costume false şi pompă.
O Kanna, protejează-ne, te implor,
Şi reinstaurează dreptatea!

Într-o seară la asfinţit, în timpul cântecelor devoţionale, un alt ofiţer de poliţie, nemulţumit de rezultatul primei investigaţii, a venit la Idamannel sub pretextul unei noi investigaţii. Spre surpriza lui, atmosfera devoţională a avut un efect liniştitor asupra lui şi nereuşind să găsească nimic în neregulă, a părăsit locul în tăcere.

Mişcarea raţionalistă şi-a continuat eforturile de a pune capăt Bhavei Divine a lui Sudhamani, apelând de aici înainte la tactici mult mai directe şi mai agresive. Ei au decis să meargă la Idamannel în grupuri mici în timpul Bhavei lui Krişna şi să o bruscheze pe Sudhamani în timpul Darşanului, dezonorând-o astfel şi compromiţând definitiv această ceremonie. După ce puneau mâna pe ea, aveau de gând să o agreseze fizic. Aceşti huligani ce se mândriseră dintotdeauna cu curajul şi forţa lor erau convinşi că planul lor simplu va fi încununat de succes. Însă în noaptea în cauză au sfârşit prin a părăsi cu toţii Idamannelul înainte de ivirea zorilor, ruşinaţi şi umiliţi, deoarece, din cauze neclare, nici unul dintre ei nu îndrăznise să se apropie de Sudhamani în timpul Bhavei lui Krişna.

Această experienţă nu i-a descurajat însă şi au decis să apeleze la serviciile unui vrăjitor de mare faimă, expert în magia neagră. Acesta a venit la Idamannel în persoană şi i-a oferit lui Sudhamani nişte „cenuşă sfinţită", în care impregnase forţe malefice. Această cenuşă fusese preparată din cenuşa unei cobre şi era considerată suficient de puternică pentru a provoca moartea celui căruia îi era oferită. Chiar dacă nu aplicai această cenuşă pe corp ci doar o primeai de la cineva, efectul ei era extrem de nociv, putând cauza mari nenorociri. Total conştientă de posibilele consecinţe, Sudhamani a luat cenuşa şi a aplicat-o pe corp în faţa vrăjitorului gândind în tot acest timp în sinea ei: „Dacă-mi va pieri trupul din această cauză, ce mare lucru, lasă-l să piară. Dacă aceasta e Voia lui Dumnezeu, cine poate să I se opună?" Acest om total lipsit de scrupule a aşteptat multă vreme să vadă efectele groaznice ale vrăjitoriei lui, care însă nu s-au materializat. În final, a trebuit să accepte eşecul suferit şi să plece, întrucât nici după câteva ore nu se întâmplase nimic neobişnuit.

Disperaţi de pe acum să sfâşească cu Sudhamani şi cu Bhava ei Divină, raţionaliştii au lansat planul lor cel mai murdar. În timpul Darşanului lui Krişna, au intrat în templu şi i-au oferit lui Sudhamani un pahar de lapte otrăvit. Sudhamani şi-a jucat rolul impecabil şi, zâmbind fermecător, a băut paharul fără nici o ezitare. Criminalii au rămas înăuntrul altarului aşteptând să o vadă pe Sudhamani murind în chinuri groaznice. Spre deza-magirea lor însă, după câteva momente, Sudhamani s-a întors în direcţia lor, a vomitat tot laptele băut şi a continuat să îi primească pe credincioşi ca şi cum nimic nu s-ar fi întâmplat. Raţionaliştii au părăsit în grabă templul şi au renunţat temporar la campania împotriva ei.

Celălalt obstacol cu care se confrunta Sudhamani permanent era atitudinea propriei ei familii. Însă în ciuda hărţuirii continue pe care Sudhamani a suferit-o din partea rudelor ei, mintea ei nu şi-a pierdut niciodată echilibrul ei perfect, toleranţa şi dorinţa de a alina durerea celor ce sufereau, fie ei prieteni sau duşmani, membri ai familiei sau străini.

Formarea organizaţiei raţionaliştilor şi intenţiile lor criminale de a-i face rău fiicei lui inocente, l-au tulburat profund pe Sugunanandan. În această perioadă, Sudhamani avea obiceiul să petreacă noaptea afară, meditând sub cerul liber. Încă din copilărie liniştea şi solitudinea nopţii fueseseră pentru ea sfinte. Noaptea, devenea una cu Dumnezeu şi dansa în extaz fără a fi tulburată de nimeni.

Sugunanandan se temea că duşmanii Micuţei s-ar putea strecura pe proprietate în timpul nopţii pentru a o ataca pe când se afla singură. Aşa că într-o zi i-a spus: „Fiica mea, vino să dormi în casă!" Fără a şovăi, Sudhamani şi-a liniştit tatăl: „Nu am o casă a mea proprie. Prefer să dorm afară. Dumnezeu este omniprezent. El se află pretutindeni, în afară şi înăuntru. Aşa că de ce mi-aş face griji? Dacă vine cineva cu gândul de a-mi face rău, Dumnezeu mă va proteja."

În ceea ce o priveşte pe Damayanti, odată ce Bhava lui Krişna începea, credea în Krişna, dar odată ce Bhava se termina, atitudinea ei abuzivă faţă de fiica ei continua ca şi mai înainte. Ea credea că Sudhamani era posedată de Krişna doar în timpul Darşanului şi că altfel era aceeaşi ca întotdeauna, servitoare umilă şi fiică excentrică. După ce Sudhamani a început să manifeste Bhava lui Krişna, Damayanti nu a avut altă alternativă decât să o scutească de responsabilităţile casnice obişnuite, întrucât în orice moment mintea îi putea intra în samadhi, indiferent de locul în care se afla. Dacă se întâmpla să gătească sau să meargă prin apa lagunei, această stare de absorbire totală îi putea pune viaţa în pericol.

După cum am precizat şi mai înainte, Damayanti avea o atitudine extrem de conservatoare în ceea ce privea comportamentul fiicei ei. Ea i-a interzis lui Sudhamani să vorbească cu credincioşii după încheierea Darşanului, în special cu bărbaţii tineri. Dacă Sudhamani vorbea cu vreunul din aceşti credincioşi, Damayanti o certa şi bătea fără nici o ezitare. Ea încă se mai temea că acest comportament neobişnuit avea să distrugă reputaţia familiei. Deşi în sinea ei Sudhamani nu mai era supusă sentimentelor obişnuite de ataşament şi aversiune, părinţii credeau că e o fată obişnuită, cu toate sentimentele umane obişnuite, cu atracţii şi slăbiciuni, cu excepţia timpului când se afla în Bhava lui Krişna. Ne putem doar întreba cum era posibil ca tocmai cei ce îi erau mai apropiaţi să nu îşi dea seama că în interiorul ei Sudhamani era mereu una cu Conştiinţa Supremă.

Cel mai ostil membru al familiei era Subhagan, fratele mai mare al lui Sudhamani. El nu putea accepta modul în care Sudhamani îi trata pe credincioşi şi nu avea nici un pic de toleranţă pentru cântecele ei devoţionale şi dansul ei extatic. Sudhamani, care se afla dincolo de orice dualitate, primea pe toţi, femei sau bărbaţi, copii sau bătrâni, în acelaşi mod. Aceasta îl înfuria pe Subhagan, care, pe lângă faptul că era ateu, credea cu tărie că femeile erau inferioare bărbaţilor, că trebuiau să fie tăcute şi să nu se arate în public. El era convins că sora lui era schizofrenică şi a făcut tot ce i-a stat în putinţă pentru a-i crea dificultăţi.

Într-o zi, a spart intenţionat lampa cu ulei pe care credincioşii o ţineau aprinsă în templu în timpul Bhavei lui Krişna. Cei ce venit în acea noapte pentru Darşan s-au întristat când au văzut lampa spartă, întrucât nu mai exista o altă lampă în templu.

Văzându-le feţele triste, Sudhamani a rugat pe câţiva credincioşi să aducă câteva scoici de pe plajă. Odată aduse, le-a cerut să pună în ele fitile şi să le aprindă, deşi nu aveau ulei pentru ele. Şi apoi, imposibilul s-a produs. Fitilele s-au aprins şi nu doar atât, ci au ars toată noaptea până la sfârşitul Bhavei lui Krişna fără nici un dram de ulei! Întrebată cum a fost posibil un asemenea lucru, Sudhamani a răspuns simplu: „Lămpile au ars toată noaptea datorită sankalpei credincioşilor." La următoarea Bhavă a lui Krişna, un credincios care nu aflase despre lampa spartă şi evenimentele care au urmat, a adus ca ofrandă un set de lămpi cu ulei pentru altar. Întrebat de credincioşii curioşi, a explicat că a avut un vis în care i s-a spus să le aducă.

Unii dintre sătenii care au ridiculizat-o pe Sudhamani într-un mod extrem de arogant s-au confruntat cu situaţii extrem de dificile. Incidentul următor constituie un asemenea exemplu.

Sudhamani se întorcea acasă într-o zi după ce vizitase un vecin. La marginea drumului se afla un grup de săteni. Când a trecut pe lângă ei, Sudhamani l-a auzit pe unul dintre ei bătându-şi joc de ea. Un sătean bogat spunea unui alt sătean cu voce tare: „O vezi pe fata asta, e complet nebună. Dansează, cântă şi pretinde că e Krişna tot timpul. Ce prostie! E un caz clar de isterie. Dacă tatăl ei ar mărita-o, s-ar vindeca imediat." Toţi cei prezenţi au izbucnit în râs la auzul acestor vorbe. Săteanul continuă fără să îi pese că Sudhamani îl putea auzi: „Dacă tatăl ei are nevoie de o zestre sunt gata să îi dau un credit de două mii de rupii ca să-şi mărite fata. Trebuie să vorbesc cu el chiar astăzi."

Sudhamani nu a scos nici o vorbă. Ajunsă acasă, a alergat direct spre camera cu icoane şi s-a încuiat înăuntru. Aici a început să îşi verse oful: „O Krişna, auzi ce spun despre mine? Mă numesc nebună! Ei nu ştiu nimic despre frumuseţea Ta şi vor să mă ţină prizoniera modului lor de viaţă egoist. Krişna, Protector al celor ce caută refugiu în Tine, şi Tu m-ai părăsit? Dacă m-ai părăsit, cine Te va mai adora, văzând în ce situație jalnică mă aflu? Asta este răsplata pentru lacrimile pe care le-am vărsat gândindu-mă doar la Tine? Dragostea și devotamentul meu sunt doar nălucirile unei nebune? În tot acest timp Tu mi-ai fost singura alinare. În cerul albastru văd fața Ta zâmbitoare, în valuri văd forma Ta dansând. Cântecul porumbeilor în zori de zi este sunetul Flautului Tău divin. O Krișna, Krișna…". Rugându-se astfel a început să plângă cu suspine și s-a prăbușit la pământ.

Pe când Sudhamani plângea, bogătașul care își bătuse joc de ea își pregătea bărcile și plasele de pescuit pentru a ieși pe mare. Și-a adunat pescarii și a ieșit în larg. În acea zi a prins neobișnuit de mult pește, spre fericirea angajaților lui.

Pe când se întorceau la mal, unii dintre pescarii care o iubeau și se închinau lui Sudhamani în Bhava lui Krișna au spus proprietarului bărcii: „Știi, n-ai făcut bine să o ironizezi așa pe copila aceea inocentă." Proprietarul a răspuns: „Și ce dacă am ironizat-o? Nu vedeți care e rezultatul: am prins mai mult pește decât de obicei!"

Aceasta a închis gura pescarilor devotați lui Sudhamani care nu au știut ce să răspundă. Barca se apropia deja de țărm când brusc, proprietarul strigă: „Auziți, hai să mergem la Neendakara. Putem face mai mulți bani acolo. În Parayakadavu prețul la pește e foarte scăzut." Ceilalți au fost de acord cu el și au îndreptat barca spre Neendakara. Dar nu după multă vreme, când aproape ajunseseră la destinație, marea a devenit brusc extrem de agitată. Valuri uriașe au apărut din senin și au început să lovească barca din toate părțile. Barca încărcată cu pește, plase și oameni era aruncată dintr-o parte într-alta de valuri gigantice. Toate eforturile pescarilor de a păstra controlul ambarcațiunii s-au dovedit zadarnice și barca a început să se scufunde. Nu mult după aceea, a fost prinsă de un val uriaș, a fost lovită de stânci și a fost făcută țăndări. Tot peștele prins s-a pierdut, una dintre cele mai bune

bărci ale proprietarului arogant a fost distrusă, iar plasele de pescuit s-au rupt. Doar vieţile le-au fost cruţate. Cu mare dificultate,
pescarii au reuşit să înoate până la ţărm.

Proprietarul arogant al bărcii fusese lovit din senin de o
mare catastrofă. Acum era rândul lui să umble pe ţărm cu capul
plecat. Înfrânt, s-a prăbuşit pe nisip, incapabil să suporte pierderea suferită. Pescarii care o admirau pe Sudhamani îşi şopteau
unii altora: „Vezi ce se întâmplă dacă îl mâniezi pe Dumnezeu?
Tocmai se lăuda cu norocul lui după ce o ironizase pe Micuţă. Şi
acum uite ce i s-a întâmplat!" Un alt pescar a adăugat: „A plecat
din Parayakadavu după ce a spus că Micuţa suferă de isterie şi
s-a lăudat chiar că o să îi dea două mii de rupii să se mărite. Hai
să vedem acum de unde va împrumuta atâţia bani!" În acea zi,
proprietarul a pierdut şaptezeci şi cinci de mii de rupii în total.
Pescarii s-au întors acasă cu autobuzul şi au răspândit rapid vestea
celor petrecute.

În acele zile, Sudhamani devenea uneori jucăuşă ca un copil
de trei ani şi făcea tot felul de pozne pe seama credincioşilor veniţi
pentru Bhava lui Krişna. Când Darşanul se termina, se apropia pe
furiş de credincioşii adormiţi. Uneori lega capătul unui sari al unei
femei de părul alteia. Alteori, Sudhamani turna un pumn de nisip
pe bărbaţii care dormeau cu gura deschisă. Harşan, vărul mai
mare al lui Sudhamani care era handicapat, o iubea şi o respecta
foarte mult. Dacă se întâmpla să doarmă undeva în apropiere
după terminarea Darşanului, Sudhamani mergea în căutarea lui.
Apucându-l de picioare, îl trăgea de colo-colo, râzând. Asta era o
mare glumă pentru el şi toţi credincioşii izbucneau în râs văzând
năstruşniciile lui Sudhamani. Lui Subhagan nu îi plăcuseră
niciodată jocurile lui Sudhamani şi o certa întotdeauna pentru
comportamentul ei ciudat. Cum putea el, care nu ştia nimic
despre spiritualitate, înţelege starea în care se afla Sudhamani?

Referitor la comportamentul ei neobişnuit, Sudhamani a spus,

„Mintea mea ţâşneste mereu în sus pentru a se uni cu Absolutul. Eu încerc mereu să o aduc înapoi. Doar aşa pot ajuta pe cei ce suferă şi pot petrece timp cu credincioşii ce vin să mă vadă. De aceea mă joc în felul acesta, pentru a-mi ţine mintea la nivelul credincioşilor dar fără să mă ataşez de nimeni şi nimic."

Capitolul 6

Precum un Copil al Mamei Divine

„Pe când în sufletul meu se năşteau aspiraţii nobile, Mama Divină mi-a mângâiat capul cu mâinile ei duioase. Închinându-mă înaintea ei, i-am spus că viaţa mea îi este dedicată."

Mata Amritanandamayi

Sivastvam gurustvanca saktistvamēva
tvamēvasi māta pitā ca tvamēva
Tvamēvasi vidyā tvamēvāsi bandhur
gatirmmē matirddēvi sarvam tvamēva

O Devi, cu adevărat Tu ești Șiva,
Tu ești singura Învățătoare,
Doar Tu ești Energia Supremă,
Doar Tu ești Mama, doar Tu ești Tatăl...
Știința de carte, familia, subzistența și inteligența,
Tu ești toate acestea pentru mine.

Devi Bhudżangam

Devoțiune

Farmecul și frumusețea unică a devoțiunii (Bhakti[1]) sunt imposibil de descris în cuvinte. Dorința sinceră a unui credincios adevărat este să rămână un slujitor devotat al Domnului pentru totdeauna. El nu dorește nici să ajungă în rai, nici să se mântuiască. Pentru el, devoțiunea este viața lui întreagă, iar Dumnezeu e totul pentru el. Cea mai mare fericire a credinciosului este să slăvească pe Dumnezeu. De aceea Șastrele Bhakti[2] declară:

Unicul rod al Devoțiunii este însăși devoțiunea.
În natura ei intrinsecă, această iubire divină
Este Beatitudine Eternă.

Chiar și marele sfânt Suka, deși aflat în perfectă comuniune cu Conștiința Supremă, simțea un extaz inefabil atunci când îl slăvea pe Dumnezeu. Atât de mare este bucuria pe care o aduce devoțiunea curată.

---

[1] Termenul sanscrit pentru devoțiune.
[2] Scripturi devoționale precum Sutrele Bhakti ale lui Narada.

Deşi Sudhamani se afla în totală comuniune cu Krişna, avea încă o sete arzătoare de a se bucura de beatitudinea conferită de Devoţiunea Supremă, numită şi Para Bhakti. Dar datorită identificării ei complete cu Domnul Krişna, îi era acum imposibil să mai mediteze asupra Formei Lui sau să fie total absorbită în gânduri despre El. Astfel, treptat, rugăciunile ei au încetat să se mai îndrepte către Domnul Krişna şi sadhana consacrată lui Krişna a luat sfârşit.

Într-o zi, Sudhamani a avut o viziune care a adus cu sine o mare schimbare în modul de manifestare a Divinului şi în modul în care servea pe cei din jur. Această viziune neaşteptată a deschis drumul sadhanei dedicată lui Devi, a încercării pasionate de a cunoaşte Divinul sub aspectul de Mamă a întregului Univers. Într-o zi, pe când Sudhamani şedea singură într-una din camere, cu ochii deschişi, mintea i s-a întors deodată către interiorul fiinţei şi a fost absorbită în Sinele ei. Brusc, în faţa ei a apărut o sferă de lumină strălucitoare de culoare roşiatică precum soarele la apus, dar în acelaşi timp liniştitoare precum lumina lunii. Această sferă luminoasă nici nu era aşezată pe pământ, nici nu atârna din cer, ci se rotea în aer. Pe fundalul acestui glob de lumină radios dar în acelaşi timp răcoros, a apărut forma încântătoare a lui Devi, Mama Divină, cu capul încununat de o coroană minunată. Subjugată de această viziune a lui Devi ce i-a răscolit inima, Sudhamani a strigat: „O Krişna, a venit Mama! Du-mă la Ea te rog, vreau să o strâng în braţe!" Imediat, Sudhamani a simţit cum Krişna o ridică către înaltul cerului şi o poartă cu El dincolo de nori. Aici a văzut peisaje stranii: dealuri majestuoase, păduri dese, şerpi albaştri şi peşteri terifiante, dar nu a reuşit să o găsească pe Devi nicăieri. Ca un copil mic, Sudhamani a strigat: „Vreau să o văd pe Mama! Unde e Mama mea?" şi a început să plângă.

Viziunea încântătoare a Marii Seducătoare dispăruse, dar ea avea să rămână întipărită în inima lui Sudhamani pentru totdeauna. Micuţa a rămas cufundată într-o stare de extaz pentru multă vreme. Din acel moment, a început să nutrească dorinţa de a revedea surâsul binevoitor şi faţa plină de compasiune a Mamei Divine. Sudhamani, care contemplase de nenumărate ori Forma divină a lui Şri Krişna, a fost complet cucerită de splendoarea inefabilă a lui Devi. Gândul îi fugea necontenit către Ea şi singura ei dorinţă acum era să o strângă în braţe pe Mama Divină, să şadă în poala Ei şi să Îi sărute obrajii.

În acest fel, Sudhamani, care nu meditase niciodată asupra nici unei alte forme în afara celei a lui Şri Krişna, care fusese convinsă că nu există nici o altă zeitate mai presus de El, şi-a dedicat acum întreaga fiinţă cunoaşterii Divinului sub forma Mamei Universale, Adi Paraşakti[3]. Cu excepţia timpului petrecut în Bhava lui Krişna, ea s-a dedicat în întregime contemplării profunde a formei pline de splendoare a Mamei Divine. Focul dorinţei de a o vedea îi ardea necontenit în inimă. Înainte, Sudhamani fusese silită să continue să funcţioneze în planul obişnuit de conştiinţă datorită responsabilităţilor casnice. Dar acum această constrângere dispăruse şi Sudhamani a pierdut complet conştiinţa planului fizic al existenţei. Pentru ea, chiar şi o îngrijire cât de mică a corpului necesita un efort extraordinar. Luni de zile s-a hrănit doar cu apă şi frunze de tulasi (busuiocul indian, plantă sfîntă în India).

Uneori, când ieşea dintr-o stare meditativă adâncă, Sudhamani putea fi auzită plângând şi strigând: „Amma! Amma! Unde Te-ai dus? Nu mi-ai apărut în ziua aceea decât pentru a mă abandona? Fie-ţi milă de acest copil al Tău şi arată-ţi din nou Forma încântătoare! O, Mamă, dacă merit, fă-mă una cu Tine. Nu mai pot îndura această durere de a fi despărţită de Tine. O, Mamă a întregului Univers, de ce eşti atât de indiferentă când acest copil

---

[3] Energia Supremă Primordială, Creatoarea, echivalentul feminin al masculinului „Şiva" (principiul masculin sau conştiinţa pură).

al tău te strigă cu inima frântă de durere? Îmbrăţişează-mă, te rog, ia-mă în poala Ta!"

Kanunir kondu

Îţi voi spăla picioarele cu lacrimile mele,
O Katyayani, nu mă părăsi.
Câte zile trebuie să aştept, Mamă,
Ca să îmi dăruieşti viziunea Formei Tale?

Deşi Tu întârzii să îmi satisfaci dorinţa,
Maya Ta[4] face ca sufletul să fie satisfăcut.
Îmi permiţi să ofer la Picioarele Tale
O floare roşie?
Rătăcesc pe acest drum pustiu,
În speranţa de a Te găsi.

Spune-mi, Prea-iubită a lui Şiva,
Există oare vreun pic de tandreţe în inima Ta de piatră?

La fel cum Sudhamani percepuse că totul era impregnat de prezenţa lui Şri Krişna la sfârşitul sadhanei închinate lui Krişna, tot aşa simţea acum Prezenţa Divină a lui Devi în tot ceea ce o înconjura. Chiar şi adierea vântului era răsuflarea lui Devi. Adesea, fata inocentă cutreiera de colo colo vorbind cu plante, cu copaci, cu păsări şi cu animale. Pentru ea, pământul era Mama ei, şi obişnuia să se rostogolească pe nisip, strigând: „Amma, Amma! Unde eşti? Unde nu eşti?"

Într-o zi, pe când ieşea din odaia cu icoane la finalul meditaţiei, Sudhamani a fost brusc copleşită de sentimentul că este un copil mic şi că Natura este Mama Divină. În această stare, s-a târât în patru labe ca un bebeluş până la rădăcina unui

---

[4] Maya este întreaga creaţie, realitatea văzută, lumea mereu schimbătoare a formelor.

cocotier. Aici a început să plângă și să implore: „Mamă... Mamă...
de ce Te ascunzi de mine? Știu că Te ascunzi în acest copac.
Tu ești în plantele astea, Tu trăiești în animalele astea, păsările
astea! Pământul nu este altceva decât Forma Ta. O, Mamă, cum
Te ascunzi Tu în valurile oceanului și în briza lui răcoroasă! O,
Mamă, Mama mea inefabilă!..." În momentul imediat următor,
a îmbrățișat cocotierul, simțind că este Devi Însăși.

Uneori Sudhamani se întindea pe pământ, dar nu pentru a se
odihni, întrucât nu se simțea deloc atrasă de plăcerile simțurilor.
Pe când stătea întinsă, obișnuia să contemple cerul infinit, norii
argintii, soarele strălucitor, stelele scânteietoare și luna cu lumina ei
liniștitoare. Când se adunau deasupra capului nori grei de furtună,
Sudhamani nu mai vedea în ei pe Șri Krișna, ci își imagina cascada
de păr lung și ondulat a Mamei Divine. Tot ce putea vedea, cât era
cerul de larg, devenise un semn al prezenței lui Devi. Întinsă sub
cerul liber, Sudhamani nu dormea niciodată, ci se ruga necontenit
Mamei supreme a universului cu ochii plini de lacrimi.

Referindu-se la acele zile, Sudhamani și-a amintit mai
târziu: „Pe când mergeam, obișnuiam să repet Numele Divin la
fiecare pas. Făceam un pas doar după ce recitam mantra. Dacă
se întâmpla să uit să recit mantra, imediat făceam un pas înapoi.
Apoi recitam din nou mantra și doar după aceea îmi continuam
drumul. Dacă trebuia să fac ceva, mai întâi stabileam un număr
de mantre pe care trebuia să îl ating înainte de a termina acea
activitate. Dacă mă scăldam în râu, înainte de a sări în apă,
decideam de câte ori trebuia să repet mantra înainte de a reveni la
suprafață. Nu am avut niciodată un Guru și nu am fost niciodată
inițiată de cineva cu o anumită mantră. Mantra pe care o repetam
era: «Amma, Amma»."

Scripturile menționează: „În starea de devoțiune supremă,
toate activitățile încetează de la sine." Acesta a fost și cazul lui
Sudhamani. Dimineața obișnuia să înceapă să se spele pe dinți,

dar în momentul următor mintea ei se îndrepta spre Mama Divină şi toate celelalte gânduri dispăreau. Această stare de concentrare intensă continua să se adâncească şi persista multe ore. Tentativele de îmbăiere nu aveau de obicei mare succes. Pe când se pregătea să se îmbăieze realiza că a uitat să aducă prosopul. După ce aducea prosopul, îşi dădea seama că nu adusese săpun. Simţindu-se total descurajată, exclama: „O, Mamă, cât timp pierdut doar pentru o baie! Mai bine să mă gândesc doar la Tine! Dacă uit de Tine chiar şi pentru un moment, mă doare inima îngrozitor…" Abandonând complet tentativa de îmbăiere, Sudhamani şedea în samadhi. De obicei treceau câteva ore bune până când o descoperea cineva şezând aşa, complet adâncită în meditaţie, şi arunca pe ea o găleată cu apă pentru a o readuce în simţiri. Asta era în final baia lui Sudhamani. Dacă găleata cu apă nu îşi atingea scopul, o scuturau violent sau pur şi simplu o duceau în casă.

În satele de pe ţărmul Mării Arabiei nu existau toalete pro-priu-zise. Fiecare familie construia o structură de lemn deasupra apei lagunei pe care o acoperea cu frunze împletite de palmier. Această structură nu avea podea ci doar o scândură pe care trebuia să stai cocoţat în timp ce răspundeai chemării naturii. În câteva rânduri, pe când stătea pe scândură, Sudhamani şi-a pierdut cunoştinţa şi s-a rostogolit în apa lagunei.

De obicei, Sudhamani şedea cufundată în meditaţie asu-pra Mamei Divine un timp îndelungat. Înainte de a-şi începe meditaţia, obişnuia să hotărască: „Trebuie să şed pentru atâta vreme." Apoi dădea o comandă corpului: „Şezi aici, trupule". Obişnuia să îi spună lui Devi: „Nu-mi juca feste. Păstrează-le pentru tine. Dacă nu-mi dai voie să meditez, nu Te voi lăsa să pleci!" Dacă ceva o deranja în timp ce medita, O muşca pe Devi şi O trăgea de păr, până când realiza că îşi muşca de fapt propriul corp şi că îşi trăgea propriul păr.

Într-o zi, Sudhamani nu a reușit să stea așezată pentru perioada de timp pe care și-o propusese, întrucât meditația i-a fost tulburată de senzația că cineva o zgâlțâia cu putere. Gândindu-se: „Devi încearcă să mă păcălească. De ce nu mă lasă să meditez?", a deschis brusc ochii, a fugit din odaia cu icoane și s-a întors câteva clipe mai târziu cu un pisălog de lemn cu care intenționa să o amenințe pe Devi. Ridicând pisălogul, Micuța a strigat: „Astăzi, voi...", dar în acel moment a realizat absurditatea situației. „Cum? Să o bat pe Devi? E oare corect? E posibil?" Așa că a pus jos pisălogul și și-a continuat meditația.

Sudhamani nu lăsa să treacă nici măcar o secundă fără să își amintească de Mama Divină. Dacă se întâmpla ca cineva să îi vorbească, își imagina că acea persoană era Devi. Persoana în cauză continua să vorbească până când realiza că pierduse de mult atenția Micuței care era acum într-o altă lume. Dacă realiza că a uitat să își amintească de Devi chiar și pentru un moment, Sudhamani se simțea extrem de supărată și i se confesa: „O, Mamă, am pierdut atâta vreme!" Pentru a recupera timpul pierdut, medita pentru mai multă vreme în acea zi. Dacă se întâmpla să nu poată medita într-o zi, obișnuia să umble de colo colo toată noaptea, repetând mantra și rugându-se sincer: „O, Mamă, ce sens are viața asta dacă nu pot medita asupra Ta? Fără Tine, nu rămâne decât Maya ce așteaptă să mă devoreze. O, Mamă, dă-mi te rog putere! Acordă-mi Viziunea Ta! Absoarbe-mi ființa în Sinele Tău etern!"

Lui Sudhamani îi plăcea în special să mediteze pe malul oceanului în orele tăcute ale nopții. Valurile care se spărgeau de țărm păreau să intoneze silaba sacră 'Aum'. Cerul vast, albastru întunecat, plin de stele scânteietoare, reflecta divinitatea incomensurabilă a Mamei. După câteva momente, mintea Micuței se interioriza, intrând în comuniune spontană cu Sinele ei.

Sugunanandan își căuta uneori fiica noaptea și se neliniștea foarte tare când nu o găsea în casă sau în curte. Într-un final, căutările îl aduceau pe malul mării, unde o găsea complet absorbită în meditaţie, nemişcată ca o stâncă. Unii dintre săteni nu au înţeles scopul vizitelor nocturne ale lui Sudhamani pe ţărmul mării şi au început să răspândească tot felul de zvonuri pe seama ei. Când aceste zvonuri au ajuns la urechile lui Sugunanandan, acesta i-a interzis lui Sudhamani să mai meargă noaptea pe plajă.

Aceste incidente care caracterizează faza iniţială a sadhanei închinate lui Devi, nu au făcut decât să întărească convingerea familiei că Sudhamani era nebună. Aceste stări înalte de devoţiune curată se aflau dincolo de capacitatea de înţelegere şi de imaginaţia unui persoane obişnuite. Uneori, Sudhamani suspina ca un copil mic, implorând o Fiinţă pe care nimeni nu o putea vedea; alteori bătea din palme şi izbucnea în hohote de râs, se rostogolea pe nisip, săruta valurile şi striga: „Amma, Amma!". Nu este de mirare că acest zbor al sinelui către Sinele suprem a fost interpretat ca nebunie. Nici chiar credincioşii care o vizitau în timpul Bhavei lui Krişna nu reuşeau să înţeleagă aceasta căutare pasionată a lui Sudhamani prin care încerca să devină una cu Mama Divină.

Ironia face că deşi familia considera că Sudhamani îşi pierduse minţile, părinţii nu au încercat niciodată să descopere cauza acestei boli sau să găsească vreun tratament. În loc de asta, au continuat să o chinuie şi să-şi bată joc de ea, în special fratele ei mai mare, Subhagan. Tratamentul lor a devenit în final atât de inuman, încât Sudhamani a decis să îşi pună capăt zilelor aruncându-se în mare. Plângând, a cerut ajutorul Mamei Divine spunând: „Sunt oare o fată chiar atât de rea? De ce mă chinuie aşa? Oamenii nu iubesc decât pe cei ce îi flatează. Nu pot vedea iubire curată nicăieri în lumea asta. O, iubită Mamă, simt că totul este iluzie. O Mamă, nu eşti Tu protectoarea celor ce Îţi sunt devotaţi? Nu sunt eu copilul Tău? Şi Tu m-ai părăsit? Dacă m-ai părăsit, la ce bun să mai duc acest trup? Nu este decât o povară şi pentru mine şi pentru alţii. Acceptă-ţi copilul, O, Mamă Ocean!" Hotărâtă să îşi pună capăt zilelor, Sudhamani a luat-o la fugă spre mare. Ajunsă pe ţărmul mării, era pe cale să sară, când a văzut că marea era Însăşi Devi. Nereuşind să îşi menţină atenţia în planul normal de conştiinţă, a intrat în samadhi şi s-a prăbuşit pe nisip.

Harşan, un văr al lui Sudhamani care îi era foarte devotat, s-a întâmplat să o audă rugându-se lui Devi pe când fugea spre ţărm şi, înţelegându-i intenţia, a fugit după ea. Ajuns pe ţărm, a găsit-o pe Sudhamani zăcând inconştientă pe nisip. Ridicând-o în braţe, a dus-o înapoi la Idamannel, mulţumind lui Dumnezeu că o găsise în viaţă.

Situaţia lui Sudhamani trezise simpatia multor săteni, chiar dacă unii dintre ei o considerau nebună. Ei obişnuiau să îşi spună unii altora: „Uite în ce hal e, săraca de ea! Săraca fată! Nimeni nu are grijă de ea; nici chiar proprii ei părinţi nu vor să ştie de ea. Când era sănătoasă şi normală muncea zi şi noapte pentru ei, dar acum nici măcar nu vor să aibă grijă de ea. Nu e fiica lor?"

Câteva femei din vecini s-au milostivit de Sudhamani şi au început să o îngrijească cu mare dragoste. Aceste femei o admiraseră foarte mult, încă de când era mică. Ele veneau acum pentru Bhava lui Krişna şi recunoscuseră strălucirea spirituală a lui Sudhamani şi iubirea ei fără margini. Reuşeau să înţeleagă cumva stările ei spirituale sublime. De câte ori puteau, o ajutau sau o salvau de la diferite pericole.

Chellamma şi fiica ei, Vatsala, locuiau pe un lot de pământ aflat în faţa Idamannelului. Vatsala o considera pe Sudhamani prietenă apropiată şi o iubea foarte mult. Locuind atât de aproape de Idamannel, Vatsala şi mama ei o vedeau deseori pe Sudhamani pierzându-şi cunoştinţa şi căzând în apa lagunei. Imediat o scoteau din apă, o uscau şi o îmbrăcau în haine curate. Puşpavathi şi soţul ei, Bhasakaran, erau amândoi credincioşi înfocaţi. Puşpavathi o iubea pe Sudhamani ca pe propria ei fiică şi se întrista când vedea cum o chinuie familia. Două surori, Rema şi Rati, care şi ele trăiau lângă Idamannel, o iubeau mult pe Sudhamani. O altă prietenă credincioasă, Aişa, verişoara lui Sudhamani din partea mătuşii, o plăcea mult pe afectuoasa Sudhamani. Acestea au fost femeile binecuvântate ce au slujit-o pe Sudhamani în acele zile de tapas[5] intens. Când Sudhamani devenea complet absentă la ceea ce o înconjura, se întâmpla adesea ca una dintre aceste femei să o găsească zăcând inconştientă în noroi sau în alt loc murdar. Dacă nu o puteau scoate din starea în care se afla, o duceau pe braţe în propriile lor case. Tratând-o ca pe un copil mic, o spălau pe dinţi, o curăţau, o îmbrăcau în haine curate şi o hrăneau cu propriile lor mâini.

Ca şi mai înainte, Subhagan a continuat să se opună lui Sudhamani şi Bhavei ei Divine. De câteva ori a încercat să o forţeze să pună capăt Bhavei lui Krişna, întrucât era convins că va distruge reputaţia familiei. Când aceste încercări au eşuat, a hotărât să ia nişte măsuri mult mai drastice. Într-o zi, după ce Darşanul Bhavei lui Krişna se încheiase, Sudhamani era pe cale să intre în casă când în faţă i-a apărut Subhagan. Acesta i-a blocat calea ameninţător şi i-a strigat: „Să nu pui piciorul în casă! Nu ai dreptul să intri în casa asta decât după ce pui capăt modului acesta neruşinat de a cânta şi dansa!" Luând aceste vorbe ca pe o poruncă divină, Sudhamani s-a întors din drum fără nici un murmur şi s-a aşezat pe jos în curte. Când fratele ei i-a interzis să se aşeze acolo, Sudhamani a luat o mână de nisip şi i-a dat-o lui Subhagan spunând: „Dacă acest loc îţi aparţine, te rog să numeri aceste fire de nisip".

Din acel moment, a trăit sub cerul liber şi a fost fericită. Cerul i-a devenit acoperiş, pământul pat, luna lampă, iar briza mării, evantai. Aceste condiţii de viaţă austere nu au făcut decât să îi întărească spiritul de sacrificiu şi hotărârea de a cunoaşte pe

---

[5] Tapas înseamnă foc, căldură intensă, şi este în general folosit pentru a indica practici spirituale intense ce aprind focul spiritual.

Mama Divină. Cu brațele întinse către cer și cu lacrimi curgându-i șiroaie pe obraz își chema mama ca un copil mic, plângând: „Amma, Amma...m-ai lăsat aici să mor de dorul Tău? Trec zilele una după alta, dar sufletul meu nu-și poate găsi pacea fără să Îți vadă Forma încântătoare. Tu ești toată speranța mea. Și Tu mă părăsești? Nu vezi în ce situație disperată mă aflu?" În această perioadă, Sudhamani a scris următoarele cântece:

Bhaktavalsale Devi

O Devi, O Ambika, Întrupare a frumuseții,
O, Tu cea plină de afecțiune,
Pentru cei ce îți sunt devotați.
Ai putea sălășlui aici
Pentru a pune capăt suferințelor?
Tu ești totul, Tu ești suficient de puternică pentru
A pune capăt suferinței mele, Sursă a tot ceea ce există...

Împărăteasă a tuturor ființelor,
Tu ești lumea și în același timp Protectoarea ei...
Aceasta este credința mea și Te slăvesc cu Devoțiune.
O, Zeiță a Universului, îmi doresc să Te văd....

De câtă vreme tânjesc după viziunea Ta...
Te laud fără să pierd nici măcar un moment,
Am comis oare vreo greșeală sau
Oare nu dorești să pui capăt suferinței mele?

Sau îți dorești poate ca eul meu interior să se transforme în cenușă,
Sunt confuză; nu mai înțeleg nimic...

Toți copiii sunt egali în ochii Mamei,
Se va dovedi oare acest adevăr atât de aproape de inima mea

Un lucru fals?
Pentru a pune capăt nefericirii mele, nu cer decât

O picătură din nectarul Grației tale
Ce curge din privirea ochilor Tăi sfinți.

Îți voi cădea la picioare pentru a vedea
Fața ta binecuvântată, și să te implor să mă binecuvântezi
Pentru a-mi împlini destinul...

Oru tuli sneham

O, Mamă, pentru ca viața mea să nu fie lipsită de sens,
Dăruiește o picătură din Iubirea Ta inimii mele uscate care
arde.
O, de ce, Mamă, de ce pui foc arzător la rădăcină
Pentru a hrăni această plantă agățătoare uscată?

Câte suspine, câte lacrimi fierbinți
Nu Ți-am oferit?
Nu auzi cum mi se zbate inima
Și nu-mi auzi suspinele pline de agonie?

Nu lăsa focul să intre și să danseze
Prin pădurea de copaci de santal.
Nu lăsa focul ăsta de durere să își arate puterea
Și să izbucnească cu zgomot de acoperișuri ce se prăbușesc.

O Devi, repetând numele 'Durga, Durga',
Mintea mea a uitat toate celelalte cărări.
O, Durga mea, nu vreau nici rai, nici mântuire,
Vreau doar devoțiune curată pentru Tine.

Tapasul îi era acum atât de intens, încât corpul lui Sudhamani a devenit extrem de fierbinte, ca și cum ar fi stat pe cărbuni aprinși.

124

Căldura a devenit atât de insuportabilă încât abia mai putea purta haine. Încercând să domolească senzația arzătoare, se tăvălea în apele noroioase ale lagunei. Uneori stătea cufundată în apă ore în șir, în meditație adâncă.

Unii dintre cei ce îi erau sincer devotați obișnuiau să o invite la casele lor când aveau loc ceremonii religioase mai deosebite. Simțeau că prezența ei le conferea participanților forță spirituală. Aceste familii obișnuiau să vină la Idamannel și să o ducă pe Sudhamani la casa lor cu autobuzul. Uneori, în timp ce aștepta în stația de autobuz, Sudhamani intra în extaz. Uitând de lumea exterioară, se rostogolea pe pământ și izbucnea în hohote de râs extatice. Bineînțeles, lumea nu putea înțelege starea în care se afla și se aduna în jurul ei, privind-o cu gurile căscate de uimire. Unii o ironizau și o ocărau, numind-o nebună. Copiii stăteau în jurul ei și își băteau joc de ea, dar acest comportament nu avea absolut nici un efect asupra lui Sudhamani. Ce vorbe de batjocoră o puteau afecta în lumea în care se afla? Ce hărțuire putea afecta beatitudinea divină în care se afla inocenta fată?

Uneori, durerea faptului că nu se afla împreună cu Mama Divină, o făcea pe Sudhamani să plângă și să strige cu voce tare. În asemenea momente, în jurul ei se adunau copii mici care o implorau: „Soră mare, nu plânge! Te doare capul?" În final, chiar și ei au ajuns să înțeleagă că Sudhamani plângea după Devi. În timpul acestor izbucniri incontrolabile, una dintre surorile ei mai mici obișnuia să se așeze în fața ei în postura lui Devi, înveșmântată într-un sari și cu părul revărsându-i-se pe umeri. Copleșită de bucurie, Sudhamani alerga să o îmbrățișeze. Dacă se întâmpla să vadă vreo fată frumoasă când se afla în această stare, se grăbea să o îmbrățișeze și să o sărute, văzând în ea doar pe Devi.

Văzând în ce hal își neglija trupul fiica lui și făcându-i-se milă de ea, Sugunanandan a încercat de câteva ori să construiască un adăpost din crengi uscate de palmier pentru ea pentru a o proteja împotriva soarelui şi a ploii. Pe când zăcea pe pământ sau şedea în meditaţie, părinţii încercau să construiască un adăpost deasupra ei. Dar când revenea la starea de conştiinţă normală Sudhamani se muta din acel loc zicând: „Şi ăsta va deveni un motiv de durere. Câte zile veţi reuşi să îl menţineţi aici? Dacă mergeţi undeva, cine îl va întreţine? Lăsaţi-mă să îndur căldura, frigul şi ploaia, şi, neafectată de ele, să le transcend."

În acele zile de dor nebun după Mama Divină, Sudhamani se comporta uneori ca un copil de doi ani, copilul Mamei Divine. Identificarea ei cu această atitudine de copil al Mamei era totală şi multe dintre acţiunile ei din această perioadă pot fi înţelese doar prin prisma acestei identificări. Într-o zi, după ce terminase de meditat, Sudhamani a realizat că îi este foame. Chiar în acel moment a zărit-o pe vecina Puşpavathi alăptându-şi copilul. Sudhamani s-a dus imediat la ea şi dând la o parte pe sugar s-a aşezat în poala femeii pentru a suge. Puşpavathi nu s-a simţit deloc jenată de acest act al lui Sudhamani ci a simţit pentru ea un puternic sentiment matern. Însă când acest gen de incident a început să se producă regulat, Puşpavathi a realizat că e mai bine să îşi hrănească copilul într-un loc unde inocenta Sudhamani nu o putea vedea.

Într-o zi, Sudhamani a fost găsită de nişte credincioşi zăcând inconştientă pe nisip lângă apa lagunei. Acestora nu le veni să creadă că zăcea aşa pe pământ, cu nasul, ochii, urechile şi părul pline de noroi şi nisip. Şiroaiele de lacrimi vărsate lăsaseră urme vizibile pe obrajii ei albastru închis. Credincioşii l-au anunţat pe Sugunanandan de condiţia ei jalnică dar el le-a ignorat rugăminţile. Amărâţi de indiferenţa lui, au adus-o în casă dar nu au reuşit să o trezească. După ce i-au curăţat pe cât posibil noroiul de pe corp, au aşezat-o fără să îşi dea seama pe patul fratelui ei mai mare şi au lăsat-o să se odihnească.

Întorcându-se acasă, Sughagan a găsit-o pe Sudhamani zăcând pe patul lui. Când a văzut-o acolo, a făcut o criză de furie și a început să scuture patul violent, urlând ca un nebun: „Cine a pus-o pe nenorocita asta în patul meu? Cine a pus-o pe nenorocita asta în patul meu?" Patul s-a rupt în bucăți dar Sudhamani a continuat să zacă acolo în mijlocul scândurilor rupte fără nici cea mai vagă idee de ce se petrecea în jurul ei. Mai târziu, când a aflat despre incident și despre pericolul care o amenințase, a spus doar atât: „Tot ce se întâmplă e Voia lui Dumnezeu." În noaptea următorului Darșan, spre uimirea tuturor celor prezenți, un credincios care era tâmplar și care nu avea cunoștință de cele petrecute cu o zi în urmă i-a dăruit lui Sudhamani un pat, o masă și scaune. Când a fost întrebat despre acest dar, a spus că îi apăruse în vis Krișna și că îi spusese să aducă aceste lucruri pentru Micuță.

Capitolul 7

Mai Presus decât Oamenii

„Nu doar oamenii au capacitatea de a vorbi. Și animalele, păsările și plantele au această facultate, dar noi nu suntem capabili să le înțelegem. Cel ce a avut Viziunea Sinelui poate percepe aceste lucruri."

Mata Amritanandamayi

Ahimsā pratiśtāyām tat
sannidhau vairatyāgaha

*Întrucât trăiește în non-violență, toate ființele ce se
apropie de el încetează a mai fi ostile.*

— Patanjali Yoga Sutras, Sadhana padam, verse 35

Pe când Sudhamani trăia sub cerul liber, diferite animale precum
câini, pisici, vaci, capre, șerpi, veverițe, porumbei, papagali și
șoimi, i-au căutat compania și i-au devenit prieteni apropiați.
Această fază a sadhanei ei demonstrează puterea dragostei, nea-
fectată de sentimente de atracție sau aversiune, de a crea armonie
între animale care prin natura lor sunt dușmani.

Într-o perioadă în care propria familie o abandonase și se
opunea vehement vieții ei spirituale, aceste animale i-au stat
alături și au servit-o cu loialitate. Comportamentul lor a demon-
strat în mod clar că ele o înțelegeau pe Sudhamani cu mult mai
bine decât oamenii. În acele zile, Sudhamani nu putea mânca
nimic din ce se gătea la ea acasă, întrucât era extrem de afectată
de mâncarea preparată de persoane care nu urmau o practică
spirituală constantă. Singura hrană pe care o putea consuma, era
mâncarea preparată în timp ce persoana care gătea repeta mantre.
Într-o zi, pe când ieșea din templu după terminarea meditației,
Sudhamani s-a simțit extrem de însetată și înfometată. Chiar în
fața templului stătea întinsă pe jos o vacă aparținând familiei ei,
cu picioarele într-o poziție ideală pentru acces la uger. Convinsă
că este un dar de la Dumnezeu, Sudhamani a adoptat imediat
rolul unui vițel și și-a potolit foamea și setea bând direct din
ugerul vacii, care a continuat să își țină picioarele într-o poziție
convenabilă. Din acea zi încolo, vaca a început să aștepte zilnic în
fața templului până când Sudhamani își termina meditația. Până
când nu o hrănea pe Sudhamani, vaca refuza să mănânce sau să
își hrănească propriul vițel! Sugunanandan a încercat de câteva ori

să forţeze vaca să părăsească locul unde o aştepta pe Sudhamani, trăgând-o de coadă şi turnând nenumărate găleţi de apă peste ea, dar în zadar, vaca a refuzat să se mişte din faţa templului.

Uneori, lui Sudhamani i se aducea lapte preparat de vecini, dar acesta nu era lapte pur; fusese amestecat cu apă. Când Sudhamani bea acest lapte, vomita imediat, iar cel ce îl trimisese era sortit să sufere ca rezultat al faptei săvârşite. Din acest motiv, Sudhamani a decis să bea şi să mănânce doar ce îi dădea Dumnezeu.

În această perioadă a avut loc un alt incident extraordinar. În satul în care locuia bunica lui Sudhamani, Bhandaraturuttu, ce se afla în jur de şase kilometri la sud de Idamannel, unchiul lui Sudhamani a dezlegat într-o zi vacile pentru a le aduce din grajd în curte, unde obişnuia să le spele şi să le dea de mâncare. La un moment dat, una dintre vaci s-a întors brusc din drum şi a luat-o la fugă înspre ocean. Ajunsă acolo, a cotit brusc şi s-a îndreptat spre nord. Vaca a început să alerge atât de repede pe ţărmul mării, încât Ratnadasan nu a reuşit să o prindă din urmă. Într-un final, vaca a intrat în satul lui Sudhamani şi s-a îndreptat direct spre proprietatea Idamannel unde nu mai fusese niciodată. Mergând drept la Sudhamani ce se afla adâncită în meditaţie, a început să o lingă şi să o atingă delicat cu nasul, ca şi cum ar fi dorit să-şi arate afecţiunea faţă de un vechi prieten. Întrucât Sudhamani a rămas cufundată în meditaţie, vaca s-a aşezat în apropiere, urmărind-o atentă cu privirile ca şi cum ar fi aşteptat să îşi termine meditaţia. După o vreme, Sudhamani a deschis ochii şi observând vaca, s-a apropiat de ea. În acel moment, vaca şi-a ridicat unul din picioarele din spate invitând-o să îi bea laptele. Sudhamani a băut direct din uger, sub privirile neîncrezătoare ale unchiului înmărmurit de uimire.

Ce putere misterioasă făcuse pe această vacă să vină la Sudhamani? Sudhamani o îngrijise în timpul scurtei şederi la casa bunicii ei cu mulți ani înainte, dar ar putea asta explica comportamentul fără precedent al animalului?

În câteva rânduri, pe când Sudhamani medita sub cerul liber, și-au făcut apariția șerpi ce s-au încolăcit în jurul ei, ca și cum ar fi încercat să o readucă în simțiri. Într-o zi, familia a hărțuit-o atât de rău, încât Sudhamani s-a decis să plece de acasă. O femeie din vecini a găsit-o umblând pe stradă și consolând-o, a luat-o cu ea acasă. Ajunsă aici, Sudhamani a intrat imediat în odaia cu icoane a familiei și a început să își verse oful inimii Mamei Divine. Acest cântec a fost compus în acea zi.

Manasa vacha

Cu mintea, cu vorba și cu acțiunile mele
Mi Te amintesc fără încetare.
De ce întârzii atunci
Să Te milostivești de mine, iubită Mamă?

După toți acești ani mintea mea încă nu și-a găsit pacea,
O, dragă Mamă, ușurează-mi te rog un pic suferința...

Mintea mi se clatină ca o barcă în mijlocul furtunii,
O, Mamă, dă un pic de pace acestui suflet,
Ori îmi voi pierde mințile...

Sunt obosită Mamă; nu mai pot îndura.
Nu doresc o asemenea viață. Nu pot face față
Încercărilor Tale. O Mamă, nu le pot îndura!

Sunt o nenorocită fără speranță.
Nu am pe altcineva în afara Ta, Mamă.
Te implor, pune capăt încercărilor,
Întinde-ți mâna și ridică-mă la Tine...

Dintr-o dată, starea sufletească a lui Sudhamani a suferit o schimbare şi a intrat în extaz. Plângând şi rostogolindu-se pe jos, a început să îşi rupă hainele de pe ea. În următorul moment a izbucnit în râs, continuând însă să se rostogolească pe jos. În tot acest timp, familia o privea uimită şi îngrijorată, neştiind ce să facă pentru a o calma. În acest moment, la uşă şi-a făcut apariţia un şarpe imens ce s-a îndreptat direct spre Sudhamani şi a început să lingă faţa fetei inconştiente mişcându-şi limba cu repeziciune, sub privirile îngrozite ale familiei. După câteva minute, Sudhamani s-a calmat semnificativ. Pe când mintea îi revenea treptat la planul normal de conştiinţă, şarpele s-a târît peste corpul ei şi a dispărut la fel de repede cum apăruse. Celor ce urmăriseră scena li s-a părut că şarpele ştiuse exact de ce remediu avea nevoie Sudhamani pentru a reveni la starea de conştiinţă normală şi că îl administrase cu multă pricepere.

Oricine se întâmpla să viziteze Idamannelul observa imediat că proprietatea era plină de păsări. Sudhamani îndrăgea în special papagalii, întrucât sunt dragi Mamei Divine. Uneori, când se ruga: „O Mamă, nu vrei să vii la mine?", un cârd de papagali apărea şi se aşeza lângă ea pe pământ. Într-o zi, un credincios i-a oferit un papagal. Acesta se juca mereu în jurul lui Sudhamani care nu l-a pus niciodată în colivie. Într-o zi, Sudhamani se gândea: „O, ce groaznică şi crudă e lumea asta! Nu poţi găsi nicăieri nici un pic de adevăr sau de dreptate. Oamenii se înşeală unii pe alţii şi lumea s-a umplut de păcătoşi. Se pare că nu există nimeni care să arate umanităţii calea corectă." La acest gând, Sudhamani a început să plângă. La un moment dat, Sudhamani a remarcat cum papagalul, care se afla în faţa ei, vărsa şi el lacrimi, ca şi cum l-ar fi durut ceva. Agonia ei intensă impresionase şi afectase până şi pasărea.

În afară de papagal, doi porumbei îi țineau și ei companie. De câte ori cânta Mamei Divine, cele trei păsări începeau să țopăie în fața ei, dansând și întinzându-și fericite aripile.

Odată, un cuib de șoimi ce se afla într-un copac mare de pe proprietatea Idamannel a căzut la pământ și din el s-au rostogolit doi pui de șoim, năuci și complet neajutorați. Niște copii răutăcioși au început să arunce cu pietre în ei încercând să-i omoare dar Sudhamani le-a venit imediat în ajutor. După câteva săptămâni de îngrijiri șoimii au devenit suficient de puternici pentru a-și lua zborul, și atunci Sudhamani le-a redat libertatea. Aceste două păsări Garuda[1] se întorceau întotdeauna la începutul fiecărei Bhave a lui Krișna și stăteau pe acoperișul templului pentru multă vreme. Ele erau o mare sursă de atracție pentru credincioși, întrucât pasărea Garuda este vehiculul Domnului Vișnu în mitologia hindusă. Relația misterioasă dintre cele două păsări și Sudhamani a sporit credința credincioșilor în natura ei divină, adăugând totodată splendoare Darșanului.

În timpul perioadei de sadhana închinată lui Devi, de câte ori Sudhamani își pierdea cunoștința, plângând după viziunea Mamei Divine, aceste două păsări apăreau și rămâneau așezate lângă ea, ca și cum ar fi încercat să o protejeze. Câteva dintre femeile din vecini au observat cu uimire cum cele două păsări, privind fața îndurerată a lui Sudhamani, vărsau și ele în mod clar lacrimi, împreună cu ea.

Într-o zi, curând după terminarea meditației, Sudhamani s-a simțit extrem de înfometată. Una dintre cele două păsări Garuda și-a luat imediat zborul către ocean, întorcându-se după câteva minute cu un pește în cioc. Șoimul a pus peștele în poala lui Sudhamani, care l-a primit recunoscătoare și l-a mâncat crud. Când Damayanti a descoperit ce se întâmpla, a început să aștepte

---

[1] În India, șoimului i se spune „Garuda". Garuda este vehiculul Domnului Vișnu. Krișna este o încarnare a Domnului Vișnu.

pe şoim să vină să îşi depună ofranda zilnică. Imediat ce pasărea dădea drumul peştelui, Damayanti se repezea să-l prindă, pentru a-l găti pentru fiica ei. În timpul sadhanei dedicate lui Krişna, Sudhamani încetase să mai mănânce peşte, întrucât nu-i mai putea suporta nici măcar mirosul. Dar acum, peştele adus de Garudă era mâncare trimisă de Dumnezeu, aşa că o consuma cu plăcere. Obiceiul zilnic al Garudei a continuat pentru multă vreme.

Un alt animal era întotdeauna aproape de Sudhamani: o pisică. În timpul Bhavei lui Krişna, pisica intra în templu şi se plimba în jurul lui Sudhamani, în stil pradakşina[2]. Apoi stătea aşezată lângă ea cu ochii închişi multă vreme, dând impresia celor din jur că meditează. Odată, cineva a încercat să scape de pisică ducând-o pe celălalt mal al lagunei, dar pisica a reapărut a doua zi şi a continuat să şadă lângă Sudhamani.

Un anumit câine, alb cu pete negre, a dat si el dovadă de un devotament remarcabil. Când Sudhamani plângea atât de mult după Devi încât îşi pierdea cunoştinţa, acest câine începea să se frece de ea şi să îi lingă faţa şi extremităţile pentru a o readuce la viaţă. Când Sudhamani părea că e pe cale să părăsească Ida-mannelul, câinele o trăgea de fustă şi lătra în semn de protest. Adesea era văzut cu un pachet de mâncare în gură pe care îl depunea în faţa ei. Câinele nu mânca nici măcar un grăunte din orezul pe care îl aducea ca ofrandă. Noaptea, câinele dormea lângă Sudhamani care îl folosea ca pernă când se întindea pe jos pentru a contempla cerul nopţii.

Într-o noapte, Micuţa se afla pe malul lagunei cufundată în samadhi, cu trupul acoperit de ţânţari. Sugunanandan a strigat-o de câteva ori dar nu a primit nici un răspuns. Când a scuturat-o pentru a o readuce în simţiri, a descoperit că devenise uşoară ca

---

[2] A face înconjurul unui loc sau obiect sfânt, ţinând mereu acel loc sau obiect pe partea dreaptă.

o ramură uscată de copac. „Întregul ei corp părea lipsit de viață dar întrucât o găsisem în această stare de multe ori, nu m-am îngrijorat" a explicat mai târziu Sugunanandan. Pe când stătea lângă fiica lui, și-a făcu apariția câinele alb cu negru, lătrând fioros. După doar câteva minute, Sudhamani a deschis ochii și a revenit la starea de conștiință normală. Animalele păreau a avea o abilitate superioară celei omenești de a-i atrage atenția atunci când Sudhamani se afla cufundată în extaz.

Uneori, dragostea intensă a câinelui o făcea pe Sudhamani să creadă că acesta era Însăși Mama Divină. Uitând de tot și toate, obișnuia să îl îmbrățișeze și să îl sărute strigând: „Mamă, Mamă...!"

Într-o zi, pe când medita, Sudhamani s-a simțit extrem de agitată. Ridicându-se imediat de pe jos, a pornit în grabă spre sat. Câinele alb cu negru căzuse în mâinile unui hingher și urla și scheuna jalnic, dar fără să fie agresiv în vreun fel. Nereușind să scape din lațul hingherului, își târa labele pe pământ, pe când hingherul încerca din greu să-l ducă cu el. Câteva fete din sat, prietene și admiratoare ale lui Sudhamani, recunoscuseră pe câine ca fiind tovarășul ei credincios și îl implorau pe hingher să îi dea drumul. Îi promiseseră chiar și o răsplată dacă consimțea să elibereze câinele. În acest moment și-a făcut apariția Sudhamani. Aruncându-i o privire jalnică, câinele începu să verse lacrimi! Aceasta se dovedi a fi prea mult chiar și pentru hingher care, impresionat, dădu drumul câinelui.

În sat mai era o cățea care o iubea foarte mult pe Sudhamani. Într-o zi, pe când cățeaua era însărcinată, a venit lângă templu și a început să aștepte. Când Sudhamani a ieșit din templu după meditație, a găsit-o pe veranda templului. Nu intrase înăuntru, ci își pusese labele din față pe pragul templului și scâncea într-un mod aparte, ca și când ar fi durut-o ceva. Sudhamani a îmbrățișat și sărutat cățeaua, întrebând-o: „Ce s-a întâmplat fiică, ce s-a întâmplat?" În acel moment, căţeaua a coborît de pe veranda templului, s-a aşezat pe nisip şi şi-a dat ultima suflare.

De câte ori cineva se închina în faţa lui Sudhamani, câinele alb cu negru îşi întindea şi el picioarele din faţă şi îşi înclina capul în faţa ei. De câte ori dansa în extaz, câinele sărea în jurul ei ca şi cum ar fi dansat şi el. Când se sufla în scoica sacră în timpul cântărilor devoţionale ce aveau loc în fiecare seară, câinele obişnuia să urle într-un mod aparte, imitând în mod clar sunetul produs de scoică.

Într-o zi, Sudhamani a avut sentimentul clar că prietenul ei, câinele alb cu negru, va muri de turbare. La puţin timp după aceea, câinele a murit după cum prevăzuse Sudhamani, dar fără să sufere mult. Când a fost întrebată dacă se simte tristă că a pierdut acest tovarăş credincios, ea a răspuns: „Nu sunt deloc întristată de moartea lui. Deşi a murit, va veni la mine. Prin urmare, de ce aş fi tristă?" Mai târziu a menţionat că sufletul câinelui se reîncarnase lângă Idamannel dar a refuzat să dea detalii suplimentare.

Referindu-se la o capră ce o iubea foarte mult, Sudhamani a menţionat odată: „Capra era pe moarte din cauza unei boli a ugerului. Era pe cale să îşi dea sufletul când am văzut cât suferea şi m-am aşezat lângă ea, cufundată în rugăciune şi meditaţie. Când am deschis ochii, am văzut pe săracul animal apropiindu-se de mine, târându-se în genunchi. Şi-a pus capul în poala mea şi a murit liniştită, privindu-mă. Iubirea ei era cu adevărat pură."

Câţiva ani mai târziu, amintindu-şi toate aceste întâmplări, spuse următoarele: „Ce zile minunate erau acelea! În mod straniu, acele animale îmi puteau înţelege sentimentele şi acţionau în funcţie de ce simţeam. Dacă plângeam, plângeau cu mine. Dacă cântam, dansau în faţa mea. Dacă îmi pierdeam cunoştinţa, veneau şi mi se alipeau de corp. Toate aceste trăsături ale diferitelor animale se pot întâlni şi în fiinţele umane. Când cineva transcende toate plăcerile şi neplăcerile (atracţia şi aversiunea) şi toate îi sunt egale, atunci, în prezența acelei persoane, chiar și animalele ostile devin prietenoase".

Capitolul 8

Strălucind ca o mie de sori

„Zâmbind, Ea (Devi) s-a transformat într-o Lumină Divină plină de strălucire şi s-a contopit cu mine. Scăldată în Lumina multicoloră a Divinităţii, mintea mi-a înflorit şi evenimentele a milioane de ani trecuţi mi-au străbătut fiinţa. Din acel moment, nemaipercepând nimic ca fiind separat de Sinele meu, o Fiinţă Unică, şi contopindu-mă cu Mama Divină, am renunţat la orice formă de plăcere."

Mata Amritanandamayi

Driśā drāghīyasā dara dalita nīlotpala rucā
davīyamsam dīnam snapaya kripayā mām api
shive

Anenāyam dhanyo bhavati na ca te hānir
iyatāvane vā harmlye vā sama kara nipāto
himakaraha

*O, Consoartă a lui Şiva! Tu poţi să scalzi cu privirea
ta atotcuprinzătoare, frumoasă precum crinul înmu-
gurit, chiar şi pe pe mine, fiinţă neajutorată şi atât de
departe de Tine. Acest muritor va obţine darul suprem
al existenţei. Un asemenea gest nu-ţi va provoca nici o
pierdere la urma urmelor. Luna cu razele ei sclipitoare
învăluie în egală măsură o pădure sau un palat.*

Saundarja Lahari, versul 57

Încredinţându-se pe de-a-ntregul Mamei Divine, Sudhamani
înota în Oceanul Iubirii Eterne. Pentru ea, întreaga atmosferă,
tot ceea ce se afla deasupra, dedesubtul, la dreapta sau la stânga
ei, totul era plin de Prezenţa Ei Divină. Briza era mângâierea
iubitoare a Mamei. Copacii şi florile erau toate Devi şi erau prin
urmare demne de aceeaşi adoraţie. Fixând cerul cu privirea şi
văzând ceea ce noi nu putem şti, era cuprinsă de accese incontro-
labile de râs sau de plâns ce se sfârşeau când îşi pierdea cunoştinţa
şi se prăbuşea pe nisip. Rugăciunile arzătoare ale acestui copil
orfan către Mama ei dispărută răsunau zi şi noapte în aerul
Idamannelului. Următorul cântec a fost scris pe când se afla la
acest nivel de conştiinţă, nivel la care percepea întreaga Natură
ca fiind Însăşi Mama Divină.

Shrishtiyum niye

Tu eşti Creaţia şi Creatorul,
Tu eşti Energia şi Adevărul,
O, Zeiţă, O, Zeiţă, O, Zeiţă!

Tu eşti Creatoarea Cosmosului,
Tu eşti începutul şi sfârşitul...
Tu eşti esenţa sufletului individual,
Şi tot Tu eşti şi cele cinci elemente....

Însoţită în permanenţă de către animalele de acum familiare, Sudhamani încetase să mai doarmă sau să mai mănânce. Nu mai vorbea cu oamenii decât dacă o abordau ei mai întâi şi chiar şi activităţile esenţiale precum spălatul dinţilor erau ignorate de către mintea ei ce se avânta mereu către înălţimile spirituale. Când mânca, consuma uneori frunze de ceai folosite şi aruncate de alţii, bălegar de vacă, bucăţi de sticlă sau excremente umane; nu mai putea face diferenţa între o mâncare delicioasă şi toate acestea. Ce cuvinte ar putea descrie această stare pe care mintea şi intelectul nu o pot înţelege?

Tânăra fată nu îşi mai putea stăpâni acum durerea şi rugăciunile către Mama Divină îi izvorau neîntrerupt din suflet.

„O, Mamă, durerea despărţirii de tine îmi frânge inima! Cum de nu ţi se rupe inima la vederea acestor şiroaie neîntrerupte de lacrimi? O, Mamă, multe Suflete Mari Te-au adorat şi în acest fel au ajuns să Te cunoască, devenind una cu Tine pentru totdeauna. O, Mamă Dragă! Te rog deschide uşa inimii Tale milostive acestui servitor al Tău! Mă sufoc ca şi când aş fi pe cale să mă înec. Dacă nu vrei să vii, pune-mi rogu-te capăt vieţii cu sabia aceea cu care tai capul celor cruzi şi nedrepţi. Las-o să cadă şi pe capul meu. Cel puţin binecuvântează-mă cu atingerea sabiei

Tale! Ce rost mai are să păstrez corpul acesta care nu este decât o povară pentru mine?"

Suferința lui Sudhamani a atins o intensitate atât de mare, încât până și rugăciunile i s-au epuizat. Cu propriile ei cuvinte:

„Fiecare por al corpului aspira către Devi, fiecare atom al corpului meu vibra cu mantra sacră a numelui Ei, întreaga ființă mi se îndrepta către Mama Divină precum un râu învolburat".

Într-o stare de zbucium sufletesc imposibil de descris, a strigat:

„O Mamă...iată pe copilul Tău pe cale să se înece într-o suferință crâncenă...această inimă e pe cale să se se frângă...aceste picioare tremură...sunt scuturată de convulsii precum un pește pe uscat...O Mamă...nu mă iubești deloc...Nu mai am nimic să îți ofer, doar ultima mea suflare..."

În acest punct, vocea i s-a înecat, respirația i s-a oprit complet și Sudhamani și-a pierdut cunoștința. Voința atotputernică a Mamei este cea care decide momentul potrivit. Seducătoarea Divină a universului, Cea Atotștiutoare, Omniprezentă și Atotputernică, Cea Străveche, Creatoarea Primordială, Mama Divină, a apărut în fața lui Sudhamani strălucind ca o mie de sori. Inima lui Sudhamani a fost inundată de un val uriaș de iubire și de o fericire de nedescris. Zâmbindu-i cu bunăvoință, Mama Divină a luat forma unei Lumini strălucitoare pure și, pătrunzând în Sudhamani, s-a contopit cu ea.

Acest moment sublim a fost descris de Sudhamani în cântecul 'Ananda Vithi' sau 'Calea Beatitudinii' în care a încercat să exprime uniunea mistică ce nu poate fi redată în cuvinte.

Ananda Vithi

Odată ca niciodată, sufletul meu dansa fericit
Pe Calea Beatitudinii.
În acele zile, toți dușmanii interiori precum

Atracţia şi aversiunea fugiseră şi se ascunseseră
În cele mai adânci cotloane ale minţii mele.

Uitând de mine însămi, m-am contopit cu un vis auriu
Ce se ivise în adâncul meu.
În timp ce aspiraţii nobile se manifestau cu claritate in
spiritul meu,
Mama Divină, cu mâinile ei duioase,
Mi-a mângâiat fruntea. Cu capul plecat, I-am spus
Mamei că viaţa mea Îi este dedicată.

Zâmbind, s-a transformat într-o Lumină divină plină de
strălucire,
Şi s-a contopit cu mine.
Scăldată în Lumina multicoloră a Divinităţii,
Mintea mi-a înflorit
Şi evenimentele a milioane de ani trecuţi
Mi-au străbătut fiinţa. Din acel moment,
Nemaipercepând nimic ca fiind separat de Sinele meu,
O Fiinţă Unică, şi contopindu-mă cu Mama Divină,
Am renunţat la orice formă de plăcere.

Mama mi-a spus să îi rog pe oameni
Să îşi împlinească destinul.
De aceea, proclam lumii întregi
Adevărul sublim revelat de Ea,
„O, omule, contopeşte-te cu Sinele tău!"

Mii şi mii de yoghini
S-au născut în India şi
Au trăit conform principiilor revelate
De Marii Înţelepţi din timpuri străvechi.
Pentru a înlătura suferinţele umanităţii,
Câte adevăruri profunde nu există!

Astăzi, tremur de extaz
Amintindu-mi cuvintele Mamei,
„O, draga mea, vino la Mine,
Renunțând la tot și toate.
Tu ești veșnic a Mea."

O, Conștiință Pură,
O, Încarnare a Adevărului,
Voi da ascultare cuvintelor Tale.
O Mamă, de ce nu vii mai repede?
De ce mi-ai dat această naștere?
Nu știu nimic, O Mamă,
Iartă-mi te rog greșelile.

În această perioadă, Sudhamani a început să resimtă o aversiune puternică pentru lumea exterioară și a început să sape gropi adânci în care se ascundea pentru a scăpa de lumea diversității formelor și a senzualității. Astfel își petrecea zilele și nopțile savurând fericirea permanentă a comuniunii cu Dumnezeu, evitând orice contact cu oamenii. Sudhamani fusese considerată și mai înainte de către unii săteni ca nefiind în toate mințile, dar acum erau cu toții ferm convinși că e nebună. Cine și-ar fi putut imagina nivelul de conștiință în care se afla? Deși în interiorul ei Sudhamani trecuse pragul Absolutului, la exterior era aceeași Sudhamani sărită de pe fix, care era posedată trei nopți pe săptămână de Krișna, cel puțin în viziunea familiei și a sătenilor. Singura schimbare recentă, dacă observaseră vreuna, era că în loc să se tăvălească pe nisip, Sudhamani săpa acum gropi.

Apariția Bhavei lui Devi

Într-o zi, Sudhamani a auzit o voce ce venea dinlăuntrul ei spunând: „Copilul meu, eu nu am un loc anume, ci sălășluiesc în inima tuturor fiinţelor. Tu nu te-ai născut doar pentru a te bucura de Beatitudinea fără egal a Sinelui, ci pentru a consola pe cei ce suferă. De acum înainte, adoră-Mă ca esenţă a tuturor fiinţelor şi uşurează suferinţele acestei lumi.. "

Acesta a fost momentul în care Sudhamani a început să manifeste pe lângă Bhava lui Krişna şi Bhava lui Devi, starea de identificare cu Mama Divină. Sudhamani revela starea de identificare interioară totală cu Mama Divină, dar majoritatea credincioşilor considerau că pe lângă Krişna o poseda acum şi Devi. Următorul incident marchează apariţia Bhavei lui Devi.

Trecuseră doar şase luni de la începutul Darşanului Bhavei lui Krişna. Era acum spre sfârşitul anului 1975. Într-o noapte, în timpul Bhavei lui Krişna, pe când credincioşii intrau în templu unul câte unul pentru Darşan, un incident neaşteptat schimbă radical atmosfera.

Ca de obicei, câţiva credincioşi cântau cântece devoţionale pe verandă, la uşa templului. Sudhamani manifesta starea de identificare interioară cu acel aspect al Supremului reprezentat de Şri Krişna (aspectul Conştiinţei Pure), primindu-i pe credincioşi cu multă bucurie. Faţa ei strălucitoare era luminată de un zâmbet încântător şi credincioşii îi savurau Prezenţa Divină. În acel moment, în micul templu şi-a făcut apariţia un credincios extrem de tulburat ce fusese hărţuit de unul dintre sătenii ce se opuneau Bhavei lui Krişna. Profund afectat de vorbele tăioase pe care le auzise, a izbucnit în plâns şi a apelat la Krişna să găsească o soluţie.

Dintr-o dată, fără nici un avertisment, zâmbetul binevoitor a dispărut de pe faţa lui Sudhamani şi expresia feţei a căpătat un aspect fioros, de sfârşit de lume. Ochii i se transformaseră în două mingi de fier încins ce clocoteau de mânie şi păreau să emită săgeţi de foc, iar degetele formau mudra lui Devi[1]. În acest moment, s-a auzit un râs asurzitor ce a zguduit profund pe

---

[1] Un gest sacru asociat cu Mama Divină.

toți cei aflați în templu și în vecinătatea lui. Nu mai auziseră un asemenea râset niciodată. Văzând această schimbare bruscă a lui Sudhamani, toți cei din templu au început să tremure de frică. Niște buni cunoscători ai scripturilor, aflați din întâmplare la fața locului, au început să recite *mantre* pentru pace și cântece devoționale în cinstea Mamei Divine. Alți credincioși oficiau ceremonia de Arati[2]. După multe rugăciuni și mantre, Sudhamani și-a redobândit calmul, dar Bhava se transformase din cea a lui Krișna, în Bhava lui Devi.

Sudhamani a mărturisit mai târziu: „Văzând supărarea acelui credincios, am simțit dorința să distrug pe toți cei nedrepți ce batjocoresc pe cei devotați Domnului. Devi de natură fioroasă s-a manifestat fără nici un avertisment, pentru a oferi protecție celor persecutați[3]". Din acel moment înainte, Sfânta Mamă, cum o vom numi de acum încolo, a început să dea regulat Darșan credincioșilor în forma lui Devi.

Sfânta Mamă era întruparea Iubirii Universale. Acele calități sufletești ce se făcuseră remarcate încă din fragedă copilărie și care o făcuseră să iubească, să ajute și să servească toate ființele, au înflorit acum pe deplin. Mama îi primea pe credincioși și pe cei mai puțin credincioși, pe învățați și pe analfabeți, pe bogați și pe săraci, pe bolnavi și pe cei sănătoși, cu aceeași afecțiune și compasiune. Ascultându-le cu atenție problemele pe care i le împărtășeau, își adapta sfatul în funcție de firea și de gradul de maturitate al fiecăruia, consolându-i și îndrumându-i după cum aveau nevoie, în funcție de încercările prin care treceau.

La puțină vreme după începutul Bhavei lui Devi, atitudinea Mamei a suferit o transformare. În timpul sadhanei dedicate lui Devi, fusese în general distantă și necomunicativă și își dedicase

---

[2] O formă de ceremonie religioasă în care se rotește camfor arzând în fața unei icoane sau a gurului.

[3] Kali Mata.

tot timpul rugăciunii şi meditaţiei asupra formei Mamei Divine. Când fusese supusă unui tratament abuziv, fizic sau verbal, de către familie sau fratele mai mare, păstrase tăcerea. Acum însă a devenit mai îndrăzneaţă şi chiar şi expresia feţei a suferit o transformare. Când trebuia să negocieze cu familia pe tema diverselor probleme legate de Darşanul celor două Bhave şi asocierea ei cu credincioşii, era neînfricată şi nu mai ceda presiunilor. Totodată, a început să petreacă mai mult timp cu credincioşii şi să le dea sfaturi legate de spiritualitate. Aceasta a marcat începutul misiunii spirituale a Mamei.

Sinele meu fără Formă

„Începând din acea zi[4], nu am mai perceput nimic ca fiind diferit de Sinele meu fără Formă în care întregul univers există sub forma unui balon minuscul..."

Prin această declaraţie concisă Sfânta Mamă transmite o comoară de înţelepciune. Deşi atinsese cel mai înalt nivel de conştiinţă, Mama şi-a continuat sadhana pentru a demonstra că diferitele zeităţi nu sunt decât diferite aspecte (faţete) ale unei Realităţi Unice, aflate dincolo de orice dualitate. Ea a descoperit că, după dobândirea controlului total al minţii, se putea identifica cu oricare aspect al Divinităţii printr-un simplu act de voinţă. Mama a descris câteva dintre experienţele pe care le-a avut în timpul acestor practici spirituale.

„Într-o zi, la sfârşitul meditaţiei, am realizat că din gură îmi ieşea un dinte canin extrem de mare. În acelaşi timp, am auzit un sunet înfiorător, ca bâzâitul unei albine, şi am perceput forma lui Devi, cu limba atârnându-i din gură, canini uriaşi, păr des, negru şi creţ, ochi bulbucaţi de culoare roşiatică şi piele de

---

[4] Referindu-se la ziua în care i s-a revelat Mama Divină.

culoare albastru închis[5]. Primul gând ce mi-a trecut prin minte a fost: «Repede! Fugi! Vine Devi să te omoare!» Eram pe cale să o iau la fugă când mi-am dat brusc seama că eu însămi eram Devi. Eu eram sursa bâzâitului pe care îl auzeam. În momentul următor mi-am dat seama că țineam în mână vina[6] lui Devi. Pe cap purtam coroana Ei iar pe nara dreaptă purtam cercelul Ei. Câteva minute mai târziu m-am gândit: «Ce se-ntâmplă? Cum am devenit Devi? Poate e un șiretlic al Mamei Divine pentru a-mi împiedica sadhana.» Așa că mi-am spus: «Hai să meditez asupra lui Șiva, să văd ce se întâmplă», dar în momentul în care am început să meditez asupra formei lui Șiva, am devenit Șiva, cu părul înnodat în vârful capului și cu șerpi încolăciți în jurul gâtului și ai brațelor. M-am gândit: «Poate că Șiva mă pune și El la încercare» și am încetat să mă mai gândesc la El.

Atunci mi-am fixat mintea și inima asupra lui Ganeșa, cel ce înlătură obstacolele. Imediat m-am transformat în Ganeșa, cu fața de elefant cu trompă lungă, cu perechea de colți din care unul e rupt pe jumătate și așa mai departe. Orice formă de zeu sau zeiță contemplam, deveneam acea formă. Atunci am auzit o voce familiară ce venea din interiorul meu spunând: «Tu nu ești diferită de ei. Ei s-au contopit toți cu tine cu mult timp în urmă. Așa că de ce i-ai mai numi zei și zeițe?»"

Din acel moment încolo, meditația Sfintei Mame asupra unui Dumnezeu cu o formă anume a încetat în mod natural. Din străfundurile ființei Ei a izvorât silaba sacră 'OM' ce impregnează întreaga creație și întreaga Ei ființă s-a unit cu Acela ce există veșnic. Dar chiar și atunci, pentru a da un exemplu celorlalți, obișnuia să mediteze. Când a fost întrebată despre aceasta, Sfânta Mamă a răspuns: „În timpul meditației, Mama vizitează pe fiecare

---

[5] O descriere a lui Kali Mata.

[6] Un instrument cu coarde cu care este reprezentată întotdeauna Saraswati, Zeița învățăturii.

dintre copiii ei, în special pe cei care se gândesc intens la ea, sau care suferă."

O situaţie similară este descrisă în marea lucrare epică Srimad Bhagavatam. Într-o zi, pe când faimosul înţelept Narada vizita Dwaraka, tărâmul lui Şri Krişna, l-a găsit pe acesta cufundat în meditaţie. Narada s-a înclinat în faţa Domnului şi l-a întrebat: „Doamne, asupra cui meditezi?" La care Domnul a răspuns zâmbind: „Meditez asupra credincioşilor Mei."

Deşi pentru mulţi micuţa devenise „Mamă", ea a rămas aceeaşi Sudhamani pentru familia ei. Starea ei naturală de identificare cu Sinele Suprem era mult prea subtilă pentru a fi recunoscută de părinţi şi de fratele ei mai mare. Ei au continuat să se îndoiască de ea şi să-i pună comportamentul pe seama unei forme de schizofrenie. În plus, le era teamă că legătura cu credincioşii o va face să se abată de la calea virtuţii şi că aceasta va distruge reputaţia familiei.

Fratele ei mai mare, Subhagan, îi era în special ostil, după cum ilustrează şi incidentul următor, iar comportamentul lui agresiv se înrăutăţea permanent. Într-o zi, Subhagan şi câţiva dintre verii lui au invitat-o pe Mamă la casa unei rude sub un pretext oarecare. Când au ajuns aici, au încuiat-o într-o cameră şi unul dintre verii ei a început să o ameninţe cu un cuţit mare pe care îl ascunsese în haine. Subhagan a anunţat: „De data asta ai întrecut orice măsură! Mai ai puţin şi distrugi reputaţia familiei. Din moment ce nu te poţi abţine şi nu poţi pune capăt relaţiilor cu tot felul de oameni şi cum continui să persişti în cântat şi dansat, e mai bine să mori." Auzind acestea, Mama a izbucnit în râs şi a replicat, înfuriindu-l şi mai tare: „Nu îmi este teamă de moarte. Corpul piere oricum, mai devreme sau mai târziu, dar este imposbil să ucizi Sinele. Acum că te-ai hotărât să pui capăt existenţei mele fizice, am o ultimă dorinţă pe care eşti obligat să mi-o îndeplinești. Lasă-mă să meditez o vreme, apoi mă poți ucide în timp ce meditez."

Această reacție curajoasă nu a făcut decât să întețească furia agresorilor. Unul dintre ei a exclamat: „Cine te crezi să ne dai ordine? Crezi că am venit aici să te omorâm sau nu după cum vrei tu?" Mama a zâmbit și a replicat cu îndrăzneală: „Se pare că nimeni altul decât Dumnezeu nu îmi poate pune capăt vieții!" Un altul dintre veri a strigat: „Dumnezeu! Cine este Dumnezeul tău?" Deși au amenințat-o verbal pe Sfânta Mamă, nici unul dintre ei nu a fost suficient de curajos să îi facă ceva după ce i-au auzit răspunsul îndrăzneț și au văzut-o cât era de netulburată. Brusc, vărul care o amenințase cu cuțitul s-a repezit la ea și i-a pus cuțitul la piept, ca și când ar fi fost pe cale să o omoare. Dar nu a mai putut apoi să facă nici o mișcare întrucât a simțit deodată un junghi puternic în propriul lui piept, exact în același loc în care pusese cuțitul pe pieptul Mamei. În momentul imediat următor s-a prăbușit la pământ. Văzând aceasta, cei prezenți au fost cuprinși de panică. În acest moment, Damayanti a ajuns la fața locului. Damayanti o văzuse pe Sudhamani plecând de acasă cu Subhagan și verii săi. Auzind larma, a început să strige și să bată la ușă. Când ușa s-a deschis, a luat-o pe Sudhamani de mână și a pornit cu ea spre casă, pe drumul ce șerpuia pe malul mării. În drum spre casă, Mama i-a spus lui Damayanti: „Familia ta e dezonorată ca urmare a acțiunilor mele. Acest ocean îmi e și el Mamă. Ea mă va primi cu brațele deschise. Mă duc în poala Ei." Auzind aceste cuvinte, Damayanti și-a pierdut temporar mințile și a început să strige: „Nu spune asta, fiica mea! Nu vorbi așa, fiica mea! În timpul Bhavei lui Krișna, Bhagavan[7] mi-a spus că dacă se va întâmpla să te sinucizi, toți copiii mei își vor pierde mințile..." Reușind să o facă pe Sfânta Mamă să se răzgândească, a dus-o înapoi la Idamannel.

---

[7] Nume al lui Șri Krișna.

Acest episod nu se încheie aici. Vărul care ridicase cuţitul împotriva Mamei şi încercase să o înjunghie a fost dus de urgenţă la spital, suferind dureri atroce. Aici a primit îngrijiri medicale de cea mai bună calitate însă în final a murit, vomitând încontinuu sânge. Când boala se afla la apogeu, Sfânta Mamă a mers să îl viziteze, consolându-l cu multă dragoste şi hrănindu-l cu propriile ei mâini. Resimţind un adânc regret pentru cele săvârşite şi văzându-i compasiunea, vărul a izbucnit în plâns.

Sfânta Mamă nu a resimţit nici un pic de animozitate faţă de acest văr care încercase să o omoare şi ceea ce i s-a întâmplat nu a fost rezultatul unei hotărâri luate de ea de a se răzbuna pe el. El a suferit pur şi simplu rodul acţiunilor sale.

Mama a explicat: „Aşa cum fiinţele umane o iubesc mult pe Mamă, există multe fiinţe subtile care simt şi ele la fel. Dacă cineva încearcă să îi facă rău Mamei, Mama nu reacţionează. Mama înfruntă o asemenea persoană fără să se tulbure şi nu simte nici un resentiment împotriva celui ce acţionează din ignoranţă. Dar aceste fiinţe subtile se mânie şi se răzbună. Înţelegeţi? Să presupunem că mama cuiva este atacată de un bărbat. Copiii vor privi atacul cu indiferenţă? Chiar dacă mama lor încearcă să îi oprească, ei îl vor găsi pe acel bărbat şi se vor răzbuna.”

Mergând dincolo de convenţiile sociale, Sfânta Mamă îi primea pe credincioşi fără nici o diferenţă de castă, credinţă, clasă socială sau sex. În ochii necredincioşilor ignoranţi, această atitudine nepărtinitoare şi mintea deschisă a Sfintei Mame erau doar simptomele unei boli mentale. Cei ce se opuneau Sfintei Mame au continuat să vină în templu în timpul Darşanului şi să îi pună întrebări de o manieră agresivă. Deşi Mama nu era deranjată de acest gen de comportament, Sugunanandan era profund afectat de remarcile lor insolente. În plus, deşi toate încercările de a aranja căsătoria fiicei sfârşiseră dezastruos, nu putuse renunţa în întregime la această idee, iar acum începuse să simtă că Darşanul era un mare impediment în calea realizării acestei dorințe. Așa trecu Sugunanandan de partea lui Subhagan, ce era ferm convins că Darşanul e un act rușinos. Mai era ceva ce îl îngrijora pe tată. Corpul fiicei lui devenea tare ca piatra după Bhava Divină şi nu putea fi readus la normal decât după multe ore de masaj viguros.

Sugunanandan se hotărâse să îşi unească forțele cu Subhagan în încercarea de pune capăt Bhavei Darşanului. Intrând în templu în timpul următoarei Bhave a lui Devi, Sugunanandan i-a spus Sfintei Mame: "Ar fi mai bine ca Devi să plece din corpul Micuței. Nu mai avem nevoie de acest Darşan al Bhavei aici. Vrem să o mărităm. Îmi vreau fata înapoi!"[8]

Sfânta Mamă i s-a adresat sub numele de tată vitreg[9] şi l-a întrebat: "Aceasta este fiica ta?" Sugunanandan era oricum agitat, dar când a auzit-o adresându-i-se în acest mod s-a înfuriat şi mai tare şi a răspuns mânios: "Da! Este fiica mea. Ce, zeii şi zeițele au tați vitregi? Dă-mi înapoi fata!"

Sfânta Mamă a replicat liniştită: "Dacă îți dau înapoi fata, ea nu va fi decât un cadavru ce se va descompune rapid. Vei avea o înmormântare, nu o nuntă." Incapabil de a înțelege ceea ce i se spunea, Sugunanandan a replicat: "Fie ca zeița să se întoarcă de unde a venit. Îmi vreau copilul înapoi!"

Mama a răspuns: "Dacă asta vrei, uite-o pe fiica ta. Ia-o!" În acelaşi moment, Mama a căzut pe podeaua templului. Câteva momente mai târziu, corpul i-a deveni rigid şi inima a încetat să bată. Deşi ochii îi erau larg deschişi, nu se putea observa nici un semn de viață. Era moartă.

---

[8] Trebuie să reamintim că în viziunea familiei ei, Sfânta Mamă era posedată trei nopți pe săptămână de Krişna şi Devi, iar în restul timpului era doar o fată bolnavă mental.

[9] De când era mică, îl acceptase doar pe Dumnezeu ca fiind Mama şi Tatăl ei adevărat, şi astfel toți ceilalți îi erau tată şi mamă vitregi.

O mare jale a pus stăpânire pe toţi cei prezenţi. Damayanti şi celelalte fete ale ei au leşinat. Vestea că Devi luase viaţa lui Sudhamani din cauza unei greşeli comise de Sugunanandan s-a răspândit ca fulgerul. Toţi îl considerau cauza morţii premature a Mamei.

În jurul cadavrului s-au aprins candele. Chiar şi Natura a devenit brusc tăcută în acel moment. Unii dintre credincioşi plângeau, alţii murmurau cuvinte fără sens, fiind cuprinşi de o emoţie incontrolabilă. Alţii şedeau solemn lângă corp, încercând să surprindă un semn de viaţă din partea Mamei. Nimic. Un doctor i-a luat pulsul. Era moartă. Un moment îngrozitor.

Înţelegând într-un final grozăvia situaţiei provocate de acţiunea lui lipsită de discernământ, Sugunanandan şi-a pierdut şi el cunoştinţa copleşit cu desăvârşire de durerea pe care o resimţea. O tăcere funebră domina acum încăperea. Acceptând în final că imposibilul se produsese, cei prezenţi au renunţat să mai spere că o vor putea readuce la viaţă. Aşa au trecut opt ore întunecate. Revenindu-şi în simţiri doar pentru a fi confruntat din nou cu aceeaşi realitate înfiorătoare, Sugunanandan a strigat către Mama Divină: „O Devi! Te implor, iartă-mi vorbele izvorâte din ignoranţă! Te rog, readu-mi fiica la viaţă! Iartă-mă! Nu voi mai face niciodată aşa ceva!" Implorând astfel, a căzut la pământ în faţa templului, plângând nestăpânit.

Brusc, unul dintre credincioşi a sesizat nişte semne slabe de viaţă în corpul Sfintei Mame. Privind-o cu speranţă renăscută, lacrimile de durere ale credincioşilor s-au transformat în lacrimi de bucurie. Mama a revenit la viaţă, dar în Bhava lui Krişna! Adresându-se lui Sugunanandan care era profund devotat lui Krişna, ea i-a spus: „Fără Şakti[10], Krişna nu poate exista."

Acest incident a produs o mare schimbare în atitudinea tatălui faţă de Dumnezeu şi faţă de fiica lui. Din acel moment înainte, a

---

[10] Aspectul feminin al Energiei Cosmice personificat în forma lui Devi.

lăsat-o să facă ce vroia şi nu a mai încercat niciodată să aranjeze o căsătorie. Legat de acest incident, Mama a menţionat ulterior: „Era ferm hotărât că îşi vroia fata înapoi. Dar dacă ar fi fost cu adevărat fata lui, ar fi putut să o readucă la viaţă. Dar nu a putut face asta. Cel mult, acest corp îi aparţine. Când şi-a cerut înapoi copilul, i s-a dat acest corp."

Capitolul 9

Sabia Adevărului

„Copii, chiar şi în timp ce un om taie un copac de la rădăcină, copacul continuă să îi dea umbră. Un aspirant spiritual ar trebui să fie aşa. Doar cel ce se roagă pentru binele tuturor, chiar şi al celor ce îl maltratează, poate deveni o persoană spirituală. Cea mai puternică armă a celui ce aspiră la o viaţă spirituală este Sabia Adevărului."

Mata Amritanandamayi

Durvrtta vrtta samanam tava dēvi sīlam
rūpam tadhaitadavi cintyamatulya manyaih
vīryam ca hantr hrtadēvaparākramānām
vairisvapi prākatitaiva dayā tvayēdham

Natura Ta, Devi, este de a îmblânzi pe cei răuvoitori;
frumusețea Ta de neînțeles nu are egal; puterea Ta
distruge pe cei ce au răpit forța zeilor și astfel Ți-ai
manifestat compasiunea chiar și față de cei ce-Ți sunt
dușmani.

Devi Mahatmyam, Capitolul 4, versul 20

Destinul Tragic al lui Subhagan

Se pare că toate Marile Suflete trebuie să sufere persecuția celor mediocri, dar circumstanțele ostile par să le sporească forțele, întrucât fiecare obstacol întâmpinat nu face decât să le crească măreția. Viețile lui Șri Krișna, Șri Rama, Iisus Cristos și Buddha ilustrează din plin acest fapt. Viața Sfintei Mame constituie și ea un asemenea exemplu magnific.

Ne aflăm acum în 1978, la trei ani de la începutul Bhavei lui Krișna. Numărul credincioșilor creștea necontenit, vizitatorii venind acum în număr mare din toată India pentru Darșanul Sfintei Mame. Pe măsură ce numărul admiratorilor creștea, necredincioșii își intensificau și ei campania lor malefică, dar nici o forță umană nu putea împiedica misiunea spirituală a Sfintei Mame.

În această perioadă, s-au observat anumite semne nefaste ce prevesteau că la Idamannel e pe cale să se producă o catastrofă. Subhagan nu fusese deloc afectat de consecințele dezastruoase ale încercării de a-și ucide sora cu sânge rece. Acum era chiar mai arogant și mai dușmănos decât înainte. Încerca mereu să își impună propriile idei asupra întregii familii, care se temea să i se opună datorită firii lui aprinse şi schimbătoare. Numărul tot mai mare de credincioşi şi batjocora neîntreruptă a necredincioşilor îi agitau mintea deja extrem de înfierbântată. Din acest moment, Subhagan a început să acosteze pe credincioşii ce veneau pentru Darşan şi să îi ameninţe, sperând să îi facă să renunţe la Darşan.

În această perioadă, Subhagan s-a îmbolnăvit de o boală groaznică, elefantită. Oare acesta fusese destinul lui, ori rodul acţiunilor lui necugetate? Simptomele acestei boli i-au apărut şi pe mâini şi pe picioare şi nici unul dintre numeroasele tratamente urmate nu a reuşit să îl vindece. Urmărit continuu de gândul că s-a îmbolnăvit de o boală incurabilă, Subhagan a căzut pradă unei depresii şi a început să aibă gânduri sinucigaşe.

În câteva rânduri a împărtăşit prietenilor apropiaţi angoasa lui psihică. În această perioadă a început să sufere şi de insomnie, devenind dependent de somnifere. Efectul cumulativ al problemelor mentale şi emoţionale şi-a spus cuvântul şi încet încet Subhagan şi-a pierdut echilibrul mental.

Într-o bună zi, Sfânta Mamă a chemat-o la ea pe Damayanti şi i-a spus: „Se pare că fratele Subhagan se apropie de sfârşitul vieţii. Pentru a evita aceasta, ai putea face un jurământ de tăcere, dar pot prevedea anumite obstacole ce te vor face să încalci acest jurământ. De aceea, ai grijă când faci acest jurământ". Urmând sfatul Sfintei Mame, Damayanti a făcut într-o zi un jurământ de tăcere. Însă, pe când se afla la jumătatea lui, s-a întâmplat ca o vacă să rupă frânghia cu care era legată şi să o ia la fugă. Uitând complet de jurământul făcut, Damayanti a strigat: „Fuge vaca!!! Prindeţi-o!" Familia a socotit această întâmplare un semn nefast, în special datorită faptului că Damayanti fusese avertizată de Mamă să aibă grijă pe perioada acestui jurământ. Această întâmplare funestă a umplut familia de teamă şi anxietate.

Într-o zi, într-o criză de furie, Subhagan a insultat o femeie de confesiune musulmană ce venise la Idamannel pentru Darşan. Neputând suporta remarcile pline de cruzime ale lui Subhagan, femeia a fugit spre templu unde, izbucnind în plâns, a început să îşi lovească capul de pragul altarului strigând: „Mamă, Mamă, asta e soarta celor ce vin să Te vadă?"

La auzul strigătelor îndurerate ale femeii, faţa zâmbitoare şi radioasă a Mamei a suferit o schimbare bruscă. Cu o expresie terifiantă, Mama s-a ridicat de pe sfântul scaun ţinând un trident într-o mână şi o sabie în cealaltă. Cu o voce solemnă şi adâncă, Mama a rostit următoarele cuvinte: „Acea persoană care a cauzat o suferinţă nemeritată acestei femei credincioase va muri în şapte zile."

De îndată ce a aflat de prezicerea Mamei, Sugunanandan a alergat în templu pentru a cere iertare în numele fiului lui pentru comportamentul lui nefericit. El a implorat-o pe Mamă să îi cruţe viaţa şi să o ia pe a lui în loc. Mama i-a răspuns calm: „Eu nu pedepsesc niciodată pe nimeni. Îmi este indiferent dacă sunt batjocorită sau înjurată. Dar când un credincios suferă în acest fel, Dumnezeu Însuşi nu iartă. Fiecare trebuie să culeagă rodul acţiunilor sale. Altfel nu se poate."

Trecuseră şapte zile. Era aproape miezul nopţii în ziua de 2 Iunie 1978, când Subhagan, care fusese informat de prezicerea Mamei, s-a spânzurat. Într-o scrisoare în care îşi explica fapta, a menţionat stresul insuportabil cauzat de boala sa incurabilă. Sinuciderea lui Subhagan a provocat o mare tulburare şi haos la Idamannel. Oponenţii Sfintei Mame au profitat imediat de această ocazie pentru a-şi intensifica campania de defăimare împotriva ei. Au început să răspândească versiuni false ale morţii lui Subhagan, acuzându-l pe Sugunanandan, care îşi iubea fiul ca pe ochii din cap, că îşi ucisese fiul.

În ciuda tuturor eforturilor depuse, oponenţii nu au reuşit să convingă pe nimeni cu acuzaţiile lor nedrepte, întrucât existau nenumărate dovezi clare că decesul se produsese prin sinucidere. Pe lângă scrisoarea sinucigaşului scrisă în mod clar de mâna lui Subhagan, existau şi câteva alte scrisori pe care acesta le trimisese prietenilor şi rudelor, în care îi informa de intenţia sa. Autopsia a confirmat şi ea că era vorba de o sinucidere şi astfel nici nu s-a pus problema unui proces.

Sinuciderea lui Subhagan a provocat o reacţie puternică în rândul rudelor apropiate. Ele au început să ignore familia cu desăvârşire exprimându-şi în acest fel dezacordul cu cele petrecute. Familia nu a mai fost invitată să participe la ceremonii publice, la sărbători, nunţi sau ritualuri religioase şi toţi cei apropiaţi au abandonat-o complet, refuzând chiar şi să arunce o privire în direcţia Idamannelului când făceau o vizită în vecini. Dacă rudele trebuiau să vină la ţărmul mării pentru ritualuri închinate strămoşilor, la doi paşi de Idamannel, părăseau locul în grabă după încheierea ceremoniei. Familia Sfintei Mame a fost profund afectată de acest comportament ce nu a făcut decât să le sporească durerea.

Şaisprezece zile după moartea lui Subhagan, când a fost reluat Darşanul Bhavei, Sugunanandan a venit la Sfânta Mamă cu inima grea. Plângându-i-se că Mama nu îi salvase fiul de la o moarte oribilă, a început să plângă. Consolându-l, Mama i-a spus: „Nu plânge. În trei ani de acum, fiul tău decedat se va naşte din nou, chiar în această casă şi în plus va fi credincios." La câţiva ani după aceasta, a avut loc nunta fiicei celei mai mari, Kasturi. Când aceasta a conceput primul copil, Sfânta Mamă l-a numit 'Şivan', pe când era încă în burta mamei. Întrucât Mama îi dăduse nume masculin, familia era convinsă că va fi un băiat. Aşa a şi fost. După ce s-a născut, Mama a remarcat odată: „După moarte, timp de trei ani, sufletul lui Subhagan a rămas în atmosfera acestui aşram unde a putut auzi cântecele devoţionale şi mantrele Vedice ce se recită aici. După această perioadă, i-a fost dat să se nască în forma lui 'Şivan', în aceeaşi casă din care plecase." În prezent Şivan este un băiat inteligent care a avut încă din copilărie o predilecţie pentru recitarea mantrei sacre 'AUM' şi care meditează din iniţiativă proprie, fără să fie rugat.

Întoarcerea raţionaliştilor

După începutul Bhavei lui Devi, aroganţa şi ostilitatea grupului de aşa numiţi raţionalişti a crescut semnificativ. Încercând să convingă lumea că Sfânta Mamă era nebună şi că Darşanul Bhavei era nici mai mult nici mai puţin decât o fraudă, au început să apeleze la mijloacele de comunicare în masă. Însă cu cât încercau să o defăimeze mai tare, cu atât eşuau mai lamentabil. Perseverenţa de care dădeau dovadă, în ciuda eşecurilor suferite, era cu adevărat ieşită din comun!

Într-o seară, s-au hotărât să încerce din nou una din vechile lor tactici ce eşuase în mod repetat, de a o asalta pe Mamă în timpul Darşanului pentru a o umili şi pentru a ridiculiza Puterea Divină. Astfel şi-au făcut apariţia la faţa locului doi dintre cei mai înverşunaţi membrii ai grupului, beţi turtă şi nerăbdători să stârnească scandal în mica încăpere a templului. Cu acest gând în minte, s-au alăturat grupului de credincioşi ce aşteptau să intre în templu.

În acel moment, Mama, care intrase deja în Bhava lui Devi, a spus câtorva credincioşi ce şedeau lângă ea: „Fiţi atenţi aici, Mama vă va arăta acum ceva nostim." Cu aceste cuvinte, s-a uitat în direcţia celor doi beţivi şi le-a aruncat un zâmbet fermecător. Aceştia se aflau acum la intrare, dar primul dintre ei se oprise ca paralizat. Înfuriat, prietenul care îl însoţea l-a întrebat de ce nu intră în templu. „Nu vezi câtă lume e deja în templu în faţa mea?" i-a răspuns acesta. Prietenul i-a strigat: „Stai acolo ca un popândău de nu ştiu câtă vreme! Eşti şi tu hipnotizat de fata asta sau ce?" Acest schimb încins de cuvinte a degenerat rapid într-o încăierare pe cinste între cei doi raţionalişti care au sfârşit prin a părăsi umiliţi Idamannelul, exact aşa cum prevăzuse Sfânta Mamă.

După cum am mai menţionat şi înainte, în acele zile unii dintre credincioşii ce aveau familie obişnuiau să o invite pe Sfânta Mamă la casele lor pentru a oficia o *pujă*[1] şi pentru a cânta cântece devoţionale. Când aflau că Mama urma să viziteze o anumită casă, raţionaliştii se adunau şi ei acolo. Într-o seară, Mama a vizitat o casă situată în satul Panmana ce se afla la aproximativ douăzeci de kilometri de Parayakadavu. Membrii acestei familii sufereau de multă vreme de nenumărate afecţiuni fizice şi psihice la care nu reuşiseră să găsească o soluţie. În ciuda faptului că se rugaseră mult şi că oficiaseră multe *puje* în cinstea diferitelor zeităţi, situaţia lor nu se îmbunătăţise. Auzind de Sfânta Mamă, asistaseră la Darşanul Bhavei şi o rugaseră să îi ajute. Mişcată de suferinţa lor, Mama a acceptat să oficieze o *pujă* specială pentru ei pentru a le pune capăt suferinţelor.

Unii dintre membrii acestei familii însă nu erau de acord cu această *pujă* şi şi-au unit forţele cu oponenţii Mamei care plănuiau să întrerupă ceremonia. În seara vizitei Mamei, unul dintre membrii familiei i-a spuse Mamei plin de îngâmfare: „Vezi că eu o să urmăresc cu mare atenţie această *pujă*. După asta voi avea câteva întrebări pentru tine." Mama l-a întrebat: „Acest 'Eu' la care te referi, e limitat în exclusivitate la corpul tău fizic? E ceva aflat sub stăpânirea ta?"

Era de pe acum ora două dimineaţa şi Mama făcea pregătirile necesare *pujei*. Spre uşurarea membrilor credincioşi ai familiei, persoana care vorbise cu atâta înfumurare căzuse într-o stare inconştientă, asemănătoare unui somn adânc. Exact în momentul

---

[1] Cinstire adusă gurului sau unei divinităţi în cursul căreia se oferă mâncare şi flori.

când se sfârșea ultima parte a *pujei*, acest individ arogant și-a venit brusc în simțiri și a exclamat, sărind de pe scaun: „O, s-a terminat *puja*? O...s-a terminat...?"

Mama i-a răspuns: „Da, s-a terminat. Ai spus că o vei urmări cu mare atenție. Ai urmărit-o? Înțelegi acum că acest lucru pe care îl numim ,Eu' nu se află sub controlul nostru? Pe când dormeai, unde se afla ,Eu-l' tău?" Auzind acestea, omul păli și își plecă tăcut capul.

Însă oponenții Mamei, care se aflau și ei acolo, nu aveau de gând să se lase înfrânți atât de ușor. Ei au început să o chestioneze pe Sfânta Mamă în modul cel mai irațional și grosolan cu putință. Mama a rămas ca de obicei voioasă și netulburată, dar *brahmacharinul*[2] care venise să o ajute la oficierea *pujei* a simțit că nu mai poate suporta acest gen de comportament. El a rugat-o pe Mamă: „Te rog, arată-le ceva care să le închidă gura. Altfel nu ne vor lăsa în pace."

Trecuseră câteva minute bune de la această rugăminte când brusc, o minge de foc arzătoare și-a făcut apariția din cimitirul învecinat. Mingea radia raze de foc ce păreau să danseze în jurul ei. Acum a fost rândul Mamei să se adreseze oponenților înlemniți de uimire: „Din moment ce sunteți așa curajoși, pentru ce nu faceți o plimbare până la cimitir?" Nici unul dintre ei nu a acceptat această provocare. După câteva momente, speriați, bărbații deveniți acum copii au bătut în retragere părăsind locul în grabă.

Un incident similar s-a petrecut în 1980 în casa lui Șrimati Indira din Karungapally, un oraș aflat la zece kilometri de Vallickavu[3]. Indira, o femeie extrem de credincioasă, o invitase la casa ei pe Sfânta Mamă pentru ca aceasta să o sfințească prin prezența sa. Ca de obicei, raționaliștii și-au făcut și ei apariția în

---

[2] Un aspirant spiritual care a făcut un jurământ de celibat.

[3] Vallickavu este un oraș aflat pe cealaltă parte a lagunei de Idamannel. Sfânta Mamă este uneori numită „Amma din Vallickavu."

seara respectivă. La vederea lor, membrii familiei au fost cuprinşi de spaimă şi au rugat-o pe Mamă să facă ceva pentru a-i împrăştia. Mama s-a cufundat într-o stare meditativă profundă. Spre surpriza tuturor, în câteva secunde, şi-a făcut apariţia o sferă de lumină orbitoare înconjurată de multe luminiţe strălucitoare ce păreau mici lampadare. Această sferă ce apăruse iniţial în partea de nord a casei, s-a îndreptat apoi spre sud, trecând prin faţa uşii. Uimiţi peste măsură, credincioşii au început să recite numele Mamei Divine cu mare reverenţă. Încet, încet, sfera a început să se îndepărteze, dispărând în final la orizont, dar numai după ce a făcut înconjurul arborelui sacru bilva (aegle marmelos) ce creştea în curtea din partea de sud. Uluiţi şi înspăimântaţi în acelaşi timp, necredincioşii au părăsit imediat casa şi din acel moment nu au mai venit niciodată pentru a tulbura cântecele devoţionale ale Mamei. De fapt, după acest eveniment mulţi dintre ei s-au transformat în credincioşi devotaţi Mamei.

Eşecul magiei negre

În apropiere de casa menţionată în întâmplarea relatată mai sus, trăia un vrăjitor extrem de arogant. Cineva îi povestise despre o fată tânără din Parayakadavu ce era posedată de Krişna şi Devi trei nopţi pe săptămână. Acest expert în magia neagră s-a lăudat că poate pune uşor capăt acestui caz de posesiune. El a descris chiar şi incantaţia pe care intenţiona să o folosească. „Voi tăia în două o frunză de cocotier repetând anumite *mantre* puternice şi manifestările zeităţilor vor înceta imediat" a declarat el. Dar în ziua în care a venit la Idamannel, nici una dintre incantaţiile lui nu a produs rezultatul aşteptat, aşa că într-un sfârşit s-a văzut nevoit să plece, înfrânt şi umilit. Însă acest vrăjitor a continuat să facă vrăji împotriva Sfintei Mame. De câteva ori i-a trimis chiar cenuşă impregnată cu *mantre* malefice, dar nici una dintre aceste încercări de a-i face rău nu a fost încununată de succes. La puţină vreme după aceea și-a pierdut mințile și a început să cerșească pe stradă. Putea fi auzit rugându-se de trecători: „Dă-mi zece paise, dă-mi zece paise...[4]”.

În Arickal, un sat aflat pe aceeași peninsulă unde locuia Sfânta Mamă, trăia un preot binecunoscut pentru magia sa neagră ce se dovedise foarte eficace împotriva spiritelor rele și a ființelor subtile ce puseseră stăpânire pe persoane inocente. O femeie în vârstă ce avea o mare antipatie pentru Sfânta Mamă, l-a contactat cu intenția de a-l convinge să își folosească puterile pentru a pune capăt Bhavelor Divine și pentru a o discredita definitiv pe Sfânta Mamă. Femeia i-a înmânat preotului o bucată de hârtie pe care scrisese numele Sfintei Mame și steaua nașterii ei[5].

În aceeași zi, o femeie devotată Sfintei Mame a avut un vis în care i-a apărut Sfânta Mamă și i-a spus să meargă la un anumit templu a doua zi, pentru a se ruga acolo. A doua zi, femeia a venit la Sfânta Mamă și i-a povestit visul. Mama i-a spus: „Mergi mai întâi la templu și abia apoi vino să mă vezi. Atunci vei înțelege semnificația visului.”

Primind binecuvântarea Mamei, femeia a pornit spre templul ce-i fusese indicat în vis. Această femeie credincioasă nu știa că acesta era templul în care oficia preotul ce se lăsase convins să-i facă vrăji Mamei. După ce s-a rugat o vreme, femeia a mers să discute cu preotul anumite chestiuni. Văzând-o că se îndrepta spre el, peotul s-a ridicat de pe divanul pe care era așezat pentru a o întâmpina, împăturind în grabă pătura pe care stătuse și zicând: „Vino și așează-te te rog, vino și ia loc...” Pe când punea la o parte pătura, la picioarele femeii a căzut o bucată de hârtie. Aceasta s-a aplecat să o ridice, dar pe când o ridica a zărit pe ea numele și steaua Mamei. Nu i-a trebuit mai mult de o secundă pentru a

---

[4] Echivalentul a zece centime.

[5] În astrologia vedică, fiecare constelație este împărțită în aproximativ trei părți egale și fiecare dintre aceste părți este guvernată de o anumită stea.

înţelege semnificaţia hârtiei, legătura cu visul avut şi reputaţia de vrăjitor a preotului. Cuprinsă de disperare, a început să se bată cu pumnii în piept strigând: „Ce ai făcut? I-ai făcut ceva Mamei noastre? Dacă e aşa, atunci noi nu mai putem trăi!" Spunând acestea, a izbucnit în plâns. Preotul s-a grăbit să explice: „Nu, nu, nu am făcut nimic. O femeie în vârstă a venit ieri şi m-a bătut la cap, spunându-mi că trebuie să distrug acel loc. Pentru a scăpa de ea, am luat hârtia şi am ţinut-o aici."

Simţind că preotul spunea adevărul, femeia s-a calmat şi l-a rugat: „Te rog, vino să vezi cu ochii tăi ce se întâmplă acolo. Atunci vei înţelege care e adevărul." Preotul a spus că va veni curând în persoană pentru a vedea care e situaţia la faţa locului.

După cum promisese, preotul a sosit la Idamannel în timpul unui Darşan. Auzind despre sosirea acestui preot infam, în această zi se adunase un număr mare de credincioşi şi necredincioşi pentru a asista la întâlnirea sa cu Mama. Unii spuneau: „Acest preot e un mare magician. O să pună capăt la tot ce se întâmplă aici." La care cei credincioşi răspundeau: „Ba nu va face nimic."

Preotul venise însoţit de o femeie bătrână căreia îi dăduse un pachet de fulgi de orez[6] să îl ţină cu ea afară, pe când el se afla în templu. Preotul hotărâse deja că se va converti dacă Sfânta Mamă îi va putea dovedi că este o Fiinţă Divină. Mama se afla în Bhava lui Krişna. Dându-i un pumn de cenuşă sfinţită l-a întrebat: „Nu-i aşa că te afli aici pentru a recita această *mantră*?" Şi murmură o *mantră* puţin cunoscută, ştiută doar de preot. Preotul a fost extrem de surprins. „Nu-i aşa că îi eşti devotat lui Hanuman[7]? a continuat Mama. Nu recita *mantre* malefice cu aceeaşi limbă cu care Îi slăveşti Numele." Preotul era acum înlemnit de uimire. Nimeni în lume nu ştia că Upasana Murthi (Zeitatea Iubită) pe care o slăvea, era Hanuman. Mama tocmai revelase cel mai mare

---

6 Boabe de orez făcute fulgi, asemănători fulgilor de ovăz.

7 Hanuman era zeitatea adorată de acest preot.

secret al vieţii lui. Dar Mama încă nu terminase cu el. „Nu ai rugat tu o femeie să te aştepte afară cu un pachet de fulgi de orez? Kucela[8] a mers şi ea să îl vadă pe Krişna cu aceeaşi ofrandă. Dar nu uita, Kucela a oferit lui Krişna fulgii de orez ai renunţării de sine şi ai adevărului. Deşi orezul era plin de pietre şi nisip, Domnul nu a observat asta. Când s-a uitat la orez a văzut doar devoţiunea pură şi inima deschisă a Kucelei. Nu a văzut nici pietre, nici nisip. Totul era ambrozie pentru el. De aceea a putut mânca Domnul această ofrandă. De ce ai împrumutat orez crud de la vecin? Şi după ce l-ai decorticat, de ce l-ai amestecat cu pietre şi nisip?"

Preotul nu şi-a putut crede urechilor. Auzind pe Mamă descriind în amănunţime tot ceea ce făcuse, a izbucnit în hohote de plâns. Cuprins de o remuşcare sinceră, a cerut iertare pentru toate acţiunile lui greşite şi a devenit din acel moment un credincios sincer, devotat Sfintei Mame.

Alte acţiuni ale „Comitetului de Luptă împotriva Superstiţiilor"

Comitetul de Luptă împotriva Superstiţiilor a lansat ulterior acţiuni şi mai agresive împotriva Sfintei Mame. Membrii ei au încercat să influenţeze funcţionari de poliţie şi autorităţi guvernamentale pentru a lua măsuri împotriva Darşanului. Aceste tentative au dus la câteva anchete, unele oficiale altele nu, dar al căror singur rezultat vizibil a fost convertirea unui mare număr de anchetatori.

Într-o seară, în timpul Bhavei lui Devi, oponenţii Sfintei Mame i-au cerut unei fete tinere ce cânta bhajans să se oprească din cântat. „Nu vreau să mă opresc", a replicat ea, „Am încredere în Amma". Incidentul a fost urmat de o ceartă ce a culminat într-o

---

[8] O femeie profund devotată Domnului Krişna a cărei poveste e relatată în Srimad Bhagavatam.

încăierare între credincioşi şi oponenţi. În final, Sugunanandan a venit la faţa locului şi i-a alungat pe scandalagii.

Curând după plecarea lor, Amma şi-a chemat tatăl şi l-a avertizat: „Vezi că vor merge să depună o reclamaţie împotriva noastră la poliţie. Eu voi figura ca învinuit principal, iar tu ca secundar. Trebuie să ajungi la poliţie înaintea lor şi să informezi autorităţile despre adevărata situaţie." Fără să ia în seamă cuvintele Mamei, Sugunanandan a spus: „Nu ne vor intenta proces. Poliţia nu va veni aici." Mama a insistat în câteva rânduri şi, într-un final, Sugunanandan s-a dus la secţia de poliţie. Aici a descoperit că prezicerea Mamei fusese absolut adevărată şi a susţinut cauza cu sinceritate şi claritate.

„Noi nu înşelăm pe nimeni. Este adevărat că fiica mea manifestă Bhave Divine. Doar dacă veniţi la Idamannel în persoană veţi putea vedea care este adevărul. Credincioşii vin şi cântă cântece devoţionale. Nu se petrece nimic necurat acolo. Singurele lucruri distribuite ca prasadam[9] sunt apă luată de la robinetul public şi cenuşă cumpărată în Oachira. Oferim doar flori culese din copaci şi pădure şi nu facem promisiuni false. Nu facem nici o publicitate Bhavelor Divine. Lumea vine după ce află despre Darşan din relatările cunoscuţilor. Şi mai presus de toate, acest loc este casa mea. Nu este proprietea nimănui altcuiva. Oponenţii vin la casa mea să se lupte şi să se certe cu mine. Asta e dreptate? Prin urmare, vă cer să veniţi şi să ne oferiţi protecţie împotriva lor!"

După ce l-au ascultat pe Sugunanandan şi au văzut în mod clar că rostea adevărul, ofiţerii n-au mai putut spune nimic. Reclamaţia mincinoasă a fost anulată. Furioşi, oponenţii au lansat un nou complot împotriva Mamei. În acele zile, în timpul Darşanului, după ce Sfânta Mamă îşi revelase starea interioară de uniune mistică cu Devi, obişnuia să iasă din templu şi să danseze în extaz. Într-o seară, oponenţii au venit la Idamannel cu un

---

[9] Ofrande consacrate binecuvântate de Dumnezeu.

coş plin de spini veninoşi. Aceşti spini erau atât de ascuţiţi şi de veninoşi încât o singură înţepătură era suficientă pentru a face pe cel înţepat să îşi piardă cunoştinţa.

Spinii au fost încredinţaţi unui grup de copii din sat care fuseseră instruiţi să îi răspândească pe pământ în locul în care Mama obişnuia să dansese. Copiii fuseseră instruiţi să arunce spinii în timpul Deeparadhana[10], când toţi ochii erau aţintiţi pe Sfânta Mamă, pentru a nu-i observa nimeni. Copiii au respectat întocmai instrucţiunile primite. Când Mama a ieşit din templu, a făcut aluzie credincioşilor la cele petrecute şi a dat instrucţiuni să nu se mişte nimeni din locul în care se afla. După aceasta, a început să danseze în extaz, ţinând în mâinile ridicate sabia şi tridentul. Dansul Mamei inspira credincioşilor o atmosferă sacră, tăindu-le în acelaşi timp răsuflarea. Credincioşii simţeau că Însăşi Kali, Distrugătoarea Răului, dansa în faţa lor. Sfânta Mamă a continuat să danseze de-a lungul verandei când pe neaşteptate, dintr-o lovitură, a retezat cu sabia toate sforile de care erau agăţate icoanele de pe pereţii templului. Acestea s-au prăbuşit la pământ cu un zgomot asurzitor, acoperind veranda de cioburi. Fără a le acorda vreo atenţie, Mama a continuat să danseze, călcând pe cioburi ca şi cum ar fi fost nişte simple petale de flori.

Cei ce veniseră să atenteze la viaţa Mamei au rămas înmărmuriţi de uimire dar au continuat să aştepte plini de speranţă să îi vadă picioarele pline de spini sângerând şi să o vadă căzând, în agonie.

În momentul următor, Mama a coborît de pe verandă şi s-a îndreptat direct spre locul unde fuseseră împrăştiaţi spinii. Trăgând o linie pe pământ cu vârful sabiei, a interzis tuturor celor prezenţi să treacă dincolo de ea. Apoi a păşit peste linie şi a dansat pentru multă vreme pe spinii veninoşi. Raţionaliştii nu îşi

---

[10] Mişcarea în sens circular a camforului arzând în faţa Sfintei Mame, pe când ea stătea aşezată în templu în Bhava lui Devi.

puteau crede privirilor. Era o privelişte ce îngheţa sângele în vine şi care i-a făcut pe necredincioşii de pe acum extrem de agitaţi să părăsească în grabă locul.

Când Sugunanandan şi-a dat seama ce se întâmplase, a început să alerge înspăimântat de colo-colo, gândindu-se la picioarele pline de răni ale fiicei lui. Fugi să aducă cele necesare pentru a-i trata picioarele, dar spre uimirea lui, nu a putut găsi nici măcar o urmă de zgârietură sau înţepătură.

Deşi aşa numiţii raţionalişti fuseseră martorii multor asemenea miracole, nu erau pregătiţi să renunţe la invidia şi duşmănia pe care i-o purtau Mamei. Sătenii şi credincioşii nu încetau să se minuneze de lucrurile extraordinare ce se petreceau în jurul Mamei. Dar pentru Mamă, ce era permanent stabilită în Realitatea Supremă, aceste incidente erau o joacă de copil. Când unii dintre credincioşi se simţeau deprimaţi de hărţuirea permanentă la care o supuneau oponenţii şi i se plângeau, ea le spunea: „Copii, nu există lume fără dualitate. Noi n-ar trebui să fim afectaţi de toate acestea. Există oameni devotaţi Mamei în toată lumea. Ei nu se vor lăsa amăgiţi de aceste fapte."

Sfânta Mamă i-a sfătuit pe credincioşi şi pe familiile lor să-şi păstreze calmul şi să aibă răbdare. Urmându-i sfatul, ei au îndurat în tăcere comportamentul groaznic al raţionaliştilor.

Cu o altă ocazie, unii dintre membrii tineri ai mişcării raţionaliste au venit la Idamannel cu o intenţie răuvoitoare. Ei se hotărâseră să imite dansul Sfintei Mame în timpul Bhavei pentru a o batjocori.

Când au ajuns la Idamannel, Darşanul începuse deja. Mama îi primea pe toţi cei ce veniseră cu dragoste, unul câte unul. Chemând la ea pe câţiva credincioşi, i-a avertizat de intenţia tinerilor de a încerca să îi imite dansul şi le-a interzis să le facă vreun rău. După ce le-a dat instrucţiunile necesare, i-a trimis afară. După o vreme, unul dintre tineri a început să se dea în spectacol. Încerca să imite unele gesturi pe care Sfânta Mamă le făcea în timpul Bhavei Divine. Credincioşii vigilenţi l-au înconjurat pe măscărici şi au început să îl chestioneze. Nereuşind să le răspundă la întrebări, tânărul a fost brusc copleşit de frică, înţelegând ceea ce făcuse. Toţi prietenii lui au luat-o imediat la fugă, lăsându-l singur. Luând-o şi el la fugă, speriat şi confuz, a sfârşit prin a sări în apa lagunei. Credincioşii l-au scos din apă şi după ce l-au avertizat să nu mai facă niciodată aşa ceva, l-au lăsat să plece.

În această perioadă, oponenţii au lansat cel mai îndrăzneţ şi mai macabru plan de până atunci: au angajat un asasin pentru a intra în templu în timpul Bhavei lui Devi şi pentru a o omorî pe Mamă cu un cuţit. Asasinul a intrat în templu cu cuţitul ascuns în haine. Când l-a văzut, Mama i-a aruncat un zâmbet prietenos, continuând să îi primească pe credincioşi. Zâmbetul ei a avut un efect calmant asupra lui. Venindu-şi în simţiri şi realizând greşeala gravă pe care o făcuse, a căzut la picioarele Mamei şi a implorat-o să îl ierte. La ieşirea din templu, era un alt om. Observând schimbarea radicală pe care o suferise, camarazii lui ticăloşi l-au întrebat dacă fusese şi el hipnotizat de Sfânta Mamă. Însă el doar le-a zâmbit şi din acel moment a devenit un credincios înfocat al Sfintei Mame.

Era de pe acum imposibil pentru Sfânta Mamă să meargă prin sat singură fără a fi atacată verbal de către huligani. Aceştia se aşezau de o parte şi de alta a drumului şi o batjocoreau în modul cel mai vulgar cu putinţă. Îi încurajau chiar şi pe copiii satului să facă la fel. Dacă era dimineaţa devreme, se ascundeau după copaci şi în tufe şi aruncau în ea cu pietre. Aceşti indivizi neciopliţi nu s-au mulţumit să o tortureze doar pe Sfânta Mamă. Întreaga familie a căzut pradă acestui obicei deplorabil. Când vedeau vreun membru al familiei, oponenţii începeau să strige: „Uite pe Krişna! Uite pe Krişna!”

Dacă raţionaliştii nu aveau nici un alt plan mai deosebit pentru seara Darşanului, obişnuiau să intre în templu şi să facă tot felul de declaraţii false, sperând să o demaşte pe Mamă. Un om a venit aşa odată la Mamă şi i-a spus că este orb. Mama i-a pus repede în faţă un deget, ca şi cum ar fi vrut să îi scoată ochiul. Omul speriat s-a dat imediat înapoi strigând „O!". Astfel a dejucat Mama planul celui ce venise să o demaşte pe ea.

Cu o altă ocazie, un tânăr a venit la Mamă şi i-a spus că îl doare rău braţul. El se aştepta ca Mama să îl creadă şi să îi maseze braţul. În loc de asta însă, ea a rugat un *brahmacharin* aflat în apropiere să maseze braţul tânărului. În momentul în care *brahmacharinul* i-a atins braţul, omul a simţit o durere puternică exact în locul pe care îl descrisese Mamei. Copleşit de durere, i-a cerut pe loc iertare pentru comportamentul lui imatur. Fără nici o excepţie, toţi cei ce au venit să o demaşte pe Mamă, au sfârşit prin a fi ei înşişi demascaţi de către ea.

„Duşmanul de Azi este Prietenul de Mâine"

Întrucât Sugunanandan era forţat să asiste permanent la aceste acţiuni răuvoitoare şi fără sens ale raţionaliştilor, a venit un moment când a simţit că nu mai poate îndura această situaţie. Frustrat, a venit să o vadă pe Mamă într-una din nopţile în care se afla în Bhava lui Devi şi a întrebat-o: „Aşa mă răsplăteşte Dumnezeu? Oamenii mă consideră ucigaşul propriului meu fiu! Nu pot umbla prin sat fără să mi se reproşeze mereu câte ceva. Sunt într-un hal fără de hal. Devi ar trebui să-i pedepsească pe răufăcători."

Mama i-a spus: „Aşteaptă şi o să vezi. Duşmanul de astăzi este prietenul de mâine. Aşa că pe cine să pedepsesc? Cei ce ţi se opun astăzi vor veni şi-ţi vor lua de nevastă fetele mâine. Consolează-te cu gândul că tot ce se întâmplă este în conformitate cu Voinţa lui Dumnezeu. Fiul ţi-a plecat, dar mii de fii vor veni aici mâine."

Damayanti era profund îndurerată de pierderea fiului său. Sfânta Mamă i-a spus: „Nu fi tristă. În viitor, vor veni aici mulți copii din întrega lume. Iubește-i ca pe proprii tăi copii."

Deși zilele și nopțile Sfintei Mame erau dedicate alinării și ajutorării credincioșilor, ea mai găsea încă timp să servească și să ajute pe acei membri ai familiei ce treceau prin momente critice ale vieții. Deși părea o fată obișnuită la exterior, reușea să se achite onorabil de un număr enorm de responsabilități, față de miile de credincioși și față de familie, fără a devia niciodată de la calea Adevărului și a Dreptății. Atitudinea pe care o avea față de familie și modul în care avea grijă de ei, era o sursă de inspirație pentru credincioșii familiști. Mama era un exemplu perfect: ea demonstra cum se putea urma o cale spirituală rămânând credincios datoriei față de familie și rămânând în același timp pur și detașat.

Negoțul cu pește a lui Sugunanandan nu era foarte profitabil. Când Bhava lui Devi a început să aducă la Idamannel un număr mare de oameni din întreaga Indie, Sugunanandan s-a hotărât să își abandoneze afacerea. În plus, datorită opoziției sătenilor și a altor probleme care apăruseră ca urmare a Darșanului Bhavei, nu se mai putea concentra asupra afacerilor. Era forțat să își petreacă tot timpul la Idamannel. În afară de asta, încă mai avea trei fete de măritat, însă acest fapt nu părea să îl preocupe prea mult. Toți băieții erau la școală. Din când în când, cineva din familie se îmbolnăvea și necesita îngrijiri medicale.

La începutul anului 1979 Sugunanandan a trebuit să fie el însuși spitalizat și a suferit o operație. Probabil că această boală s-a datorat grijilor și stresului suferit. Spitalul se afla în Kollam, un oraș situat la treizeci și cinci de kilometri la sud de Vallickavu. Familia nu mai avea pe nimeni care să ajute la treburile gospodăriei sau care să îl viziteze și îngrijească pe Sugunanandan, întrucât toate rudele erau împotriva lor. Kasturi lucra într-un loc îndepărtat. Damayanti era imobilizată cu dureri reumatice.

Băieţii erau ori prea tineri, ori la şcoală. Toată povara a căzut pe umerii Sfintei Mame.

În timpul zilelor de Darşan, credincioşii începeau să sosească de la ora unu după-amiază. La ora patru, Mama venea şi începeau cântecele devoţionale urmate de Darşanul Bhavei care continua uneori până la ora opt sau nouă a doua zi. Mama nu se mişca de pe scaunul ei din templu până când nu era primită toată lumea. În timpul Darşanului, dădea în general instrucţiuni aspiranţilor spirituali veniţi să îi ceară sfatul. După terminarea Darşanului, Mama se îngrijea de treburile gospodăriei, aşa cum făcuse atâţia ani. Îi trezea şi îi pregătea pe cei mici pentru şcoală. După ce termina toată treaba, mergea să îl viziteze pe Sugunanandan în Kollam cu mâncare şi toate cele de trebuinţă unui bolnav. Ea a fost cea care l-a îngrijit cu dragoste şi devotament pe toată perioada bolii.

Spitalizarea lui Sugunanandan a constituit o ocazie grozavă pentru raţionalişti. De câte ori Mama traversa satul în drum spre Kollam, aruncau cu pietre în ea şi strigau: „Krişna, Krişna..." în batjocoră. Ea îndura în tăcere acest comportament greşit, gândindu-se: „Cel puţin în felul ăsta repetă Numele Domnului." Odată, unul dintre ei a încercat chiar să pună mâna pe Mamă (intenţionând să o dezonoreze în acest fel), dar pe când se grăbea să o apuce, a alunecat şi a căzut în şanţul de la marginea drumului.

Treptat, Sugunanandan şi-a recăpătat sănătatea. Dar nu după multă vreme a necesitat spitalizare Damayanti, urmată la puţină vreme de Sureş. În toată această perioadă, cea care s-a ocupat de treburile gospodăriei şi a îngrijit pe membrii spitalizaţi ai familiei a fost Sfânta Mamă.

Atmosfera familială era dominată de haos şi confuzie dar în ciuda tuturor acestor circumstanţe, Mama a rămas mereu calmă şi plină de compasiune, un sprijin ferm pentru toţi. Încercaţi să vă imaginaţi situaţia. Scandalul creat de sinuciderea lui

Subhagan, refuzul rudelor de a avea de-a face cu familia, opoziția raționaliștilor, mii de credincioși ce veneau pentru Darșanul Bhavei și trei fete nemăritate în casă! Nu este de mirare că nimeni nu se grăbea să se alieze prin mariaj cu această familie! Dacă cineva venea cu o cerere în căsătorie dintr-un loc îndepărtat, până să ajungă la Idamannel, dădea peste cel puțin un sătean care îl făcea să se răzgândească. Așa au fost puși pe fugă câțiva potențiali miri.

Sugunanandan a abordat-o pe Sfânta Mamă și i-a spus: „Din cauza Darșanului Bhavei mi-am pierdut onoarea. Nu pot nici măcar să-mi arăt fața în sat. Sătenii și rudele mă urăsc și nu-mi pot mărita fetele. Ce să mă fac?"

Sfânta Mamă i-a răspuns: „Darșanul Bhavei nu este cauza lipsei tale de noroc. Totul se petrece în conformitate cu Voia Divină. Totul se va întâmpla la momentul potrivit. Nu îți fă griji." Dar de astă dată Sugunanandan nu s-a lăsat consolat așa de ușor și a strigat furios: „O să iau otravă și o să mor!" Auzind acestea, Mama și-a întors privirea spre un portret al lui Devi și a rostit cu ochii plini de lacrimi: „O, Mamă milostivă, oare nu aduc decât supărare acestor oameni?"

Ca urmare a presiunilor exercitate de Sugananadan, Mama s-a hotărât în câteva rânduri să părăsească Idamannelul, începând chiar să facă pregătirile necesare. Dar de fiecare dată încercarea de a pleca era împiedicată în mod misterios. Sugunanandan a mers încă o dată la Mamă pentru a-și exprima îngrijorarea. Ea i-a spus din nou: „Nu-ți fă griji! Fiicele tale se vor mărita în curând."

Cuvintele Mamei s-au adeverit în mai puțin de o lună. Sugunanandan a primit o cerere în căsătorie de la cea mai neașteptată familie. Acestă familie se împotrivise cu înverșunare Sfintei Mame iar mirele era unul dintre conducătorii mișcării raționaliste. În mod ironic, acum că data nunții fusese stabilită, Sugunanandan s-a făcut nevăzut. Întreaga responsabilitate pentru pregătirile de nuntă a căzut în sarcina Mamei! Dar cum ea se afla în permanență într-o stare de calm absolut, aceasta nu a reuşit să-i zdruncine capacitatea de iniţiativă şi eficienţa. Nunta a fost un mare succes, în ciuda faptului că Sugunanandan nu se implicase deloc în pregătiri ci stătuse de o parte observând totul de la o mare distanţă.

Aşa s-au adeverit cuvintele Mamei: „Duşmanul de azi este prietenul de mâine", şi la fel s-a întâmplat şi cu nunţile celorlalte fete.

Există o zicală în Malayalam: „Iasomia ce înfloreşte în faţa propriei case nu are parfum." Aceasta vrea să zică că o persoană care devine faimoasă datorită unor merite reale, nu va fi niciodată recunoscută ca atare în propria comunitate. Multe suflete mari au suferit conform acestei zicale. Sfânta Mamă a spus în legătură cu asta: „Să zicem că cineva ascultă un cântec frumos la radio şi se bucură de melodia lui plăcută. În acest moment un prieten bun intră în cameră şi zice: 'Ştii cine cântă cântecul ăsta? E vecinul nostru, Şankar'. Imediat, cel ce până în urmă cu câteva momente savura cântecul, închide radioul şi zice: 'Păi ce, ăsta-i cântăreţ? E groaznic!' Copii, aceasta e atitudinea oamenilor. E dificil pentru ei să accepte o persoană pe care o cunosc dintotdeauna şi cu care obişnuiau să frecventeze aceleaşi cercuri." Acesta a fost şi cazul Sfintei Mame.

Circumstanţele în care trăia Mama nu erau deloc uşoare. Această fată tânără de pescar nu era sprijinită de nimeni. Datorită faptului că cei credincioşi veneau din zone diferite ale ţării, nu puteau face nimic împotriva sătenilor ignoranţi şi inculţi care o hărţuiau pe Sfânta Mamă. În plus, mare parte a credincioşilor credea că Mama era posedată de Krişna şi Devi în timpul Darşanului Bhavei. Nu percepeau nimic din profunzimea şi plenitudinea stării ei interioare, starea unei fiinţe aflate în comuniune totală cu Absolutul. Şi nu doar atât. Mare parte dintre credincioşii ce veneau în acele zile veneau pentru a obţine beneficii materiale şi nu pentru a progresa spiritual. Dacă dorinţa le era îndeplinită, se întorceau doar când își făcea apariția o altă dorință. Dacă dorința nu le era îndeplinită, nu se mai întorceau niciodată și devoțiunea lor pentru Mamă înceta imediat. Mama nu poseda nici măcar un centimetru pătrat de pământ și nu avea nici măcar o rupie[11] la dispoziție. Propriile ei rude refuzau să o ajute și i se opuneau din răsputeri. Membrii propriei ei familii se împotriveau dorințelor ei și nu au ajutat-o sau încurajat-o niciodată în nici un fel.

Odată, un credincios a întrebat-o pe Mamă despre imensitatea încercărilor și a suferințelor cu care s-a confruntat, atât în timpul zilelor de sadhana cât și ulterior. El se întreba cum va putea atinge aceeași stare de conștiință pe care o atinsese Mama dacă trebuia să treacă prin atâtea suferințe pe care se îndoia că le-ar putea suporta. Mama s-a grăbit să precizeze că viața ei era doar o dovadă a faptului că este posibil să atingi această stare chiar și în cele mai potrivnice circumstanțe.

Va fi extrem de interesant pentru cititori să afle cum a reușit Mama să pună temeliile unui așram în ciuda tuturor acestor piedici. Acesta va fi conținutul următorului capitol.

---

[11] Moneda indiană.

Capitolul 10

Mama Beatitudinii Eterne

„Nu uitați niciodată că Mama este omniprezentă. Aveți credința că Sinele Mamei este una cu Sinele vostru. Copii, Mama care v-a dat naștere are grijă de lucruri ce au de-a face cu această viață. În zilele noastre chiar și ăsta e un lucru rar întâlnit. Dar țelul Mamei este de a vă îndruma într-un asemenea fel, încât să vă puteți bucura de fericire în toate viețile voastre viitoare."

Mata Amritanandamayi

Trailōkya sphuta vaktāro
devādyasura pannagāha
guruvaktra sthitā vidyā
gurubhaktyā tu labhyatye

Înțelepciunea Gurului, nici chiar
zeii lumilor celor mai înalte nu ne-o pot da.
Cunoașterea pe care o posedă Gurul se revelează celui
Ce își servește Gurul cu iubirea cea mai curată.

Gita Gurului, vers 22

Un Grup de Tineri

„Copii, răcoarea brizei, razele lunii, imensitatea spațiului și toate lucrurile din această lume - toate sunt impregnate de Conștiința Divină. Cunoașterea și experiența acestui Adevăr constituie scopul vieții omului. În această epocă întunecată, un grup de tineri, renunțând la tot și toate, se va împrăștia în lume pentru a răspândi lumina spirituală pe întreg pământul."

Mata Amritanandamayi

În 1976, un băiat de douăzeci de ani numit Unnikrișnan din satul Alappad a venit să o întâlnească pe Sfânta Mamă. Era mai mult un hoinar. Deși avea casă și familie, nu le vizita decât arareori. După întâlnirea cu Sfânta Mamă, a simțit o dorință profundă de a duce o viață spirituală. Sfânta Mamă și-a dat seama de acest lucru și, un an mai târziu, i-a încredințat sarcina ritualurilor zilnice din templu, permițându-i să rămână în prezența ei la Idamannel.

Aici îşi petrecea zilele în micul altar, ocupându-se de ritualurile zilnice şi de recitarea textului Şri Lalita Sahasranamam[1], conform instrucţiunilor Mamei. Făcea deasemenea şi alte practici spirituale, citea texte scripturale şi scria poezii devoţionale. Noaptea, dormea pe jos pe veranda templului, întins pe un prosop subţire ce-i servea de saltea. Era atât de liniştit şi de tăcut încât nici unul dintre vizitatori nu ştia că locuieşte acolo. El a fost primul rezident al viitorului aşram. Spre sfârşitul anului 1978, când un grup de tineri cu educaţie ce renunţaseră la casă şi la viaţa în lume s-a refugiat la picioarele Sfintei Mame, nucleul viitorului aşram a crescut semnificativ. Singurul ţel al acestor tineri era de a Realiza Sinele Suprem şi de a servi umanitatea. Atraşi de personalitatea magnetică şi de iubirea atotcuprinzătoare a Mamei Sfinte, aceşti tineri s-au simţit inspiraţi să ducă o viaţă spirituală în ciuda numeroaselor piedici cu care au trebuit să se confrunte. Mulţi dintre ei veneau din oraşul Haripad[2] şi proveneau din familii de rang înalt. După ce au întâlnit-o pe Sfânta Mamă au căpătat certitudinea că drumul pe care îl indica Mama era drumul către cel mai înalt ţel la care puteau aspira în această viaţă.

În decurs de o lună, Balagopal (Balu, astăzi Swami Amritaswarupananda), Şrikumar (Swami Purnamritananda), Rameş Rao (Swami Amritatmananda), Venugopal (Swami Pranavamritananda), Ramakrişnan (Swami Ramakrişnananda) au venit să o întâlnească pe Sfânta Mamă şi au rugat-o cu umilinţă să îi îndrume spre ţelul pe care şi-l aleseseră. Însă Sugunanandan nu le-a permis să stea permanent lângă Sfânta Mamă. Principalul lui motiv era că în casă locuiau trei fete nemăritate. Aceşti tineri aspiranţi erau încă la colegiu sau deţineau diverse slujbe, cu excepţia lui Balu, care tocmai terminase colegiul. Ei veneau să

---

[1] Mantră sacră ce constă din cele o mie nume ale Mamei Divine.
[2] Aşezare aflată la 20 de kilometri nord de Vallickavu.

o vadă pe Mamă în fiecare zi, sau o dată la două zile, în timp ce continuau să se achite de obligațiile pe care le aveau în lume.

În majoritatea cazurilor, transformarea lor subită din tineri iubitori de viața lumească în căutători ai Adevărului, a creat derută și haos în familie și printre prieteni. În opinia părinților, Sfânta Mamă le hipnotizase fiii folosind vrăjitorii de cel mai înalt nivel. Mereu pregătiți să o persecute pe Sfânta Mamă, raționaliștii le-au devenit reprezentanți. Ei au început să scornească povești senzaționale și să le difuzeze în masă, pentru a provoca o reacție publică împotriva Sfintei Mame.

Când au văzut aceste povești apărute în ziar, credincioșii și tinerii s-au tulburat. Când Mama a aflat că se simțeau tulburați, a izbucnit în râs și le-a spus: „Noi nu suntem acele litere și cuvinte tipărite pe o bucată de hârtie. Continuați-vă practicile spirituale fără a vă mai pierde vremea cu asemenea lucruri. Cei ce se opun astăzi, mâine îmi vor deveni devotați.” Cu trecerea timpului, această declarație a Sfintei Mame s-a dovedit a fi perfect adevărată.

În Noiembrie a acelui an, un student a venit la Idamannel să o întâlnească pe Sfânta Mamă. Chiar de la această primă vizită, s-a produs în el o mare transformare și a început să vină să o vadă pe Mamă în mod regulat. Cu timpul, s-a născut în el dorința arzătoare de a renunța la viața lumească și a rugat-o pe Sfânta Mamă să îi spună unde ar putea sta pentru a face practici spirituale intense, întrucât în acea vreme Sugunanandan obișnuia să alunge pe toți bărbații tineri ce încercau să rămână în prezența Sfintei Mame. Într-o seară a fost ocărât de Sugunanandan care i-a poruncit să părăsească Idamannelul. Profund îndurerat, el a rugat-o pe Mamă să îi sugereze un loc unde și-ar putea continua practicile spirituale. Ea l-a îndrumat spre Tiruvannamalai, sălașul marelui înțelept Ramana Maharși, și l-a sfătuit să facă un jură-mânt de tăcere pentru patruzeci și una de zile.

Înainte de a pleca, el a întrebat-o: „Mamă, dacă Sugunanandan continuă să se poarte aşa cu cei ce vin să te vadă, cum va deveni vreodată acest loc un aşram? Te tratează rău şi pe tine şi pe toţi cei ce vor să fie cu tine. Mamă, tu te confrunţi în aceste zile cu mari greutăţi. Nu suport să te văd suferind aşa. Nu există chiar nimeni care să aibă grijă de tine şi să se asigure că ai tot ce-ţi trebuie?"

Mama l-a consolat cu următoarele cuvinte: „Nu-ţi fă griji. Totul se va aranja după ce vii de la Tiruvannamalai. În acel loc vei găsi oameni care vor avea grijă de Mamă şi de viitorul aşram. Acolo stau copii din alte ţări care aşteaptă cu nerăbdare să o întâlnească pe Mamă. Nu mai e mult până când Sugunanandan te va întâmpina cu toată dragostea şi afecţiunea."

Înainte de a pleca, tânărul i-a cerut Mamei un ceas pentru a-şi putea urma rutina zilnică şi un rozariu făcut din boabe de rudrakşa[3] pentru a-şi repeta mantra. Sfânta Mamă i-a spus: „Nu trebuie să-mi ceri asemenea lucruri şi nici măcar nu te gândi la ele. Un aspirant spiritual adevărat nu se va mişca niciodată din loc. Tot ceea ce îi este necesar, e menit să vină la el. Uită-te la păianjen şi piton. Ei nu merg niciodată în căutarea prăzii. Păianjenul stă liniştit în plasa lui şi insectele vin singure şi se prind în ea. Este datoria lui Dumnezeu să aibă grijă de cei ce-i sunt credincioşi. Abandonează totul la picioarele Lui, mergi la Arunachala şi toate cele ce-ţi sunt de trebuinţă vor veni de la sine."

Ducând cu el în inimă imaginea Mamei şi amintirea iubirii ei nemărginite, tânărul a pornit spre Tiruvannamalai, fără alţi bani de drum decât cei dăruiţi de un prieten apropiat. Ajungând la sălaşul Domnului Şiva, a petrecut câteva zile într-o peşteră de pe muntele sacru Arunachala. Primele două zile a supravieţuit doar cu apă şi frunze. A treia zi, pe seară, a leşinat din pricina

---

[3] Sămânţa copacului cu acelaşi nume, de culoare maro închis, binecunoscută pentru efectele ei benefice, atât fizice cât şi spirituale.

foamei, dar nu înainte de a striga cu voce tare: 'Amma!' Ceea ce s-a petrecut ulterior a fost descris într-o scrisoare adresată Mamei: „Era aproape ora cinci după-amiză când am leșinat din cauza foamei. Zăceam pe munte într-o stare semiconștientă când am auzit vocea Mamei strigându-mă: 'Fiul meu!' Am simțit cum cineva îmi mângâie blând fruntea. Când am deschis ochii am văzut pe Mamă stând în picioare în fața mea în hainele ei albe. La vederea ei am simțit o bucurie de nedescris!"

După ce Sfânta Mamă a primit scrisoarea aceasta, credincioșii au înțeles că acesta fusese momentul în care, la Vallickavu, Sfânta Mamă strigase pe neașteptate: „O, fiul meu!" și întorcându-se către un credincios ce se afla lângă ea îi spusese: „Fiul meu e în Tiruvannamalai. Nu a mâncat nimic de trei zile și acum mă strigă și vrea să mă vadă!" După acest incident, tânărul nu a mai avut nici o problemă cu procurarea hranei necesare.

În absența unui loc adecvat pentru practicile spirituale, tânărul își petrecea zilele pe munte iar nopțile dormea la poala muntelui. Când a coborât de pe munte pentru prima oară, prima persoană pe care a întâlnit-o a fost Gayatri, originară din Australia. Câteva zile mai târziu l-a întâlnit pe Madhusudhana[4] din Insula Reunion, ai cărui strămoși erau imigranți din India. Cei trei au simțit că îi leagă un fir de iubire divină. Amintindu-și cuvintele Sfintei Mame, a avut un sentiment puternic că amândoi erau copiii ei. A început să le vorbească despre Sfânta Mamă și le-a arătat o mică poză a ei. Gayatri a fost imediat cucerită de ochii strălucitori ai Mamei și de beatitudinea pe care o emana.

Deși Gayatri încerca să mediteze regulat, nu era mulțumită de progresul spiritual pe care îl făcea. După ce a văzut poza Mamei și a auzit vorbindu-se despre compasiunea și iubirea ei altruistă, Gayatri a avut prima ei experiență spirituală. Cu propriile ei cuvinte: „Am văzut un fulger de lumină în interiorul meu și în el

---

[4] Cunoscut în prezent ca Prematma Chaitanya.

am putut discerne forma vie a Mamei. Deodată, un strigăt izbucni în mine: 'Amma! Amma! Amma!' Apoi toate gândurile mi s-au domolit şi mintea s-a cufundat în tăcere. Când am deschis ochii şi m-am uitat la ceas, mi-am dat seama că trecuseră douăzeci de minute. Nu fusesem conştientă nici de trecerea timpului, nici de nimic altceva."

Madhu, dornic să împărtăşească şi cu alţii bucuria simţită când aflase despre existenţa Sfintei Mame, l-a prezentat pe tânăr unui credincios din America pe nume Nealu, care avea o fire contemplativă. Îndrumătorul lui spiritual, care era un discipol direct al lui Şri Ramana Maharşi, murise cu patru ani în urmă. Nealu trăise şi îşi servise îndrumătorul în Tiruvannamalai vreme de unsprezece ani. În acest moment era bolnav la pat, suferind de dureri acute de stomac şi spate. Nu putea să şadă sau să se mişte din loc decât cu mare greutate şi doar pentru câteva momente. Doctorii nu aveau nici cea mai mică idee despre cauza bolii sau ce tratament ar trebui să urmeze.

Aflând despre problemele legate de găsirea unui loc de meditaţie adecvat, Nealu a oferit tânărului căsuţa răposatului său maestru. Băiatul i-a povestit despre Sfânta Mamă dar iniţial Nealu nu a fost deloc interesat. Văzuse deja mulţi sfinţi renumiţi şi îşi dorea doar să se vindece pentru a-şi putea continua sadhana. Cu această dorinţă în minte, l-a rugat să îl ducă să o întâlnească pe Sfânta Mamă după terminarea jurământului de tăcere. Apoi Nealu i-a dat tânărului sadhak (aspirant spiritual) un ceas şi un rozariu de rudrakşa, gândindu-se că aceste două lucruri i-ar putea fi de ajutor în sadhană. Amintindu-şi cuvintele Mamei că toate vor veni la el fără ca el să caute sau să ceară nimic, băiatul s-a simţit copleşit de emoţie şi a început cele patruzeci şi una de zile de tăcere cu entuziasm.

Într-o zi, pe când mergea în jurul Arunachalei, a observat un occidental ce cânta versuri în dialectul Tamil, făcând ocolul colinei însoțit de un grup de oameni. Era ziua aniversării lui Șri Ramana Maharși. Când l-a privit pe tânăr, acesta i-a aruncat și el o privire, plină de mândrie. Tânărul sadhak s-a gândit: „Deși e mândru, și acesta pare a fi un fiu al Mamei." Acesta era de fapt un credincios din Franța numit Ganga, care ulterior a venit să stea cu Sfânta Mamă.

După cele patruzeci și una de zile de tăcere, tânărul credincios și Nealu s-au îndreptat spre Vallickavu. Prima întâlnire a lui Nealu cu Mama a fost extrem de semnificativă[5]. Iată ce spune el: „Primele patru zile petrecute acolo, am simțit că sunt în rai, așa de mare era fericirea pe care o simțeam în prezența Mamei! Într-o seară, la sfârșitul Bhavei lui Devi, Mama stătea în picioare la ușa templului iar eu stăteam afară privind-o cu mâinile împreunate. Simțeam că mă topesc de fericire. În acel moment, am văzut cum forma ei fizică dispare într-o lumină strălucitoare ce s-a răspândit în jurul nostru și a înghițit tot ce se vedea. Apoi, acea lumină în expansiune s-a contractat într-un punct minuscul strălucitor de lumină orbitoare, pe care am simțit-o intrând în mine. După această experiență nu am putut dormi vreme de trei zile, din cauza beției spirituale pe care o resimțeam. După aceasta, zi si noapte, nu m-am mai putut gândi la altceva decât la Sfânta Mamă. Am decis să rămân lângă ea până la sfârșitul zilelor mele pentru a o servi și pentru a fi îndrumat de ea."

Nealu s-a întors la Tiruvannamalai cu băiatul pentru a-și încheia treburile acolo și s-a înapoiat la Vallickavu cu Gayatri ce își dorea din tot sufletul să o servească pe Sfânta Mamă. Fapt extrem de ciudat însă, Sugunanandan i-a primit pe toți ca și cum ar fi fost proprii lui copii. Pentru prima oară în trei ani, Nealu s-a simțit mai bine și a început să se miște, făcând treburi mărunte.

---

[5] O descriere detaliată poate fi găsită în cartea lui Nealu, „Pe Drumul spre Libertate„, de Neal Rosner, M.A. Mission Trust, India.

Când Nealu s-a întors de la Tiruvannamalai, i-a spus Sfintei Mame: „Nu vreau să plec de aici. Vreau să stau cu tine pentru totdeauna și să fiu servitorul tău umil." Mama i-a spus: „Fiule, nu am nici măcar un centimetru de pământ al meu. Întrabă-l pe tată. Oricum, avem nevoie de un loc unde să dormim."

Spre surpriza tuturor, Sugunanandan s-a învoit să doneze o mică bucată de pământ pe care era construită o colibă modestă din frunze împletite de palmier de nouă pe optsprezece picioare. Un colț era folosit ca bucătărie pentru prepararea de băuturi pentru Sfânta Mamă, dar mesele zilnice erau încă pregătite în casa principală. Această colibă servea de adăpost Mamei împreună cu Nealu, Balu și Gayatri. Ea a marcat începutul neoficial al așramului.

După prima lui întâlnire cu Sfânta Mamă, Balu a părăsit casa părintească și a început să petreacă cea mai mare parte a timpului cu ea. Spre marele lui noroc, Sugunanandan i-a permis să se stabilească la Idamannel. Când Nealu a venit de la Tiruvannamalai să se stabilească la Idamannel, s-a stabilit și Balu aici.

După sosirea lui Nealu și Gayatri, au venit și Ganga și Madhu pentru a se stabili la picioarele Sfintei Mame. Deși au oferit tot ce dețineau Sfintei Mame cu toată devoțiunea, ea nu a vrut să accepte, spunându-le: „Purificați-vă caracterul și atingeți perfecțiunea spirituală, aceasta va fi averea mea. Când cineva devine conștient de Esența ce sălășluiește în interiorul său, o poate percepe în tot și în toate. Întreaga lume îi aparține."

Într-o noapte, un vecin l-a sculat din somn pe Ganga pentru a împrumuta o lanternă. Fiica lui suferise un atac de astm sever și trebuia transportată de urgență la spital pe întuneric. A doua zi dimineață, pe când Ganga relata incidentul Mamei, a menționat că i-ar fi plăcut să-l strângă de gât pe omul care îi tulburase astfel somnul. Certându-l cu asprime, Mama i-a spus: „Ce fel de aspirant spiritual ești tu? Cu ce te-ai ales din practicile spirituale pe care le-ai făcut vreme de atâția ani înainte de a veni aici? Ăsta este rodul acestor practici? Ca unul aflat pe Calea Cunoașterii după cum crezi că te afli, ar trebui să vezi totul ca pe propriul tău Sine. Dacă așa stau lucrurile, cum de te-ai putut înfuria pe omul acela? Dacă ți-ar intra în picior un spin ascuțit, nu te-ar durea, nu ți-ai dori să-l scoți cât mai repede? Imaginează-ți cât de nerăbdător era omul acela să aline suferința fiicei lui. Ar trebui să resimți durerea și suferința tuturor ființelor ca și cum ar fi propria ta durere. Doar atunci îți va deveni mintea precum cerul vast, suficient de încăpătoare pentru a cuprinde în ea tot ceea ce există. Pentru a deveni astfel, mintea ar trebui să-ți fie inocentă, precum cea a unui copil, iar aceasta este posibil doar prin devoțiune curată pentru Dumnezeu."

Ganga a replicat batjocoritor: „Devoțiunea nu este deloc satisfăcătoare din punct de vedere intelectual. Cei ce aleg Calea Devoțiunii suferă de o anumită slăbiciune. Ce-i cu toate aceste manifestări emoționale gen plâns și cântat? Nu pot face asta. Șri Ramana nu a recomandat niciodată Calea Devoțiunii. Recomanda doar Calea Cunoașterii credincioșilor ce veneau la el. Personal, prefer Calea Cunoașterii pentru că este plăcută intelectului. Este mai convingătoare." Aceasta era părerea lui Ganga despre devoțiune când a venit inițial la Mamă.

Mama i-a răspuns zâmbind:

„Am văzut rodul Căii Cunoașterii acum câteva clipe. Dacă acesta este rezultatul practicilor spirituale ale acestei căi, nu trebuie să te mai obosești să trăiești o viață de renunțare și sacrificiu de sine. Poți foarte bine să te desfătezi cu toate plăcerile simțurilor! Ai citit toate scrierile lui Șri Ramana și pe cele despre el? Dacă nu, atunci a venit vremea să o faci, pentru că are foarte multe lucrări pline de devoțiune. De fapt, el însuși era întruparea devoțiunii pentru Domnul Arunachalei. Simpla pomenire a Acelui Nume îi aducea în ochi lacrimi de Iubire Divină. Devoțiunea nu este un semn de slăbiciune mentală precum crezi. Este cea mai mare realizare pe care o poate avea un om: a percepe pe Dumnezeu în absolut tot ce există; este dragoste curată pentru Existenţa Pură. Fiule, ar trebui să cultivi în suflet iubire."

Fără a fi convins de cuvintele Mamei, Ganga a plecat la Tiruvannamalai. Spre surpriza lui, aici a dat peste una dintre lucrările devoţionale ale lui Şri Ramana. Amintindu-şi cuvintele Mamei, a fost cuprins de un sentiment copleşitor de iubire şi a început să plângă. El s-a rugat Mamei să îl cheme înapoi. La puţin timp după aceea, fiind perfect conştientă de ce simţea, Mama i-a trimis o scrisoare în care îl ruga să se întoarcă. Realizând dincolo de orice îndoială măreţia fără egal a Mamei, s-a abandonat la picioarele ei cu toată umilinţa.

Madhu întâlnise mulţi sfinţi înainte de a veni la Sfânta Mamă, dar când a văzut-o pentru prima oară, a simţit că se afla la sfârşitul căutărilor. Dedicându-se Mamei trup şi suflet, Madhu a început să adune toate comentariile pe marginea Gitei Şrimad Bhagavad şi să le traducă în franceză, pentru beneficiul spiritual al credincioşilor francezi. Inspirat de Sfânta Mamă, el i-a făcut cunoscută misiunea spirituală în insula sa natală, Reunion, unde a construit un frumos aşram dedicat ei. Cu binecuvântarea Sfintei Mame, el a avut un rol decisiv în iniţierea multor oameni în viaţa spirituală.

În acele zile, Sfânta Mamă îşi petrecea marea majoritate a nopţilor sub cerul liber. De aceea, toţi preferau să doarmă pe nisipul de sub palmieri. Chiar dacă Sfânta Mamă se întâmpla să se odihnească în colibă, se ridica de acolo în miez de noapte şi ieşea afară, pentru a se culca pe nisip. Este un fapt incontestabil că Sfânta Mamă mânca puţin, dormea puţin şi dăruia tot timpul ei liber celorlalţi. Chiar şi după ce şedea în templu trei nopţi pe săptămână, primind continuu pe credincioşi, îşi găsea răgaz în timpul zilei pentru a vorbi cu credincioşii şi pentru a da instrucţiuni aspiranţilor spirituali ce veneau să-i ceară sfatul.

Iniţial, Nealu şi Gayatri au avut mari probleme cu limba vorbită în Kerala, Malayalam. Ei cereau mereu ajutorul lui Balu pentru a comunica cu Sfânta Mamă, dar în puţină vreme au început să deprindă limba Mamei. În această perioadă, Balu a avut marele noroc de a o servi personal pe Sfânta Mamă, întrucât nimeni altcineva nu o putea face.

Într-o zi, Sugunanandan a declarat cu grosolănie că nu este dispus să hrănească pe 'saipus', adică pe străini. După aceasta, Gayatri a început să facă de mâncare pentru Sfânta Mamă, Balu, Nealu şi pentru ea, în colibă. Mama nu mânca aproape nimic. Uneori, ca urmare a insistenţelor lui Balu şi Nealu mânca un pic, mai mult de dragul aparenţelor.

Într-o zi, Nealu a continuat să insiste ca Mama să mănânce. Într-un final, Mama a spus: „Da, voi mânca. Adu-mi ceva." Imediat, Nealu a venit cu o farfurie de mâncare pentru Mamă. În mod ciudat, Mama a terminat totul cât ai clipi din ochi. Nealu a mai servit-o o porţie. Şi aceasta a fost terminată rapid. Mama s-a uitat la Nealu fără să se mişte din loc, părând că aşteaptă ceva. I s-a adus şi mai multă mâncare. Mama mânca şi mânca dar oricât mânca nu părea sătulă. Nealu şi ceilalţi se priveau unii pe alţii nevenindu-le să-şi creadă ochilor. S-au dus şi au adus şi mai multă mâncare, de la magazinul alăturat. Mama a mâncat-o rapid şi pe asta. Epuizat, Nealu se făcuse alb la faţă! De atunci încolo nu a mai insistat niciodată ca Mama să mănânce!

În această perioadă, au apărut din nou conflicte în familie. Doar două luni trecuseră de la nunta lui Sugunamma şi Sugunanadan se grăbi să aranjeze şi nunţile celorlalte două fete. Fără a se sfătui cu nimeni, a aranjat şi căsătoria fetei celei mai mari, Kasturi. Chiar şi Sfânta Mama a fost anunţată doar după ce Sugunanandan a transmis consimţământul familiei mirelui.

Dar cum să faci nunta fără bani? Asta era problema. Sugunanandan nu mai avea nici o sursă de venit şi nici templul nu avea bani. După cum îi era obiceiul, Sugunanandan s-a făcut nevăzut. Mama nu s-a tulburat dar Balu s-a întristat şi a întrebat-o: „Mamă, care e planul? Cum să facem nunta?" Nealu a intervenit: „Mamă, o să dau tot ce am. Este datoria discipolului să aibă grijă de toate nevoile Gurului şi să îi îndeplinească responsabilităţile; nimic din ce am nu-mi aparţine; tot ce posed aparţine Mamei. De aceea, te rog să foloseşti banii de care dispun pentru nunta lui Kasturi." Sfânta Mamă a replicat: „După căsătorie, fetele vor duce o viaţă laică. Banii de care dispui tu sunt meniţi pentru spiritualitate şi trebuie folosiţi doar pentru un scop spiritual. Dacă sunt daţi oamenilor obişnuiţi, le vor face rău, nu bine. Iar asta ne va afecta pe noi şi calea noastră. Dumnezeu l-a făcut pe tată să aranjeze căsătoria, Dumnezeu va avea grijă de ea. Noi nu trebuie să ne facem griji din această cauză. Dacă Sugunanandan nu îşi face griji, de ce ne-am face noi? Copii, noi nu trebuie să ne facem probleme din asta."

Fără să spună nici un cuvânt, Mama a început să pregătească cele necesare nunţii, în timp ce Sugunanandan privea totul de la distanţă. Văzând acestea, Balu s-a simţit extrem de îndurerat şi i-a spus Mamei: „O să îmi aduc moştenirea." Sfânta Mamă s-a opus categoric. Apoi Balu a scris câtorva credincioşi mai apropiaţi solicitând sprijin financiar. Când Mama a aflat despre asta, l-a mustrat pentru ce făcuse spunându-i: „Fiule, să încercăm să rezolvăm cu calm această situaţie. Nu avem de ce să ne agităm."

În final, totul a fost gata, mai puţin un mic detaliu: cinci mii de rupii. Această sumă era absolut necesară pentru a achita toate cheltuielile nunţii. După câteva zile, a sosit un cec pentru cinci mii de rupii de la un donator anonim din Madras, care tocmai auzise despre Sfânta Mamă. Astfel a avut loc nunta lui Kasturi la mijlocul lui septembrie 1980.

La nici trei luni de la acest eveniment, Sugunanandan a aranjat căsătoria lui Sajani. Odată aranjată, a dispărut din nou, lăsând partea dificilă pe seama Mamei, pe umerii căreia au căzut din nou responsabilitățile găsirii de bani pentru zestre, pentru cheltuielile ceremoniei și pentru bijuteriile de aur ale miresei.

De acum Balu nu mai era trist, ci extrem de mânios! Mama era și ea nemulțumită de lipsa de discernământ a lui Sugunanandan. Deși supărată, Mama a rămas netulburată și și-a îndeplinit sarcinile cu conștiinciozitate. Familia mirelui a cerut și mai mult aur. Ca de obicei, banii au rămas un mare semn de întrebare. Sfânta Mamă ținea cu tot dinadinsul ca nici un ban să nu fie cheltuit dintre cei puși la o parte pentru scopuri spirituale și nu era de acord nici cu împrumutul banilor. Ce era de făcut?

În acest moment, în urma unor neînțelegeri cu soțul ei, Kasturi s-a întors la Idamannel. Aflând despre problema bijuteriilor de aur, a spus: „Momentan puteți folosi bijuteriile mele de aur pentru ceremonia lui Sajani. Puteți să mi le înapoiați mai târziu." Acum totul era aranjat, cu excepția unui colier și a unui inel, care încă lipseau cu două zile înaintea ceremoniei. Dar Mama era la fel de calmă și de detașată ca întotdeauna. În dimineața următoare, când Darșanul se terminase, pe când curăța templul, Gayatri a observat un mic pachețel în mijlocul ofrandelor aduse. L-a deschis și a fost mirată să vadă în el un colier și un inel care erau exact ceea ce trebuia pentru nuntă! Chiar și stilul ornamentelor era același cu cel ce fusese ales cu o lună în urmă! De ce altă dovadă mai era nevoie pentru ca arăta ca Pronia Cerească le aranjează pe toate?

Dar dificultățile nu s-au sfârșit aici. Unii dintre credincioșii locali s-au plâns lui Sugunanandan că aranjase această căsătorie cu cei care îi fuseseră mai înainte dușmani. Oare fiii credincioșilor și ai doritorilor de bine nu erau suficient de buni pentru el? Unii tineri care fuseseră prieteni apropiați ai lui Subhagan doriseră să se însoare cu fiicele lui Sugunanandan. Acum și ei s-au întors împotriva lui. Astfel, când duşmanii au devenit rude, prietenii au devenit duşmani. Ei au venit să ceară socoteală lui Sugunanandan şi s-au înţeles între ei să încerce să împiedice nunta lui Sajani. Sperând să saboteze nunta, au început să răspândească poveşti scandaloase asigurându-se că ele au ajuns la urechile mirelui. Chiar şi în ziua dinaintea căsătoriei, toţi se îndoiau că ea va fi dusă la capăt. În ziua nunţii, Sfânta Mamă i-a dus pe brahmachari la casa vecinilor. La fel procedase şi în cazul celorlalte două nunţi. Aceasta era pentru binele brahmacharilor care nu trebuiau să ia parte la asemenea ceremonii.

Mama a explicat: „Un aspirant n-ar trebui să ia parte la ceremonii de căsătorie sau la înmormântări. La nunţi, toţi se gândesc la căsătorie care duce la ataşament iar la înmormântări, durerea se trage din cauza pierderii unei fiinţe sortite morţii. În ambele cazuri, participanţii se concentrează asupra unor lucruri efemere şi aceste vibraţii mentale dăunează aspirantului. Vibraţiile profane vor intra în subconştient iar aspirantul va începe să îşi dorească lucruri îndepărtate de Realitate."

Toate cele trei fete ale lui Sugunanandan erau acum măritate şi astfel a dispărut principalul impediment în calea instalării brahmacharilor la Idamannel. Şi nu doar atât. Raţionaliştii şi oponenţii au început să se retragă unul câte unul, admiţând înfrângerea lor definitivă. Unii dintre ei au înţeles că acţiunile lor iraţionale erau total lipsite de sens şi au părăsit pentru totdeauna organizaţia. Membrii care au rămas au început să se lupte între ei şi astfel „Comitetul pentru desfiinţarea credinţei oarbe" a fost complet dizolvat. Cei care au venit să lupte împotriva Adevărului şi Dreptăţii au devenit instrumentele propriei lor distrugeri. Aceste schimbări au marcat începutul unei noi faze a serviciului spiritual a Sfintei Mame, închinat ajutorării umanităţii aflate în suferinţă.

Atitudinea Mamei cu privire la greutățile și încercările la care a fost supusă de către rude și oponenți de-a lungul anilor este deosebită. Într-o zi a menționat:

„Ei au vorbit și s-au comportat așa datorită concepțiilor lor greșite și datorită faptului că nu au realizat importanța și sensul vieții spirituale. Acesta fiind cazul, de ce să fim supărați pe ei sau să îi antipatizăm? O asemenea atitudine ar fi rezultatul propriei noastre ignoranțe și ar duce la poluarea propriilor noastre minți. Privește trandafirii aceștia proaspeți. Ce frumoși sunt! Ce mireasmă minunată produc! Dar ce le dăm pentru a-i face să crească? Frunze folosite de ceai și bălegar! Ce diferență imensă între aceste flori frumoase și îngrășământul care li se dă. Dacă ar fi să luăm în considerare frumusețea și parfumul lor, îngrășământul ăsta este pe măsura lor? Tot așa, obstacolele sunt îngrășământul care ne face să devenim mai puternici spiritual. Aceste impedimente ne vor ajuta inimile să înflorească pe deplin. Natura greierului este să cânte noaptea, dar cântecul lui nu a deranjat niciodată somnul nimănui. La fel, natura celui ignorant este să creeze probleme. Trebuie, așadar, să ne rugăm lui Dumnezeu să îi ierte și să îi îndrume pe calea cea bună. Dedicați totul lui Dumnezeu și El va avea grijă de voi."

Mama Beatitudinii Eterne

Liniștea sufletească de care se bucura Sugunanandan ca urmare a faptului că își măritase fiicele a făcut posibil ca primul grup de brahmachari să se stabilească la picioarele Sfintei Mame. În ciuda faptului că nu aveau condiții adecvate de locuit, atât de mare era dorința lor de a trăi în prezența Mamei încât își făceau puține griji legate de mâncare, locuință sau îmbrăcăminte. De cele mai multe ori trebuiau să stea afară și să doarmă pe pământul gol, fără nici măcar o saltea. Tot ce se primea venea fără să fie cerut și era împărțit egal între toți. Neavând bani, dacă unul dintre ei trebuia să ajungă undeva, trebuia să meargă pe jos. Deşi nu aveau decât un rând de haine fiecare, reuşeau cumva să se descurce.

Simţindu-se un pic deprimat că singurul său rând de haine era pătat şi rupt, unul dintre brahmachari s-a plâns într-o zi Mamei de ţinuta sa. Mama a răspuns: „Fiule, nu cere de la Dumnezeu lucruri aşa de mărunte. Abandonează totul la Picioarele Lui şi El îţi va da tot ce îţi trebuie cu adevărat." Sfânta Mamă trăise în acest mod toată viaţa ei şi vorbea din experienţa proprie. În ziua imediat următoare, unul dintre credincioşi a cumpărat un rând nou de haine pentru toţi brahmacharii, deşi nu fusese conştient în prealabil de situaţia în care se aflau.

Aceşti băieţi au primit o pregătire temeinică în arta renunţării datorită circumstanţelor austere în care au trăit în perioada de început a aşramului. Pentru a le insufla curaj, Sfânta Mamă le-a spus: „Dacă puteţi rezista în condiţiile de aici, vă veţi simţi ca acasă oriunde vă veţi afla. Dacă puteţi depăşi circumstanţele negative din prezent, veţi putea face faţă oricărei crize sau provocări a vieţii."

Pe când numărul credincioşilor şi al brahmacharilor continua să crească, facilităţile rămânând aceleaşi, s-a născut ideea formării oficiale a unui aşram. Dar situaţia nu părea promiţătoare. Sfânta Mamă nu avea nici pământ, nici bani. Chiar şi pământul pe care Nealu construise coliba aparţinea lui Sugunanandan. Deşi acesta îşi dăduse consimţământul ca Nealu, Balu şi Gayatri să locuiască permanent la Idamannel, nu se gândise niciodată că locuinţa lui ar putea deveni un aşram. Nu-i convenea ideea că va trebui să adăpostească din ce în ce mai multe persoane. Odată, pe când Sfânta Mamă discuta ideea unui aşram, şi-a făcut auzită părerea fără ocolişuri: „Ce-i asta? Avem aici bogăţii şi averi? Cum să ţinem un aşram? Unde să mergem noi, familia, dacă se face aici un aşram? Nu, nu voi fi de acord să fondăm un aşram aici!"

Inițial, nici Sfânta Mamă nu era de acord cu înființarea unui așram. Când unii dintre credincioși au venit la ea cu propunerea, ea le-a spus: „Mama a auzit multe despre 'așram'. Mama nu are nevoie de un așram care este practic o închisoare. Nu ați văzut pe cei ce umblă cu cititul în palmă cu un papagal în colivie? Papagalul este prizonier pentru a servi intereselor cititorului în palmă. În final și situația Mamei va deveni asemănătoare papagalului. Nu pot face asta. Mama are propria ei libertate în calea căreia n-ar trebui să existe nici un obstacol."

Curând însă, datorită creșterii numărului de credincioși și discipoli, crearea unui așram a devenit o necesitate. În plus, legea interzicea discipolilor din străinătate ai Sfintei Mame să locuiască într-o casă privată pe termen lung. În acest moment, chiar și Sfânta Mamă s-a convins de necesitatea înființării unui centru spiritual aprobat de guvern. Când i s-a cerut părerea despre cum ar trebui să se realizeze aceasta, Mama a replicat: „Membrii familiei nu vor înființa un așram. Samskara (tendințe ale minții) lor este diferită. Haideți să nu așteptăm să-și dea permisiunea; nu vor colabora niciodată. Dar e posibil să trebuiască să le suportăm ulterior reproșurile."

Astfel, pe 6 mai 1981, au fost înființate Mata Amritananda-mayi Math și Mata Amritanandamayi Mission Trust cu scopul de a popaga idealurile și învățătura Sfintei Mame. Organizația a fost înregistrată ca organizație de caritate în Kollam, în Kerala. Începând cu acest moment, Sfânta Mamă a adoptat oficial numele de 'Mata Amritanandamayi' care i-a fost dat de unul dintre fiii ei brahmacharin. Numele i se potrivea extrem de bine întrucât era deja Mamă a Beatitudinii Eterne, semnificația numelui monastic.

În această perioadă, unul dintre brahmachari ce dorea să citească anumite cărți sfinte, a rugat-o pe Mamă să selecționeze un număr de loterie pentru el, o loterie în care câștigătorul primea cărți. Mama i-a spus: „De ce tânjești după asemenea lucruri? Vei primi o grămadă de cărți în curând." La puțin timp după aceea, Nealu, care se mutase de curând de la Tiruvannamalai, a decis să își mute și colecția literară ce cuprindea mai mult de două mii de cărți în engleză și în câteva dialecte indiene de la Tiruvannamalai la Vallickavu. Astfel a luat naștere biblioteca așramului.

Pe 27 august 1982 a fost înființată Școala de Vedantă Vidyalaya al cărei scop era să predea cunoștiințe de vedanta[6] și de limbă sanscrită rezidenților așramului. Cu toate acestea, Mama reamintește fără încetare rezidenților așramului de importanța meditației ce nu poate fi înlocuită de simple cunoștiințe acumulate din cărți. Rutina așramului prevedea de la șase la opt ore de meditație pe zi pentru toți rezidenții. Cei ce își doreau să își dedice tot timpul meditației erau încurajați în această direcție și unii dintre ei au ales această cale. Mama spune:

„Scripturile sunt doar niște puncte de reper. Sunt doar un mijloc, nu un scop în sine. Scopul este ceva dincolo de cărți. Un student la agricultură știe cum să planteze semințele, cum și când să pună îngrășământul, cum să scape de dăunători și să îi țină sub control. În mod similar, scripturile ne îndrumă în privința modului în care să ne facem practicile spirituale."

Aici trebuie spuse câteva cuvinte despre schimbarea considerabilă ce a survenit în comportamentul membrilor familiei Sfintei Mame și a sătenilor. Realizându-i divinitatea, ei se simt acum mândri că sunt rude cu ea sau că locuiesc în același sat. Sugunanandan și Damayanti se întreabă adeseori ce fapte deosebite trebuie să fi săvârșit în viețile lor anterioare pentru a deveni „părinți" ai Însăși Mamei Divine! Ei sunt acum gospodari exemplari și joacă cu dragoste rolul de mamă și tată ai tuturor brahmacharilor ce locuiesc în așram, considerându-i copiii lor.

---

[6] Vedanta este un cuvânt ce a fost inițial folosit în filozofia hindusă ca sinonim pentru textul cunoscut și sub numele de Upanișade.

Astăzi, Mănăstirea şi Misiunea Mata Amritanandamayi este un centru spiritual în continuă creştere, condus de Mama Divină care urmăreşte îndeaproape ca totul să fie făcut în conformitate cu tradiţiile spirituale străvechi ale acestui pământ sfânt numit India. Toată munca necesară în aşram este făcută de rezidenţi care lucrează cel puţin o oră pe zi pentru întreţinerea aşramului, gătit, curăţat, îngrijitul vacilor, etc. Cei devotaţi Sfintei Mame consideră aşramul ca fiind casa lor spirituală, câmp fertil unde se pot cultiva din abundenţă calităţi spirituale nobile şi unde se poate culege fructul mântuirii.

Răspunzând cererilor repetate ale copiilor ei din străinătate, Sfânta Mamă a făcut primul ei tur mondial în perioada mai-august 1987. Ea a călătorit de-a lungul Statelor Unite ale Americii şi Europei. Impactul acestei călătorii a fost deosebit. Sfânta Mamă a inspirat şi a transformat mulţi oameni care au cunoscut farmecul ei spiritual unic şi iubirea ei universală. În decembrie 1987, Sfânta Mamă a vizitat Insula Reunion şi Mauritius la invitaţia Misiunii Mata Amritanandamayi care funcţiona acolo încă din 1985, sub îndrumarea unuia dintre discipolii ei. Ulterior, Sfânta Mamă a mai mers în trei turnee mondiale, în 1988, 1989 şi 1990. A fost înfiinţat deasemenea un centru de meditaţie foarte frumos, Centrul Mata Amritanandamayi, la patruzeci de minute de San Francisco, în California.

Celor ce au binecuvântarea de a o întâlni pe Sfânta Mamă, ea le recomandă următoarele:

„Când priveşte un bloc de piatră, un maestru sculptor vede în el doar frumuseţea formei latente ce se ascunde in spatele aparenţelor modeste. În mod similar, un Suflet Realizat vede doar Sinele Suprem, Atmanul[7] veşnic strălucitor în toţi, fără nici o distincţie, ignorând diferenţele exterioare. Un beţiv învederat nu poate promova prohibiţia alcoolului. Mai întâi ar trebui să se

---

[7] Sinele Suprem.

abţină el de la băutură şi apoi să îi roage pe alţii să facă la fel. Tot aşa, doar după ce veţi deveni perfecţi din punct de vedere moral şi spiritual şi veţi putea vedea pe Dumnezeu în tot ce vă înconjoară, veţi putea să ajutaţi şi pe alţii să fie la fel."

Să încheiem acum povestea vieţii Sfintei Mame cu chemarea ei plină de iubire către toată rasa umană:

„Veniţi degrabă copiii mei dragi,

voi ce sunteţi Esenţa Divină a sunetului 'OM'.

Lăsând în urmă toate suferinţele, deveniţi demni

de adoraţie

şi contopiţi-vă cu silaba sacră 'OM'!"

Capitolul 11

Semnificația Bhavelor Divine

Bhavele Divine ale Sfintei Mame sub forma lui Krișna și Devi sunt un subiect dincolo de capacitatea de înțelegere a minții omenești, dar o analiză atentă a lor ne poate furniza o indicație a puterii spirituale a Sfintei Mame. Răspunzând chemării sincere a celui ce îi este devotat, un Maestru Perfect revelează treptat inimii credinciosului infinitele sale calități. Când procesul de purificare atinge o anumită intensitate, măreția Gurului (care Guru nu este nimic altceva decât Natura Adevărată a discipolului sau credinciosului) este revelată treptat prin grația Maestrului. Grația este, bineînțeles, cel mai important factor în încercarea de a înțelege semnificația Bhavelor Divine ale Sfintei Mame.

Marii Maeștri ai Indiei au clasificat Încarnările Divine în trei categorii: 1) Avatarul Purna (plin sau perfect), 2) Avatarul Amsa (manifestare parțială) și 3) Avatarul Avesa (influență temporară de către Puterea Divină). Cuvântul 'Avatar' înseamnă coborâre sau pogorâre. Un Avatar Purna este o pogorâre pe pământ a Energiei Supreme eterne, fără nume sau formă, ce ia o formă umană și își manifestă puterea infinită liber, fără nici o îngrădire. Intenția unei asemenea Încarnări este să restaureze și să prezerveze dreptatea (dharma) și să trezească umanitatea, făcând oamenii conștienți de Sinele lor superior.

În Avatarul Amsa, Dumnezeu se pogoară pe pământ manifestându-şi puterea Sa doar parţial. Scopul unei asemenea Încarnări este atingerea unui obiectiv bine determinat. Încarnările Domnului Vişnu ca Vamana (Piticul) sau Narasimha (Omul-leu) sunt exemple tipice de Avatar Amsa. Avatarul Avesa este ceva complet diferit de aceste două tipuri de Încarnări. Acesta reprezintă vizitarea sau posesiunea temporară de către fiinţe divine a corpurilor unor oameni pentru a împlini anumite sarcini. Încarnarea Domnului Vişnu prin Parasurama, precum a fost descrisă în lucrarea epică Srimad Bhagavatam, este un exemplu de Avatar Avesa. Aici, Domnul a intrat în corpul lui Parasurama, care era un mare războinic, pentru a distruge pe cruzii domnitori kşatryia ce deveniseră extrem de aroganţi şi egoişti. Curând după ce Parasurama a dus la capăt această misiune, puterea l-a părăsit. Se spune că Şri Rama, o altă Încarnare a Domnului Vişnu, a luat puterea înapoi de la Parasurama după întoarcerea acestuia la Ayodhya, după ce Şri Rama se căsătorise cu Sita. Scripturile spun că uneori trupurile celor slabi mental pot fi posedate de demoni sau stafii. Oamenii ce au o natură preponderent virtuoasă şi bună (satvică) pot fi posedaţi de deve (zei minori), cei înzestraţi cu vigoare şi creativitate (natură rajasică) pot fi posedaţi de fiinţe cereşti (zei minori sau inferiori), iar cei a căror natură este plină de întuneric şi confuzie (natură tamasică) pot fi posedaţi de spirite rele. Scripturile menţionează totodată că Puterea Divină se poate uneori manifesta în trupurile acelor suflete rare care sunt extrem de pure. Din acest motiv, Parasurama este considerat un Avatar Avesa.

Povestirea care urmează intenţionează să arunce lumină asuprea Bhavelor Divine ale Sfintei Mame. Odată, pe când Domnul Krişna locuia in Dwaraka, a simţit dorinţa de a-l vedea pe iubitul său credincios, Hanuman. El a trimis ca mesager vehiculul său, pasărea Garuda (regele păsărilor), la Kadali Vanam, unde locuia

Hanuman, dar Hanuman a refuzat să vină. El a dat următoarea explicație: „Nu merg să văd pe nimeni în afara Domnului meu Rama." Când i-a fost transmis răspunsul lui Hanuman, Domnul Krișna a trimis din nou pe regele păsărilor cu următorul mesaj: „Spune-i că Domnul Krișna cu sfânta Sa consoartă Sita au venit la Dwaraka și ar dori să îl vadă pe Hanuman."

Pe când pasărea Garuda îl aducea pe Hanuman, în Dwaraka au avut loc anumite evenimente. Domnul Krișna, prin simpla Forță a Voinței Sale, a luat forma Domnului Rama, care trăise cu mii de ani în urmă. Rukmini, consoarta lui Krișna, a devenit Sita. În acest moment, Hanuman a ajuns în Dwaraka. Aici i-a văzut pe iubiții săi Rama și Sita și, după ce li s-a închinat, s-a întors acasă.

Deși Șri Rama era una dintre încarnările Domnului Vișnu, el trăise în Ayodhya mii de ani înaintea nașterii lui Krișna. Dar Hanuman, marele credincios devotat Domnului Rama, nu s-a îndoit că Rama și Sita pot apărea în Dwaraka, deși atotștiutorul Hanuman era conștient de faptul că în Dwaraka domnea acum Krișna. Hanuman știa fără îndoială că nimeni altul în afara lui Krișna nu putea manifesta Bhava lui Rama. Ceea ce s-a întâmplat de fapt este că Hanuman s-a hotărât să se folosească de această oportunitate de a vedea din nou pe Rama și Sita în formă umană. Domnul Krișna, servitorul celor devotați lui, a împlinit bucuros dorința credinciosului său, binecuvântându-l. Doar un Avatar Purna poate lua forma oricărei zeități. Într-o zi, Domnul Krișna și-a rugat soțiile, inclusiv Satyabhama, una dintre cele mai iubite dintre ele, să manifeste Bhava lui Sita, dar nici una dintre ele nu a reușit. În final, Rukmini, o Încarnare a Zeiței Lakshmi, a reușit să ia forma lui Sita fără nici un efort.

În cazul unui Avatar Avesa, puterile dumnezeiești intră într-o anumită persoană și se retrag după ce și-au atins scopul. În cazul Domnului Krișna, acesta a manifestat prin forța propriei voințe

Bhava lui Rama, acele atribute ale lui Rama ce se aflau deja în interiorul său.

Un incident similar se poate întâlni în viaţa Domnului Chaitanya din Bengal. Într-o zi, Panditul[1] Şrivasa, un credincios înfocat al Domnului Narasimha, îşi repeta mantra (japa) în camera cu icoane a familiei când a auzit o bătaie la uşă. „Cine este?" a întrebat panditul. „Deschide şi vezi pe Domnul tău Preaiubit pe care îl preamăreşti!" a venit răspunsul. Panditul Şrivasa a deschis uşa şi l-a văzut pe Domnul Chaitanya stând înaintea lui într-o stare de extaz divin. Intrând în cameră, acesta a mers şi s-a aşezat pe scaunul pe care în mod normal se aflau icoanele cărora li se închina familia în timpul practicilor lor devoţionale. Panditul l-a văzut pe Domnul Narasimha strălucind în Domnul Chaitanya şi l-a cinstit cu mare devoţiune în forma Domnului Chaitanya. Domnul Chaitanya a permis întregii familii a panditului să ia parte la ceremonie, binecuvântându-i astfel pe toţi.

După ce toată lumea a fost binecuvântată, Domnul Chaitanya şi-a pierdut cunoştinţa. După ce şi-a recăpătat cunoştinţa câteva momente mai târziu, l-a întrebat pe pandit: „Ce s-a întâmplat, nu-mi amintesc nimic, am spus ceva ce nu trebuia?" Cu toată umilinţa, Şrivasa s-a prosternat înaintea Domnului său şi i-a spus: „O Doamne, te rog nu-l mai amăgi pe acest servitor al Tău. Prin Graţia Ta, am putut vedea cine eşti cu adevărat!" Auzind acestea, Domnul Chaitanya a zâmbit cu multă căldură, confirmând astfel cele spuse de pandit. Multe incidente similare din viaţa Domnului Chaitanya relevează faptul că dădea adesea Darşan credincioşilor în diferite bhave.

Din această povestire se poate înţelege cu uşurinţă ce este Darşanul unei Bhave. Darşanul unei Bhave este manifestarea diferitelor Bhave ale lui Işvara[2] sau Stări Divine ale unei Încarnări

---

[1] Învăţat în domeniul scripturilor şi a textelor sacre.

[2] Nume al lui Dumnezeu în hinduism.

a lui Dumnezeu, în funcție de dorința credincioșilor. Ananda-mayi Ma, care a trăit în Bengal, obișnuia să manifeste Bhavele lui Krișna și Kali în timp ce cânta bhajanuri[3]. Aceste Bhave manifestate de Încarnări se petrec doar în anumite ocazii, din anumite motive bine determinate (pentru atingerea unui anumit scop) dintre care cel mai frecvent este îndeplinirea dorinței arză-toare a credincioșilor de a vedea o anumită formă a Divinului. O altă caracteristică a lor este că nu durează mult. Sfânta Mamă Mata Amritanandamayi manifestă Stările Divine de trei ori pe săptămână, pentru un interval de timp de 10 până la 12 ore, în funcție de numărul de credincioși veniți pentru Darșan. Acesta este modul în care Sfânta Mamă servește umanitatea cufundată în mlaștina adâncă a materialismului.

Se spune că Domnul Chaitanya manifesta două stări divine: una a credinciosului, în care era văzut frecvent, și Bhava lui Bha-gavan, în care își revela starea lui adevărată de uniune absolută cu Sinele Suprem. Șri Ramakrișna Paramahamsa a revelat și el mai mult decât o bhavă. Se spune că în timpul practicilor spirituale întreprinse în Bhava lui Hanuman[4], i-a apărut chiar o mică excrescență, ca o coadă de maimuță.

În timpul Bhavelor lui Krișna și Devi, Sfânta Mamă exprimă Acel Principiu Suprem care sălășluiește în Ea și manifestă acele Ființe Divine pentru a binecuvânta pe cei ce-i sunt devotați. Referitor la aceasta, Sfânta Mamă a spus odată:

„Mama nu manifestă nici măcar o parte infinitesimală a puterii ei spirituale în timpul Bhavelor. Dacă ar fi să o manifeste așa cum este în realitate, nimeni nu s-ar putea apropia!" Și a continuat: „Toate zeitățile Panteonului Hindus, care reprezintă aspectele nenumărate ale Ființei Supreme Unice există înlăuntrul nostru. O Încarnare Divină poate manifesta pe oricare dintre ele

---

[3] Cântece devoționale.
[4] Hanuman era regele maimuțelor și devotat Domnului Rama.

pentru binele lumii, printr-un simplu efort de voință. Bhava lui Krișna este manifestarea aspectului de Ființă Pură (Purușa) iar Bhava lui Devi este manifestarea Eternului Feminin, a Creatoarei, a principiului activ al Absolutului Impersonal. Iată o fată nebună care pune veșmântul lui Krișna și apoi pe cel al lui Devi, dar ambele se găsesc înlăuntrul acestei fete nebune. Dar nu trebuie să uităm că toate obiectele ce au nume sau formă nu sunt altceva decât proiecții mentale. De ce se decorează un elefant? De ce poartă avocatul o haină neagră sau polițistul o uniformă și șapcă? Toate acestea nu fac decât să ajute la crearea unei anumite impresii. Într-un mod asemănător, Mama își pune veșmântul lui Krișna și Devi pentru a întări atitudinea devoțională a celor ce vin pentru Darșan. Atmanul sau Sinele care este în mine se află și în voi. Dacă veți putea deveni conștienți de existența acelui Principiu Indivizibil ce strălucește veșnic în voi, veți deveni una cu El."

Chiar și în prezent, unii oameni cred că Domnul Krișna și Devi vizitează trupul Sfintei Mame de trei ori pe săptămână, după care îl părăsesc. Această concepție greșită izvorăște dintr-o lipsă de înțelegere corectă a Stărilor Divine ale Sfintei Mame. Aceste Bhave Divine nu sunt altceva decât revelarea externă a stării ei de uniune permanentă cu Principiul Suprem. Ele nu au nimic de-a face cu posesiunea sau Grația Divină după cum cred unii.

Sfânta Mamă a clarificat multe întrebări referitoare la Bhavele Divine.

Credincios: Mulți credincioși spun că Mama este aceeași în timpul Bhavelor Divine și în afara lor. Dacă aceasta este adevărat, care este rostul Bhavelor?

Mama: În timpul Darșanului Bhavei, Mama înlătură două sau trei straturi (văluri ca să zic așa), astfel încât credincioșii să poată întrezări pentru un scurt timp Supremul. Diferiți oameni au diferite tipuri de credințe. Intenția Mamei este de a ajuta pe oameni să se apropie de Dumnezeu. Unii sunt interesați doar dacă o văd pe Mamă în costumul lui Devi sau Krișna. În plus, foarte puțini oameni știu ceva despre spiritualitate. Unora le este foarte greu să creadă vorbele Mamei în momentele obișnuite dar dacă Mama le spune exact același lucru în timpul Bhavei lui Devi, cred fără probleme.

Credincios: Mamă, există un moment anume pentru a manifesta o Bhavă?

Mama: Nu, nu există. Poate fi manifestată oricând. Simpla voință este suficientă.

Credincios: Mamă, de ce porți costumele lui Krișna și Devi?

Mama: Ajută pe oameni să-și amintească ce Bhavă este manifestată. Copile, fiecare veșmânt este important în felul său. Ne naștem goi. Mai târziu, în funcție de țara în care trăim și de normele societății, oamenii adoptă diferite moduri de a se îmbrăca. Orice haine ar purta, persoana care le poartă este aceeași. În această epocă oamenii dau mare importanță hainelor. Mama vă va povesti o anecdotă pentru a exemplifica această afirmație. Un om tăia un copac aflat la marginea drumului. Un alt om care s-a întâmplat să îl vadă îi spuse: „Nu tăia copacul! Nu e bine ce faci, e împotriva legii." Omul nu doar că a refuzat să se oprească, dar l-a ocărât zdravăn. Persoana care încercase să îl oprească pe huligan să taie copacul era polițist. El a plecat dar s-a întors nu după multă vreme îmbrăcat în uniforma de polițist. Nici nu a apucat să se aproprie bine de huligan când acesta, văzându-l de la depărtare, a luat-o la fugă mâncând pământul. Vedeți ce impact diferit a avut atunci când a venit în haine de polițist? De aceea, pentru a învăța ceva pe cei ignoranți, e necesară îmbrăcăminte specială. La fel și cu costumele din Bhavele lui Devi și Krișna. Unii oameni se simt satisfăcuți chiar și după două secunde de conversație în timpul Bhavei lui Devi. Se simt liniștiți că și-au împărtășit necazurile direct lui Dumnezeu.

Toate Încarnările au natura lor unică. Nu se poate spune că Domnul Krişna a fost mai mare decât Rama, sau că Rama a fost mai mare decât Buddha. Fiecare a avut propria misiune de îndeplinit şi a adoptat modul adecvat de a ajuta umanitatea. Dar aceasta nu înseamnă că Ei au avut moduri diferite de a privi viaţa. Acţiunile lor nu pot fi înţelese şi comparate unele cu altele de intelectul şi raţiunea noastră limitate. Poate doar intuiţia pură născută din practicile spirituale ne va permite să întrezărim o mică parte din măreţia lor.

Experienţele spirituale dobândite de mii de credincioşi prin Graţia Sfintei Mame aruncă lumină asupra puterii spirituale a acestui Mare Suflet. În paginile care urmează vom relata câteva dintre experienţele divine ale celor devotaţi Sfintei Mame, aşa cum au fost împărtăşite chiar de ei.

Capitolul 12

Experiențe ale aspiranților spirituali (discipoli)

Unnikrișnan (Swami Turiyamritananda Puri)

Unnikrișnan a fost prima persoană ce a avut norocul să o întâlnească pe Mamă și să stea cu ea multă vreme. Și-a întrerupt studiile în clasa a șasea. În el avem o dovadă minunată a bunăvoinței și grației Mamei. Cu Grația Gurului, chiar și un băiat ce abia știe să scrie și să citească poate deveni un poet. Viața lui Unnikrișnan este o mărturie a acestui fapt.

După ce și-a încheiat instrucția școlară de scurtă durată, tânărul Unni a hoinărit pentru o vreme, având tot felul de îndeletniciri. În 1976, pe când avea douăzeci de ani, a auzit vorbindu-se despre Sfânta Mamă și a venit să o vadă. Chiar de la prima întâlnire, Unni a simțit multă credință și devoțiune pentru Amma. După aceasta, a vizitat-o frecvent, apelând la ea pentru sfaturi legate de viața spirituală. Așa a trecut un an, până când într-o zi Mama l-a rugat să stea cu ea pentru a oficia o ceremonie în templu. Ea l-a îndrumat să cânte Șri Lalita Sahasranama (cele O Mie de Nume ale Mamei Divine) în fiecare zi.

Din acest moment viaţa lui s-a schimbat radical. Simpla prezenţă a Sfintei Mame i-a inspirat o dorinţă puternică de a cunoaşte Adevărul. Îşi petrecea toate zilele în penitenţă, servicii religioase, conversaţii cu Amma, citirea scripturilor şi alte activităţi spirituale. Ca urmare a acestui mod de viaţă disciplinat, a realizat treptat că glorioasa Mamă a Darşanului Bhavei şi dulcea Mamă de zi cu zi erau de fapt una şi aceeaşi, două feţe sau manifestări ale aceleaşi Puteri Divine nemărginite, ambele ipostaze manifestate pentru binele lumii. Această intuiţie i-a intensificat dorinţa de a face sadhana (practici spirituale), abandonându-şi fiinţa în întregime la picioarele Mamei, ce a devenit singurul lui sprijin în viaţă. Cu trecerea timpului, practicile lui spirituale au devenit din ce în ce mai riguroase; mânca, dormea şi vorbea mult mai puţin. Din când în când, postea săptămâni întregi fără întrerupere. Obişnuia să doarmă pe pământul gol fără nici măcar o pătură, inclusiv pe timp de iarnă şi în perioada musonului. Când făcea un pelerinaj, cum se întâmpla adesea, mergea pe jos toată ziua, fără să folosească vreun mijloc de transport.

Într-o zi, a întrebat-o pe Mamă cu lacrimi de emoţie în ochi: „Cine este adevărata mea Mamă?" Privindu-l cu multă duioşie, Sfânta Mamă i-a pus capul în poala ei şi a răspuns: „Copilul meu, tu eşti fiul meu şi eu sunt mama ta." Unnikrişnan a fost năpădit de o fericire inexplicabilă ce izvora dinlăuntrul său. Privind faţa radioasă a Mamei în tăcere, a vărsat lacrimi de fericire.

Prin Graţia infinită a Mamei, Unnikrişnan a devenit un poet prolific ale cărui cuvinte sunt pline de adevăr filozofic şi dulceaţă duhovnicească. Odată, când părinţii au trimis nişte rude pentru a-l aduce înapoi acasă, el a răspuns cu următoarele versuri pline de înţeles adânc.

Plecat fiind de acasă de atât de multă vreme,
Dacă ar fi acum să duc o existenţă profană,
mi-ar aduce aceasta oare

Liniște sufletească?
A adus o astfel de viață vreun folos cuiva vreodată,
Din timpuri străvechi și până acum?

Când eu mă zbat să mă eliberez
De zădărnicia nebună a lumii,
De ce vreți să mă faceți să urmez calea nebunilor,
Ce duce direct la servitutea cerșetorului?
Aș putea vreodată să accept de bunăvoie o asemenea soartă?

Unni descrie prima sa întâlnire cu Mama în următorul fel:

Akalatta kovilil

Într-un templu îndepărtat ardea o flacără
Ce nu se stingea niciodată.
Mama cea plină de compasiune
Stătea așezată acolo, lumină călăuzitoare a celor
Ce rătăcesc pierduți în întuneric.

Într-o zi, m-am aventurat acolo.
Acestă încarnare a milei a deschis altarul
și m-a chemat la ea.
Pe frunte mi-a pus pastă din lemn de santal.

Preamărind pe Domnul prin cântece melodioase,
M-a primit pe brațul Ei dulce și sfânt.
Apropiindu-mă de Ea, un vis ceresc minunat
Mi-a șoptit acest adevăr la ureche:

„Pentru ce plângi? Nu îți dai seama
Că ai venit lângă Mama întregului Univers?"
Cu un oftat m-am trezit din vis, cu a ei față de lotus,
Întipărită în suflet pentru totdeauna.

Odată, în timpul unui conflict interior intens, Unnikrişnan a postit câteva săptămâni în şir. Când Sfânta Mamă a aflat aceasta, a încetat şi ea să mai mănânce şi să mai bea. După câteva zile, pe când Unnikrişnan îşi făcea practicile spirituale, tatăl Sfintei Mame l-a certat că nu mânca, făcând-o în acest fel şi pe Sfânta Mamă să se priveze de mâncare. La puţin timp după ce şi-a terminat practicile, Unni a apărut la uşa colibei Mamei cu inima grea şi ochii plini de lacrimi. Chemându-l aproape, Mama l-a mângâiat cu multă dragoste şi privindu-i trupul plăpând ce tremura i-a spus: „Unni, fiul meu, când simţi o agitaţie interioară, ar trebui să vii să-i spui Mamei. Nu-ţi tortura trupul în felul ăsta. Pentru tapas[1], e nevoie de corp. Mănâncă suficientă mâncare să îţi menţii sănătatea." Spunând acestea, a cerut o farfurie cu orez şi l-a hrănit pe Unni cu propriile ei mâini, mâncând şi ea din aceeaşi farfurie.

La câteva luni după ce s-a stabilit în aşram, Unni, care avea tendinţa să hoinărească tot timpul fără o destinaţie precisă, a decis să plece şi s-a pregătit de plecare fără să anunţe pe nimeni. Când era pe cale să plece, în timpul unei nopţi de Darşan, un om a venit la el din senin şi i-a transmis sfatul Mamei: „Mama spune că deşi eşti gata de plecare, n-ar fi bine să pleci acum." Incapabil de a ignora un sfat al Mamei, a renunţat la călătorie. La ceva vreme după aceasta a încercat din nou să plece, dar acelaşi lucru s-a întâmplat din nou. În final a reuşit să plece dar a trebuit să se întoarcă după două zile. Din acest moment încolo a fost convins că fără cunoştinţa şi binecuvântarea Mamei nu putea face nimic.

Mama a spus odată: „Cântecele lui Unni izvorăsc din meditaţia sa." Ce recunoaştere mai înaltă ar putea primi cineva? Versurile următoare sunt o traducere a unuia dintre cântecele lui:

Am rătăcit în ţinuturi îndepărtate, ducând pe umeri
O povară grea de suferinţe.

---

[1] Austeritate spirituală.

Ajungând în sfârșit la Tine,
M-am abandonat la picioarele Tale.
O, Mamă, de ce nu îmi înlături
Durerile nesfârșite și lacrimile
Cu apele iubirii tale?

Nu considera pe acest amărât un păcătos,
Întrucât nu există nimeni pe lumea asta în afară de Tine
care să mă sprijine și să mă ajute.
O, Încarnare a Compasiunii, mângâie-mă te rog cu lumina
argintie
A ochilor Tăi frumoși.

O, Mamă, îndepărtează de mine povara grea a gândurilor,
Și dă-mi voie să șed lângă Tine și să mă cufund în meditație.
O, Tu cea despre care vorbesc Vedele și Vedanta!
O, Mamă a tuturor Zeilor și Zeițelor!
Îmi vei împlini Tu oare această dorință ce-mi izvorăște din
suflet
De a dobândi cunoașterea Sinelui Suprem?

O, Mamă, când va veni acel moment când voi înceta să mai
alerg după plăcerile lumii
și voi deveni una cu Picioarele Tale Sfinte?

Balu (Swami Amritaswarupananda Puri)

Balu a avut numeroase experiențe ale Grației Mamei.

„După ce am absolvit facultatea, am auzit despre o fată înzestrată cu puteri supranaturale, prin care se manifestau formele lui Devi și Krișna. Deși aveam o credință puternică în Dumnezeu, nu am fost foarte interesat să o cunosc. Unele rude și prieteni care o întâlniseră vorbeau despre ea cu mult respect și insistau să-i vizitez aşramul. Într-un final, sceptic, am hotărât să vizitez aşramul şi aşa am ajuns acolo într-o seară, însoţit de unchiul meu. Pe când ne apropiam de aşram, atenţia mi-a fost atrasă de notele melodioase ale unui cântec devoţional. Apropiindu-mă de un mic altar, am văzut o fată în haine albe cântând cântece pline de iubire şi devoţiune. Ascultând-o, mi-am dat seama că aceste cântece veneau din adâncul inimii ei pline de iubire şi extaz divin. Vibraţiile cânteculului ei mi-au străpuns inima dând naştere în sufletul meu unor sentimente pline de duioşie.

Când mi-a venit rândul, am intrat în altarul în care stătea aşezată pe un scaun. M-am închinat înaintea ei şi când m-am ridicat, mi-a luat mâna şi m-a privit în ochi. Ochii îi străluceau ca luna plină. Acea privire m-a străpuns până în adâncul fiinţei; acel zâmbet mi-a atins sufletul şi m-a pironit locului. Pe faţa ei a înflorit o expresie de o compasiune infinită. Încet, mi-a pus capul pe umăr şi mi-a spus dulce dar apăsat: 'Copile, sunt mama ta iar tu eşti copilul meu". Acea voce dulce mi-a pătruns adânc în suflet şi m-am simţit cuprins de o bucurie inexplicabilă. Asta era ceea ce căutasem! Am izbucnit în plâns. Iubirea în forma ei cea mai curată, iubirea de mamă în esenţa ei universală luase o formă. Copleşit de această experienţă, am şezut lângă Mamă întreaga noapte.

Când am ajuns acasă a doua zi, am realizat că se petrecuse o mare schimbare în mine. Am devenit total indiferent la toate activităţile mele obişnuite. Dorinţa de a o revedea a devenit tot mai puternică. Toate gândurile mi se îndreptau către ea. Noaptea aceea nu am reuşit să dorm. De câte ori încercam să închid ochii, Mama apărea înaintea mea. A doua zi m-am întors la aşram. După a doua întâlnire cu Mama, dorinţa de a rupe lanţurile ce mă ţineau legat de lume a devenit şi mai puternică. Cu gândul mereu la Mamă, mă comportam ca un nebun. Uitam să mănânc, să dorm şi să mă spăl. Am renunţat la hainele şi tunsoarea la modă.

Părinţii mei şi alţi membri ai familiei s-au îngrijorat foarte tare când au văzut toate aceste schimbări şi mi-au interzis să mă mai duc la Vallickavu.

A doua zi, după ce am cântat în aşram pentru prima oară, am intrat în altar cu această hotărâre: „Mamă, dacă sunt copilul tău, te rog să mă primeşti." Aşezându-mi capul pe umărul ei, Mama a spus cu tandreţe: „Fiule, când Mama te-a auzit cântând, a înţeles că această voce e menită să devină una cu Domnul. În acel moment, Mama a venit la tine şi te-a făcut una cu ea. Tu eşti al meu ."

Într-o noapte, pe când eram pe cale să adorm, am simţit un parfum dulce ce umplea camera. Deschizând ochii, mi-am dat seama că acesta nu era doar un vis sau rodul imaginaţiei: parfumul era real. Brusc, am simţit că mâinile cuiva îmi mângâiau fruntea. Ridicându-mi privirea, am văzut-o pe Mamă aşezată lângă capul patului. Nu mi-a venit să cred privirilor. Zâmbindu-mi, mi-a spus: 'Fiule, Mama e mereu cu tine, nu-ţi fă griji.' Spunând aceasta, a dispărut.

A doua zi am alergat la Vallickavu, dar Mama nu era acolo. S-a întors doar la patru după-amiaza. Fără nici un cuvânt, a alergat în casă şi a reapărut cu o farfurie plină cu orez din care mi-a dat să mănânc, cum i-ar da o mamă fiului ei. Pe când îmi dădea de mâncare a spus: „Azi noapte, Mama a venit la tine." Copleşit de fericire, am plâns ca un copil mic. Nu mâncasem de fapt nimic încă în ziua aceea.

După ce Mama m-a iniţiat cu o mantră, mi-a fost imposibil să mai stau acasă. Dorinţa de a fi în prezenţa ei şi de a-i căuta îndrumarea a crescut cu fiecare zi. Ignorând toate obstacolele create de rude am plecat de acasă şi m-am alăturat rezidenţilor aşramului.

Doi ani mai târziu, pe când ne aflam în casa unui credincios, Mama mi-a zis: „Fiul meu Balu, trebuie să iei un Masterat în

Filozofie." Îi spusesem deja Mamei că nu aveam de gând să îmi continui studiile ci doream doar să fiu cu gândul la ea. Acum mă ruga să merg din nou la şcoală. Din proprie experienţă, ştiam că nu spune şi nu face nimic lipsit de sens, aşa că m-am înscris la Masterat. Acum aveam o problemă arzătoare. Cine mă va ajuta să studiez? Trebuia să scriu opt teze, patru pe filozofia indiană, cu care eram oarecum familiar, şi patru pe filozofia Occidentală, care era un subiect complet nou pentru mine. Am întrebat-o pe Mamă unde puteam găsi pe cineva să mă instruiască.

„Nu fi îngrijorat. O să vină cineva aici să te instruiască. Ai răbdare şi o să vezi." mi-a răspuns. Dar mă simţeam foarte agitat şi am sâcâit-o necontenit cu întrebarea asta. O săptămână mai târziu un credincios m-a pus în legătură cu cineva care era profesor de filozofie. M-am dus să-l întâlnesc şi i-am explicat care era situaţia. A acceptat să mă intruiască dar a refuzat să vină în aşram. Am încercat să-l fac să înţeleagă cât de dificil ar fi pentru mine să părăsesc aşramul. În final a fost de acord să viziteze aşramul dar a spus: „Nu pot locui acolo sau să te instruiesc acolo. Dacă vrei să studiezi, trebuie să vii la mine acasă. Dacă nu vrei să vii, nici nu mai are rost să discutăm." M-am gândit că din moment ce nu aveam nici o alternativă îl voi lăsa cel puţin să viziteze aşramul şi să o întâlnească pe Mamă.

Joia următoare, m-am dus să-l aduc. Când am ajuns în aşram, l-am invitat să vină să o cunoască pe Mamă, dar a refuzat. Când Mama a început cântările devoţionale ce precedau Darşanul Bhavei a stat şi a privit de la distanţă. M-am apropiat de el pentru a-i sugera că ar putea, dacă doreşte, intra în templu şi primi Darşanul Mamei. „Nu, nu m-am închinat nimănui niciodată. Nu vreau să fac asta." mi-a răspuns. L-am lăsat şi m-am aşezat să cânt. Câteva minute mai târziu, l-am văzut alergând spre templu şi am auzit un strigăt puternic. Se prăbuşise la picioarele Mamei şi plângea ca un copil mic. O oră sau două s-au scurs. Ieşind din templu, m-a chemat la o parte şi mi-a spus: „Este într-adevăr un Mare Suflet! Voi veni aici în fiecare săptămână să te instruiesc." Astfel, Mama însăşi a găsit un profesor pentru mine.

Făcând referinţă la diferite cărţi, profesorul îmi dicta mult iar eu luam notiţe, dar nu îmi explica absolut nimic. Din păcate, din diferite motive, nu am putut studia cu el suficient, iar filozofia occidentală a continuat să rămână un mister pentru mine. Rămăseseră doar trei luni până la data examenelor. Profesorul mi-a mai dictat nişte notiţe şi un rezumat a tot ceea ce predase anterior. Deoarece eram implicat în diferite activităţi în aşram şi călătoream deseori cu Mama, nu am putut să-mi finalizez studiile. Mai rămânea doar o lună până la examen. Mama m-a rugat să scriu toate cele opt teze într-un singur examen. Eram extrem de îngrijorat. Cum voi reuşi să scriu cele opt teze cu subiecte predate în ani diferiţi, într-o singură zi? Am oferit întregul proiect la picioarele Mamei şi am început să citesc. În sfârşit a venit şi ziua dinaintea plecării mele la Tirupati (un oraş în Andhra Pradeş, la nouă sute de kilometri depărtare de aşram), unde mă înscrisesem la Universitate ca student la filozofie.

La prânz mă pregăteam să îmi fac bagajul. Brusc, am auzit-o pe Mamă chemându-mă din camera ei. Am alergat în camera ei şi am văzut că punea nişte lucruri într-o valijoară. A mai pus ceva şi a închis-o. O altă valiză mare se afla pregătită pe masa ei. Cu mare afecţiune, mi-a spus: „Fiule, am împachetat toate cele necesare pentru călătoria ta." Arătându-mi valiza de pe masă a spus: „Valiza aceasta conţine dhotii[2], cămăşi, prosoape, două pături şi alte haine, iar în cea de aici ai ulei de nucă de cocos, săpun, o oglinjoară, pieptene, ceva cu care să-ţi faci ceva cald de băut şi alte lucruri utile. Am împachetat toate astea pentru tine ca să îţi rămână mai mult timp să studiezi." Văzând toate astea am

---

[2] O bucată de bumbac lungă pe care bărbaţii o poartă înfăşurată în jurul taliei, în special în Sudul Indiei.

rămas înmărmurit, cu ochii pironiţi pe faţa ei iubitoare. Inima îmi deborda de bucurie. Ochii mi s-au umplut de lacrimi şi am început să plâng.

Aceasta era prima oară când urma să fiu departe de ea, şi era pentru o lună întregă. Inima îmi era extrem de grea. În tren am stat într-un colţ ca să-mi ascund lacrimile. Toţi ceilalţi pasageri sporovăiau veseli, dar sufletul meu era copleşit de durerea despărţirii de Mamă. Pe toată durata călătoriei m-am gândit doar la ea. A doua zi am ajuns la Tirupati. Zilele erau pline de durerea despărţirii. Mă simţeam ca un peşte pe uscat. Am încercat să mă concentrez asupra studiilor, dar fără succes. Fiecare minut părea o oră. Nu puteam nici măcar să mă uit la poza Mamei. Fiecare lucru adus din aşram îmi amintea de Mamă şi de forma ei fermecătoare. Am uitat să mănânc şi să dorm. Fiecare zi părea un an. Din când în când, leşinam. Incapabil să suport despărţirea izbucneam adesea în plâns. Când au început examenele am reuşit cumva să mă prezint şi să scriu tezele necesare. Nu era nimeni acolo care să-mi înţeleagă durerea.

În acea perioadă am primit o scrisoare de la Mamă pe care am citit-o şi recitit-o de câteva ori şi pe care am udat-o cu lacrimi. Scrisoarea spunea:

„Dragul meu fiu,
Mama Ta este mereu cu tine. Fiule, Mama nu simte ca eşti departe de ea. Copilul meu, Mama îţi vede dorinţa arzătoare a inimii. Mama îţi aude plânsul. Fiule, lumea aceasta este atât de frumoasă. Florile, oceanul vast, păsările cântătoare, cerul larg, copacii, arbuştii, pădurile, munţii şi văile, toate sunt aici. Dumnezeu a făcut acest pământ frumos. Vezi prezenţa Lui în tot şi toate. Iubeşte-L în toate făpturile. Rupe lanţul care te ţine departe de Dumnezeu. Lasă-ţi mintea să curgă spre El neîncetat. Fiule, nu există nimic rău în lumea asta.

*Totul e bun. Vezi partea bună și virtuoasă. Lasă-ți floarea
minții să înflorească și să își răspândească parfumul peste tot.* "

În noaptea aceea ședeam în fața camerei privind copacii și
plantele dansând în briza ușoară. Cerul era plin de stele și lumina
argintie a lunii acoperea pământul cu strălucirea ei. M-am gândit:
„Poate că briza asta suflă spre Mama; poate că va fi suficient de
norocoasă să îi mângâie trupul. Da, nu încape nici o îndoială că
poartă parfumul iubitei mele Mame. Dacă aș avea aripi aș zbura
la Mama mea." Următorul poem a fost scris în noaptea aceea:

Tarapathangale

O stele, nu vreți să vă coborâți?
Mama a venit să vă cânte un cântec de leagăn.
Ea este râul de iubire fără sfârșit și
Copacul dătător de umbră pentru cei ce caută.
O, adiere lină ce murmură ușor
Cântece tăcute în miez de noapte, ce îmi șoptești dulce
La ureche? Povești dulci despre Mama mea?

O, soare și lună ce răsăriți și apuneți încet
Pe albastrul cerului în fiecare zi.
Nu vreți să îmi vedeți Mama
Care v-a dăruit această splendoare divină?
Văile și dealurile tăcute
Sunt acoperite de pomi și plante agățătoare.
Ca și cum ar încerca să mă consoleze, ramurile lor delicate
Dansează în vânt.

Mă aflam într-o stare intensă și neobișnuită. Mă învârteam în
cameră de colo-colo. Reușind într-un fel să mă stăpânesc, am decis
să plec a doua zi. Mai aveam o teză de scris. Am decis să nu mă
prezint la examenele pentru primul an care urmau să înceapă în

patru zile. Mi-am spus: 'Mama m-a rugat să mă prezint la toate examenele, dar de data aceasta nu îi voi asculta sfatul.'

În final, am decis să cer permisiune Mamei într-un mod neobișnuit. Am luat trei bucăți de hârtie de mărimi egale. Pe prima bucată am scris „Întoarce-te, fiule". Pe a doua am scris: „Mai întâi scrie toate tezele și apoi vino", iar pe a treia am scris: „Cum dorește fiul meu." Am împăturit toate cele trei hârtii în același fel, le-am scuturat, am luat poza Mamei din valiză și i-am oferit hârtiile cu următoarea rugăciune: „O, Mamă, voi alege una dintre aceste hârtii, te rog fă-mi cunoscută voia ta, indiferent care este ea." Cu ochii închiși, am ales una dintre hârtii și am deschis-o. Din nefericire era cea pe care scrisesem, „Mai întâi scrie toate tezele și apoi vino." Nesatisfăcut de rezultat, mi-am încercat din nou norocul cu cele trei bucăți de hârtie, dar am primit din nou același mesaj. Sufletul îmi tânjea însă într-un asemenea hal după Mamă, încât în final am decis să plec a doua zi.

A doua zi, după ce am dat ultimul dintre examenele din prima serie de examene, m-am grăbit să îmi fac valiza și să plec. Deodată, am observat niște lucruri ce zăceau în colțul camerei. Erau niște ziare vechi în care împachetasem unele dintre lucrurile pe care le adusesem din așram și o bucată ruptă de savonieră. Mi-am spus : „Cât am suferit când m-am despărțit de Mama. Poate și aceste lucruri îmi împărtășesc durerea; aș comite poate un păcat dacă le-aș lăsa aici." Cu acest gând în minte le-am așezat cu grijă în bagaj.

A doua zi am ajuns la așram. În drum spre camera Mamei l-am văzut pe fratele meu Venu. Tulburat, acesta mi-a spus: „Mama mi-a spus aseară că ești foarte agitat și că o să vii azi." Am intrat în camera Mamei și am căzut la picioarele ei plângând. Mama m-a ridicat și m-a consolat spunând: „Fiule, știu ce e în sufletul tău. Iubirea asta e bună dar încearcă să dobândești mai multă forţă mentală. Un sadhak[3] trebuie să fie gingaş ca o floare şi tare ca un diamant. Trebuie să te întorci şi să dai şi celelalte examene. Chiar dacă nu le iei, Mama nu o să se supere. Du-te mâine şi întoarce-te după ce ai terminat examenele."

A doua zi m-am întors la Tirupati. O săptămână mai târziu, după ultimul examen, m-am întors la aşram. Nu eram satisfăcut cu ceea ce făcusem şi chiar mă temeam că s-ar putea să pic. Netulburată, mama mi-a spus: „Nu te mai gândi la asta. Nu te îndoi. O să iei examenele cu bine." Când s-au publicat rezultatele am fost surprins să văd că le luasem cu note mari. Doar a fi în prezenţa Sfintei Mame este un tapas. Cu ea suntem mereu în prezenţa a ceva nou şi proaspăt. Fiecare moment revelează înţelesuri ascunse care conduc pe aspirant prin diferite faze ale spiritualităţii, ajutându-l să evolueze de la un nivel la altul. La începutul vieţii mele spirituale simţeam uneori că am înţeles-o pe Sfânta Mamă. Doar mai târziu am realizat că nu înţelesesem absolut nimic despre ea."

Venu (Swami Pranavamritananda Puri)

Venu este fratele lui Balu. Mama lor a murit când erau mici. După moartea ei, Balu a crescut în casa tatălui lui, în timp ce Venu a fost crescut de mătuşa lui, Sarasvati Amma, într-o atmosferă spirituală. După ce a terminat şcoala gimnazială la vârsta de cincisprezece ani, Venu s-a mutat în casa tatălui lui pentru a-şi continua educaţia la liceul local. Deşi avusese o înclinaţie spre spiritualitate de când era mic, în anii de liceu a dus viaţă normală de licean. Însă chiar şi atunci, de câte ori vedea un film cu conotaţie spirituală sau un călugăr în straie portocalii, simţea din nou tresărirea impulsului său spiritual adormit.

---

[3] Aspirant spiritual. Cel ce practică „sadhana".

Când Venu era elev la liceu, Balu o întâlnise deja pe Sfânta Mamă şi îşi dedicase viaţa spiritualităţii. Deşi Balu îi vorbise fratelui său despre Sfânta Mamă în câteva rânduri, Venu nu a fost interesat. Ba chiar şi-a exprimat deschis dispreţul pentru ea spunând: „Nu vreau să am de-a face cu pescăriţa aia." Însă chiar înainte de a-l întâlni pe Venu, Sfânta Mamă prezisese în prezenţa lui Balu: „Fratele tău e şi el fiul meu. Şi el va veni aici." La auzul acestor vorbe, Balu s-a simţit îngrijorat, întrucât decizia lui de părăsi familia şi viaţa laică cauzase deja mare tulburare în familie. Ce se va întâmpla dacă Venu îi va călca pe urme? Acestea fiind spuse, Voinţa Divină acţionează dincolo de tărâmul viziunii omeneşti obişnuite. Ce era sortit să se întâmple avea să se întâmple şi nu putea fi evitat.

Pe când Venu se afla în ultimul an de facultate, Sfânta Mamă a vizitat casa mătuşii lui. Când Venu a sosit acasă în acea zi, Sfânta Mamă se afla pe verandă. Fără să îi arunce nici măcar o privire, Venu a trecut grăbit pe lângă ea şi s-a dus direct în camera lui unde se aflau Sreekumar şi alţi câţiva rezidenţi ai aşramului.

Fără o vorbă, Sfânta Mamă s-a dus imediat după Venu şi luându-l de mână ca o mamă iubitoare, i-a spus: „Nu eşti tu fratele fiului meu Balu? Mama îşi dorea tare mult să te vadă." Auzind aceasta, inima lui Venu s-a înmuiat şi a realizat brusc că Mama nu este o persoană obişnuită, ci un izvor de iubire maternă şi tandreţe. Venu s-a simţit atras de ea precum o bucăţică de fier de un magnet. După-amiază, când Sfânta Mamă a dat de mâncare la toată lumea, Venu a primit şi el nişte orez. Venu a fost extrem de mişcat de iubirea infinită, atitudinea nepărtinitoare şi inocenţa de copil a Mamei. Faţa îi radia şi din ea se revărsau valuri de lumină spirituală. Modul ei clar de a explica mistere spirituale, bhajanurile extatice ce îţi răpeau inima şi mai presus de toate modestia ei absolută au avut un efect profund asupra lui. Nu a trecut mult până când Venu s-a simţit atras de Mamă. Chiar şi atunci când

Sfânta Mamă vorbea cu alții, lui Venu i se părea că răspundea de fapt propriilor lui îndoieli ce tocmai îi apăruseră în minte.

Prima întâlnire cu Sfânta Mamă l-a marcat profund pe Venu și toate prejudecățile pe care le avusese legat de ea și de viața spirituală s-au evaporat. Zi de zi, dorința de a o vedea pe Mamă era din ce în ce mai mare. În final, în februarie 1980, Venu a venit la Vallickavu. Când a văzut-o pe Mamă, a izbucnit în plâns. Sfânta Mamă l-a luat de mână și l-a pus să șadă lângă ea. În noaptea aceea, când Venu a intrat în templu în timpul Bhavei lui Krișna, a simțit că se află în fața Domnului Krișna în persoană. Copleșit de fericire, nu a știut dacă să râdă sau să plângă. A rugat-o pe Mamă să îl binecuvânteze cu iubire curată de Dumnezeu și cu înțelepciune. Mama i-a spus: „Fiule, vei dobândi ceea ce cauți." Mama i-a dat o mantră scrisă pe o bucățică de hârtie și o ghirlandă de frunze de tulasi.

După prima întâlnire cu Sfânta Mamă, Venu a pierdut orice dorință de a-și continua studiile, singura lui dorință fiind să ducă o viață spirituală. La insistența Mamei, Venu s-a pregătit pentru examenele de final de facultate până la care mai era doar o lună. Profesorii și colegii de facultate au fost extrem de uimiți când l-au văzut pe Venu venind la școală tuns zero și cu cenușă sfințită aplicată pe frunte. Au fost convinși că înnebunise. Mintea îi era complet acaparată de gândul la Sfânta Mamă. Se gândea la ea atât de intens, încât într-o zi s-a pregătit din greșeală pentru examenul din ziua următoare în loc de cel din ziua curentă. Venu a reușit totuși să treacă toate examenele și în septembrie 1980 a venit să stea în așram cu Sfânta Mamă.

Într-o zi, cu ocazia unei sărbători, în așram s-a preparat un desert dulce pentru a fi distribuit celor prezenți. Obiceiul era să îi fie oferit mai întâi lui Dumnezeu înainte de a-l distribui credincioșilor. Venu a luat puțin desert într-un vas și l-a așezat pe micul altar din fața templului. Negăsind nimic cu care să-l acopere şi după ce s-a asigurat că Mama nu se afla prin apropiere, a rupt o frunză fragedă dintr-o plantă ce creştea lângă altar. În acest moment, Mama, care îl zărise de la depărtare, a strigat: „Hei, Venu!" Auzind vocea Mamei, Venu a încercat să ascundă frunza, dar din cauza grabei, a răsturnat vasul şi a vărsat conţinutul pe nisip. Realizând că e pe cale să fie prins în flagrant şi sperând să scape cu faţa curată, Venu a cules desertul de pe jos şi l-a îndesat înapoi în recipient, punându-l repede înapoi pe altar, deşi ştia foarte bine că nu se cuvenea să facă asta.

Mama, care observase întreaga scenă de la depărtare, s-a apropiat şi i-a spus pe un ton serios: „Fiule, nici măcar un câine n-ar mânca asta. Ce să mai zic de o fiinţă omenească? Şi atunci cum poţi s-o oferi lui Dumnezeu? Fiule, tu ai mânca asta? Nu! Ăsta e un păcat real. Dumnezeu acceptă tot ce îi este oferit cu iubire curată şi devoţiune, fără să îi pese ce anume este. El vede doar atitudinea din spatele ofrandei. Dacă nu ai fi conştient de ce ai făcut, nu m-ar fi deranjat deloc, dar în ciuda faptului că ştiai că nu e bine ce faci, ai continuat să o faci. Şi mai mult. Ai comis o altă greşeală rupând o frunză din planta aceea plăpândă. Ce nemilos eşti! Pot vedea cum plânge planta de durere. Dacă cineva te ciupeşte, te doare, nu? Fiule, deşi tu nu-i simţi durerea, Mama o simte."

Venu a înţeles că greşise şi a cerut iertare. Mama i-a spus: „Fiule, orice greşeli ai comite, Mama consideră că este vina ei. Mama nu este deloc supărată pe tine dar pentru a te putea conduce pe calea către Perfecţiune trebuie să pretindă că este."

Venu spune: 'Nimic nu i se poate ascunde Sfintei Mame. Ea ştie tot ce se petrece. Acum cinci ani am avut o experienţă ce ilustrează acest fapt. Într-o noapte, în timpul cinei, în timp ce toată lumea mânca kanji[4], am avut brusc dorinţa puternică

---

[4] Orez.

de a mânca murătură de mango[5]. O văzusem în așram mai devreme, dar întrucât era destinată muncitorilor și credincioșilor ce veneau în vizită, noi cei ce locuiam permanent în așram nu aveam voie să mâncăm. Mama ne spusese că nu este bine pentru un aspirant spiritual să mănânce mâncare foarte picantă, foarte amară, foarte sărată sau foarte dulce. Deseori venea în bucătărie neanunțată pentru a se asigura că i se respectau instrucțiunile. Deși eram perfect conștient de asta, dorința de murături a fost mai puternică ca mine.

M-am furișat în bucătărie și am furat două bucăți de murătură de mango. Eram pe cale să plec când am auzit deodată vocea Mamei: „Venu, ce ai în mână?". Speriat, și încercând să evit să fiu prins în flagrant, am azvârlit bucățile de mango într-un colț. Mama le-a căutat și le-a găsit imediat. Atunci m-a prins de mâini și mi le-a legat de un stâlp. M-am simțit foarte rușinat și speriat.

Văzându-mi frica și inocența de copil, Mama a izbucnit în râs. De fapt, Sfânta Mamă se distra, văzând în Venu pe copilul Krișna ce fusese legat de mama lui de un pisălog, după ce fusese prins furând unt și lapte din casele Gopilor. După câteva secunde, Mama l-a dezlegat și i-a dat câteva murături de mango spunându-i cu multă dragoste: „Fiule, doar dacă controlăm gustul limbii putem să ne bucurăm de gustul inimii."

Mama are propriile ei modalități de a pune capăt tendințelor negative ale copiilor ei spirituali. Uneori spune: „Sunt o fată nebună care nu știe nimic". Pretinde că este o țărancă ignorantă și inocentă, dar ochii ei văd până în străfundul lucrurilor. Odată ce descoperă o greșeală, Marele Învățător din ea se manifestă și dă discipolilor învățăturile potrivite, ascunzându-și în acest răstimp, pentru moment, iubirea de mamă.'

---

[5] Murătură foarte picantă, servită în general cu orez.

Sreekumar (Swami Purnamritananda Puri)

Sreekumar era inginer electronist înainte de a o întâlni pe Mamă. Pe când studia pentru licenţă în 1979 a auzit vorbindu-se despre o femeie ce îi ajuta pe credincioşi în diferite moduri in funcţie de problemele fiecăruia. Deşi credea în Dumnezeu, se îndoia că Divinitatea putea lua un trup omenesc. Şi cum putea să creadă cu tărie într-un Dumnezeu binevoitor când atâţia suferă în lumea asta? În final s-a hotărât să meargă să vadă în persoană dacă ceea ce se spunea despre Sfânta Mamă - că ar poseda puteri divine - e adevărat sau nu.

Sceptic, a ajuns la aşram în martie 1979. Intrând în altar, s-a apropiat de Sfânta Mamă şi a fost pătruns până în adâncul sufletului de privirea ei iubitoare şi plină de compasiune. Simpla ei prezenţă l-a transportat într-o altă lume unde nu existau decât Dumnezeu, Numele Lui Sfânt şi el însuşi. Sreekumar a uitat complet unde se afla. Această experienţă l-a legat puternic de Mamă şi din acel moment nu a mai reuşit să se gândeasă la nimic altceva în afară de ea.

Referitor la cea de-a doua întâlnire cu Sfânta Mamă, Sreekumar spune: „Am auzit pe unii numind-o 'Copilă' în timp ce alţii o numeau 'Mamă' (Amma). După Darşanul Bhavei stătea de vorbă cu credincioşii. Dintr-o dată, devenea un copil mic şi inocent, purtându-se ca atare. Se juca cu credincioşii care, văzându-i inocenţa, simţeau o mare bucurie, uitând de toate. Uneori cânta şi dansa iar în următorul moment, auzind un cântec, plângea şi şedea nemişcată ca şi cum ar fi fost pe o altă lume. Unii i se închinau iar alţii îi sărutau mâna; unii cântau cântece devoţionale. Apoi, ca şi cum şi-ar fi pierdut minţile, se rostogolea pe jos şi râdea." La început, Sreekumar a simţit că Mama era posedată de Mama Divină Kali sau Krişna doar temporar, dar treptat, ca urmare a timpului petrecut în prezenţa ei, a ajuns să înţeleagă că Mama nu făcea decât să își manifeste temporar identitatea interioară cu diferitele aspecte ale Realității Supreme.

Relația lui Sreekumar cu Sfânta Mamă a devenit din ce în ce mai apropiată cu fiecare zi. Îi era foarte greu să fie departe de ea. De câte ori avea timp liber, îl petrecea în compania Sfintei Mame. Uneori Sfânta Mamă îi dădea să mănânce cu propriile ei mâini, dându-i în același timp învățături spirituale. Într-o zi l-a întrebat: „Ți-a dat Mama o mantră să repeți?" El a răspuns: „Da, era scrisă pe o bucățică de hârtie și mi-a fost dată pentru succes la școală." Mama i-a zis: „Fiule, în timpul Bhavei lui Devi, Mama o să te inițieze." În noaptea aceea, Sreekumar a fost inițiat cu o mantră. În acel moment a decis să-și dedice întreaga viață spiritualității, sub îndrumarea Sfintei Mame.

Deși părinții lui Sreekumar erau devotați Sfintei Mame, când au aflat că Sreekumar plănuiește să se călugărească, nu au fost de acord. Principala lor obiecție era că tatăl lui era pensionar iar sora lui era încă nemăritată. Așa că i-au găsit o slujbă în Bangalore, aflat la aproximativ șase sute de kilometri depărtare. În acele zile în care inima i se frângea de dorul Mamei, Sreekumar o vedea adesea cu ochii minții. Pentru a-l consola, Mama obișnuia să-i trimită ocazional scrisori. Aceasta a fost perioada în care a scris următorul cântec:

Arikil undenkilum

O, Mamă, deși ești aproape,
Rătăcesc, nereușind să Te întâlnesc.

Deși am ochi,
Caut, incapabil să Te văd.
Nu ești Tu frumoasa lună
Ce înflorește în noaptea albastră de iarnă?

Eu sunt valul care, neputând atinge cerul,
Îşi loveşte capul de ţărm.

Când am înţeles în sfârşit
Că toate plăcerile lumii nu au nici o valoare,
Am tânjit să Te cunosc,
Vărsând lacrimi zi şi noapte.

Nu vrei să vii să mă consolezi?
Povara tristeţii mă copleşeşte.
Dorindu-mi să Te văd,
Te aştept mereu.

Dorinţa intensă de a vedea pe Sfânta Mamă şi de a sta cu ea l-a făcut pe Sreekumar să se întoarcă acasă înainte ca prima lună în Bangalore să se sfârşească. Căzut la pat cu febră, a fost spitalizat imediat ce a ajuns acasă. Dorinţa lui de a o vedea pe Sfânta Mamă a continuat să crească. Într-o dimineaţă, la ora patru, a avut o experienţă minunată. „Tatăl meu ieşise să aducă nişte cafea. Eram singur în cameră, când dintr-o dată am simţit că mâinile şi picioarele îmi sunt paralizate. O adiere răcoroasă şi blândă mi-a mângâiat trupul şi spre marea mea surpriză am văzut-o pe Mamă intrând în cameră şi venind lângă mine cu un zâmbet binevoitor pe faţă. Am început să plâng ca un copil mic, în timp ce ea s-a aşezat pe pat lângă mine şi mi-a pus capul în poală. Mama nu a rostit nici un cuvânt. Am fost copleşit de emoţie şi nu am putut scoate nici o vorbă. O lumină strălucitoare îi emana din corp inundând camera. În momentul următor, uşa s-a deschis şi în cameră a intrat tatăl meu. Sfânta Mamă a dispărut imediat."

Câteva zile mai târziu, dimineaţa, Mama a vizitat casa lui Sreekumar. Şedea aşezată în faţa casei şi se juca cu nişte copii, când, pe neaşteptate, s-a ridicat şi a traversat câmpia situată în partea de est a casei, în timp ce forma o mudră cu mâinile. După ce a parcurs o oarecare distanţă, a intrat într-o pădurice în care se afla o familie ce adora șerpi de multă vreme. Într-o stare semiconștientă și cu ochii pe jumătate închiși, a aruncat un zâmbet încântător familiei și s-a așezat pe micul altar construit pentru cinstirea șerpilor. Câțiva oameni s-au adunat pentru a asista la această scenă neobișnuită. Mai erau și alții interesați să asiste dar nu au îndrăznit să intre în această pădurice renumită pentru șerpii ei veninoși.

Auzind ce se întâmplase, proprietarii pădurcii au venit în grabă și stând în fața Mamei cu mâinile împreunate au întrebat-o: „Mamă, facem aici ritualuri în cinstea șerpilor fără încetare. Mai trebuie să facem și altceva?" Mama le-a răspuns: „Să puneți un pahar cu apă curată aici în fiecare zi. Atâta doar." Când Sfânta Mamă s-a întors în casă, familia a întrebat-o: „Mamă, ce te-a făcut să mergi acolo?" Mama a răspuns: „Șerpii sunt cinstiți aici de foarte multă vreme. Mama s-a dus acolo pentru a satisface dorința zeităților ce domnesc asupra acestei păduri. De cum am ajuns aici am simțit că mă cheamă la ele."

La puțină vreme după aceasta, părinții lui Sreekumar i-au găsit o slujbă în Bombay și au insistat atât de mult să o accepte încât în final Sreekumar n-a avut altă soluție decât să plece la Bombay cu mare strângere de inimă, trebuind să se despartă încă o dată de Sfânta Mamă. Pe când călătorea în tren a simțit intens prezența Sfintei Mame. Într-o stare semiconștientă, a avut încontinuu viziunea ei, scăldându-se în beatitudinea pe care o emană prezența ei Divină. În final, după opt luni, nu a mai putut suporta despărțirea de ea și și-a dat demisa.

În timpul șederii în Bombay, Sreekumar a scris acest poem plin de tristețe.

Azhikulil

Soarele a dispărut în oceanul de apus
Şi ziua şi-a început tânguirea...
Este doar joaca Arhitectului Universal,
Aşa că de ce v-aţi simţi nefericiţi, lotuşi ce vă închideţi?

Această lume, plină de durere şi nefericire,
Nu este decât joaca lui Dumnezeu, iar eu, martorul ei,
Nu sunt decât o păpuşă de lemn
Rămasă fără lacrimi în mâinile lui.

Departe de Tine, inima îmi arde ca o flacără
Într-un ocean de suferinţă.
Azvârlit cum sunt dintr-o parte în alta,
Nu reuşesc să ies la ţărm.

Încă înainte de a veni la Sfânta Mamă pentru a se dedica în întregime vieţii spirituale, Sreekumar obişnuia să aibă experienţe în planul astral al existenţei. Pe când adormea seara, putea simţi cum i se separa corpul subtil de cel fizic şi începea să călătorească. În aceste momente, deşi avea ochii închişi, putea percepe clar dimensiunea subtilă.

În timpul şederii în Bombay a avut o experienţă extrem de interesantă ce l-a umplut de entuziasm. Era zi şi se relaxa cu ochii închişi după terminarea meditaţiei. Dintr-o dată, corpul i-a devenit complet rigid. A simţit cum corpul subtil se desparte de cel grosier şi a auzit un sunet tunător urmat de valuri de fum în mijlocul cărora a perceput forma Sfintei Mame îmbrăcată în costumul colorat pe care îl poartă întotdeauna în timpul Bhavei lui Devi. Forma magnifică a Mamei l-a umplut de reverenţă şi uimire. Această viziune sublimă a durat câteva minute şi în toată această perioadă nu a putut să se mişte sau să deschidă ochii.

În seara zilei de 28 ianuarie 1980, Sreekumar era pe cale să meargă acasă să își viziteze părinții când Mama l-a oprit, spunându-i: „Stai aici; nu te duce nicăieri azi." Cu propriile lui cuvinte: „M-am bucurat la auzul acestor cuvinte și am renunțat la plecare. În jur de ora șase seara, stăteam afară vorbind cu niște oameni, când deodată mă mușcă ceva de picior. Am țipat de durere și Mama veni în fugă. Găsind imediat rana, Mama a supt sângele și otrava și le-a scuipat. Cu toate astea, durerea a devenit insuportabilă. Văzând cum mă rostogoleam pe jos din cauza durerii atroce, Mama a încercat să mă aline. În final, la insistența altora, a permis să fiu dus la un doctor specializat în mușcăturile de șarpe. Doctorul a spus: „Șarpele care te-a mușcat era extrem de veninos dar în mod ciudat nu pare să îți fi afectat organismul sau sângele." Ca urmare a îngrijirilor afectuoase ale Mamei am reușit să adorm în final în jur de ora trei dimineața, după care Mama s-a dus și ea la culcare.

A doua zi, Mama mi-a spus, „Fiule, oriunde te-ai fi aflat, erai sortit să fi mușcat de un șarpe. Dar întrucât s-a întâmplat în prezența Mamei, mușcătura nu a avut consecințe serioase. De asta nu te-a lăsat Mama să pleci ieri." Mai târziu, când am ajuns acasă, mi-am inspectat horoscopul și am fost surprins să găsesc acolo o mențiune despre un accident fatal. Spunea: „La vârsta de douăzeci și doi de ani, există o posibilitate de otrăvire. Prin urmare, ar trebui făcute slujbe și date ofrande în templu, pentru sănătate."

Prin Grația Sfintei Mame, Sreekumar a avut câteva experiențe spirituale care l-au inspirat să își continue sadhana cu din ce în ce mai mult entuziasm. După ce a făcut câteva aranjamente financiare pentru părinții și sora lui, s-a stabilit în așram pentru totdeauna.

Ramakrişnan (Swami Ramakrişnananda Puri)

Ramakrişnan este fiu de brahmani din Palghat, Kerala. În 1978, pe când era angajat la Banca de Stat din Travancore, a aflat despre Sfânta Mamă de la un prieten. Într-o seară, a venit să o vadă împreună cu prietenul lui. Deşi fusese crescut într-o familie ce respecta obiceiurile religioase, Ramakrişnan o luase pe o cale greşită, sub influenţa prietenilor pe care şi-i făcuse la facultate. Când a văzut-o pe Sfânta Mamă, a izbucnit în plâns. Toată asprimea interioară i s-a topit şi inima lui Ramakrişnan s-a înmuiat până când totul a fost curăţat de acele lacrimi purificatoare. După aceasta, a început să vină la toate Darşanurile pentru a o vedea pe Mamă în Bhava ei Divină. Plângea ca un copil mic şi o implora pe Mamă să îl binecuvânteze cu viziunea lui Madurai Meenakşi, Zeitatea lui mult iubită. În unele zile postea chiar, mâhnit că încă nu avusese viziunea dorită. În acele zile Sfânta Mamă îi dădea să mănânce paiasam[6] fără să se refere la postul pe care îl ţinea. Plângând de dor intens în poala Mamei în timpul Bhavei lui Devi, o întreba: „Mamă, o să vii la mine mâine? Dacă-aş putea cel puţin să aud clinchetul brăţărilor[7] tale.” Mama a răspuns acestor rugăciuni umile binecuvântându-l cu multe viziuni ale Zeităţii lui preaiubite. În unele zile auzea clinchetul brăţărilor Mamei şi o vedea pe Devi; alteori devenea conştient de prezenţa unui parfum divin ce îl înconjura.

Două evenimente semnificative l-au inspirat pe Ramakrişnan să abandoneze viaţa laică şi să îmbrăţişeze calea spiritualităţii şi a renunţării la lume. Primul a fost iniţierea de către Sfânta Mamă. În acea zi a simţit o putere imposibil de exprimat în cuvinte transmiţându-se din ea către el, care i-a schimbat total noţiunile

---

[6] Desert dulce din orez cu lapte preparat cu diferite mirodenii.

[7] Devi poartă brăţări cu clopoţei în jurul gleznelor; clinchetul brăţărilor se referă aici la sunetul produs de clopoţei când Devi dansează.

legate de sensul și scopul vieții. Cel de-al doilea eveniment este descris mai jos.

Într-o zi, pe când îi arăta o poză a lui Șri Ramakrișna Paramahamsa[8], Mama a spus: „Amândoi aveți același nume și cu toate astea uite ce s-a ales de tine." Aceste cuvinte ale Sfintei Mame i-au străpuns inima ca un fulger și i-au întărit dorința de a deveni un aspirant spiritual adevărat.

Într-o seară de vară Ramakrișnan a venit pentru Darșanul Mamei în Bhava lui Devi. În templu era extrem de cald și Mama l-a rugat să îi facă vânt cu evantaiul. Ramakrișnan tocmai văzuse un grup de femei tinere la intrarea în templu și prin minte i-a trecut următorul gând: „Dacă văd un bărbat tânăr ca mine, un angajat al Băncii de Stat, făcând vânt cu evantaiul unei femei tinere, or să izbucnească în râs." Gândind așa, nu i-a făcut vânt cu evantaiul Mamei. La sfârșitul Darșanului, pe când ieșea din templu, și-a lovit rău de tot capul de bârna de lemn de deasupra ușii. Văzându-l așa neîndemânatic, toate femeile au izbucnit în râs. Ramakrișnan a pălit și s-a simțit rușinat. A doua zi, când a venit din nou pentru Darșan, Mama l-a chemat la ea și i-a spus: „Ieri n-ai vrut să-mi faci vânt cu evantaiul, deși te rugasem. De aceea m-am gândit că ar fi spre binele tău să te fac de râs în fața acelor femei de care îți fusese frică." Începând cu următorul Darșan, Ramakrișnan i-a făcut Mamei vânt cu evantaiul regulat, fără să fie rugat.

La un moment dat, Ramakrișnan a fost transferat la o bancă aflată la o sută de kilometri depărtare de așram. Una dintre îndatoririle lui era să poarte cu el cheia seifului și să sosească la bancă la zece dimineața fix în fiecare zi. Într-o zi, părăsind așramul în dimineața de după Darșanul de duminică, a luat un autobuz care l-a lăsat la treisprezece kilometri depărtare de birou. Ajuns aici,

---

[8] Sfânt și maestru spiritual renumit ce a trăit în Bengal, nordul Indiei, la începutul secolului XX

a aflat că nu mai trecea nici un autobuz înainte de ora zece. A încercat să ia un taxi dar nu mai era nici unul disponibil. Îngrijorat şi supărat, a strigat „Amma!" După câteva momente, în faţa lui s-a oprit o motocicletă condusă de un străin. Adresându-se lui Ramakrişnan acesta a spus: „Merg la Pampakuda (tocmai oraşul în care lucra Ramakrişnan). Nu mai sunt autobuze înainte de zece, aşa că dacă vrei, te duc eu." Recunoscător, Ramakrişnan s-a suit pe motocicletă şi a ajuns la bancă exact la ora zece! Răspunzând ulterior întrebării lui Ramakrişnan, Mama a comentat: „O singură rugăciune făcută cu concentrare este suficientă. Dumnezeu o va auzi."

În 1981, Ramakrişnan a avut o experienţă ce l-a învăţat o lecţie preţioasă de ascultare de Maestrul spiritual. De teamă că Ramakrişnan se va călugări dacă stătea prea mult în aşram, părinţii au încercat să-l transfere la o altă sucursală a băncii, aflată în oraşul lui natal. Cedând în final presiunii constante, Ramakrişnan şi-a depus cererea de transfer fără să ceară sfatul sau permisiunea Mamei. După câteva zile, s-a răzgândit şi a trimis o scrisoare autorităţilor bancare în care le cerea să ignore cererea precedentă.

Într-o zi, Mama i-a spus: „Ar fi bine să te interesezi despre situaţia celei de-a doua scrisori pe care ai trimis-o, întrucât nu au primit-o." Ramakrişnan a replicat: „Nu e nevoie, Mamă. Sunt convins că au primit-o şi că mi-au acceptat cererea." Mama a insistat de câteva ori să se intereseze de a doua scrisoare, dar Ramakrişnan nu i-a luat sfatul în serios.

Nu după multă vreme, Ramakrişnan a primit ordinul de transfer de la autorităţile din Trivandrum, unde se afla sediul principal al băncii. Deşi s-a dus imediat să vorbească cu funcţionarii responsabili, era prea târziu. După cum spusese Mama, nu primiseră nici o scrisoare ce îi ruga să ignore cererea precedentă.

Această scrisoare se pierduse pe drum. Aşa a învăţat Ramakrişnan că nici cele mai mărunte vorbe ale Gurului nu pot fi ignorate.

Într-o zi, în mijlocul unei conversaţii, Mama s-a întors brusc spre Ramakrişnan şi i-a spus încruntată: „Sunt unii care încă se mai uită la fete, chiar şi după ce au îmbrăţişat o viaţă de renunţare." Ramakrişnan a întrebat-o: „Cine, Mamă?"

„Tu!" replică Mama. Ramakrişnan se simţi uluit.

„Eu? Nu mă uit niciodată la femei! Mama mă ceartă fără nici un motiv."

În momentul următor Mama a rostit numele unei femei pe care Ramakrişnan o cunoştea bine şi a început să dea detalii despre numele soţului ei, numele copiilor şi ale altor membri ai familiei. În timpul ăsta, Ramakrişnan o privea cu gura căscată. Auzind pe Mamă descriind femeia, dându-i adresa, şi alte detalii pe care Sfânta Mamă nu avea cum să le cunoască, Ramakrişnan a rămas mut de uimire. Mama l-a întrebat din nou: „Hei, Ramakrişnan, spune adevărul! Nu-i aşa că te uiţi la ea în fiecare zi?"

Ramakrişnan păstră tăcerea. Era adevărat că se uita la ea în fiecare zi, dar de ce? Femeia semăna leit cu Sfânta Mamă. Privind-o, simţea că o vede pe Mamă Însăşi. Când Mama l-a văzut stând acolo mut şi cu capul în pământ, a izbucnit în râs. E de la sine înţeles că după acest eveniment Ramakrişnan nu s-a mai uitat niciodată la acea femeie.

Acest incident ilustrează clar modul în care Sfânta Mamă observă îndeaproape acţiunile şi gândurile copiilor ei spirituali şi îi sfătuieşte în consecinţă.

Înainte ca aşramul să fie înregistrat ca organizaţie de caritate, doar câtorva persoane le era permis să stea acolo. Aşramul nu putea să aibă grijă de prea multe persoane întrucât nu existau suficiente fonduri în acea vreme. Unii dintre brahmacharii care îşi lăsaseră serviciul pentru a sta permanent în aşram se bizuiau pe Ramakrişnan pentru mâncare şi obiecte de îmbrăcăminte. Întrucât era încă angajat la bancă, Ramakrişnan îi ajuta bucuros. La începutul aşramului, Ramakrişnan simţea că în Mamă sunt două fiinţe diferite, sinele ei obişnuit şi Fiinţa Divină din timpul Darşanului Bhavei. Acestă idee a produs multă confuzie în mintea lui şi l-a făcut de multe ori să se simtă nefericit. În final, i-a cerut Mamei să îl binecuvânteze pentru a depăşi acest mod de gândire eronat. Într-o noapte, a avut o viziune a Sfintei Mame îmbrăcată în haine albe. Aceasta se întâmpla înainte ca Sfânta Mamă să se îmbrace în alb. După acestă viziune, Ramakrişnan nu a mai avut nici un dubiu că Mama era mereu aceeaşi persoană, indiferent de starea ei exterioară.

Credinţa lui Ramakrişnan în Mamă s-a adâncit şi mintea i-a devenit treptat absorbită de divinitatea Ei. Acestă stare a creat multe situaţii dificile la serviciu. Uneori făcea greşeli în timp ce număra bani sau în timp ce făcea bilanţul zilnic. În 1982 a venit să locuiască în aşram, continuându-şi în acelaşi timp serviciul. Mai târziu, în 1984, şi-a dat demisia şi s-a stabilit permanent în aşram.

Rameş Rao (Swami Amritatmananda Puri)

Rameş Rao s-a născut într-o familie bogată de brahmani din Haripad, Kerala. A crescut ca mulţi alţi adolescenţi, bucurându-se de plăcerile lumii. Deşi cufundat în acest mod de viaţă, obişnuia să meargă la un templu al lui Devi din apropiere şi să ceară iertare pentru modul lui de viaţă uşuratic. Înainte de a face orice, bun sau rău, mergea şi se ruga în templu, cerând binecuvântarea Mamei Divine.

Odată, Rameş a fost invitat de un prieten să viziteze aşramul Sfintei Mame, dar a refuzat invitaţia. Mai târziu, pe când încerca să obţină un serviciu în străinătate, s-a hotărât să viziteze aşramul pentru a afla ce îi rezervă viitorul, întrucât auzise că Sfânta Mamă avea puteri divine şi putea prevedea viitorul. Astfel, în iunie 1979, a intrat în templu şi s-a apropiat de Sfânta Mamă în timpul Bhavei lui Krişna. Înainte să poată deschide gura, Sfânta Mamă i s-a adresat, spunându-i: „Fiule, încerci să traversezi oceanul. Mama te va ajuta dacă doreşti. Nu-ţi fă griji."

Încă de la prima întâlnire, Rameş a fost convins de divinitatea Sfintei Mame şi s-a simţit legat de ea printr-un sentiment puternic de iubire divină. Întorcându-se acasă, a încercat să se concentreze pe afacerea de textile pe care o moştenise de la tatăl lui, dar fără succes, întrucât nu-şi putea lua gândul de la Sfânta Mamă. În unele zile, dorinţa de a o vedea era atât de puternică, încât închidea magazinul şi alerga la aşram să o vadă. Într-o zi, pe când îşi lua rămas bun de la Sfânta Mamă, ea i-a spus: „Fiule, unde te duci? Locul tău e aici."

Într-o noapte, Rameş a avut un vis în care i s-a arătat sfârşitul lumii. Ploua cu mingi de foc, valurile oceanului se ridicau până la cer şi ameninţau să înghită întreg pământul. Adunându-şi toate puterile, Rameş a strigat: „Amma!" Imediat, o lumină orbitoare s-a ridicat din oceanul agitat şi s-a întins în toate direcţiile. Din acea lumină, s-a ivit forma încântătoare a zeiţei Durga[9], îmbrăcată într-un sari roşu şi aşezată pe un leu fioros[10]. În fiecare din cele opt mâini avea câte o armă divină. Spre surpriza lui Rameş, faţa plină de compasiune a zeiţei era chiar faţa Sfintei Mame. Ea l-a consolat spunându-i: „De ce te temi când Eu sunt cu tine? Tu eşti fiul Meu. Nu-ţi fă griji." După asta, Rameş a avut multe viziuni ale Sfintei Mame în vis.

Datorită relaţiei apropiate cu Sfânta Mamă, dorinţa interioară a lui Rameş de a cunoaşte pe Dumnezeu şi de a trăi în prezenţa Mamei s-a intensificat. Într-o zi, pe când se afla în prezenţa ei, a avut o experienţă ce i-a întărit hotărârea de a duce o viaţă spirituală. Era ora patru după-amiaza şi Rameş venise ca de obicei să o

---

[9] Durga este o altă formă a Mamei Divine.

[10] Aceasta este reprezentarea clasică a zeiţei Durga, călărind un leu.

vadă pe Mamă, care stătea așezată în templu. A intrat în templu și după ce s-a prosternat în fața ei, s-a așezat lângă ea. Pe când îi privea fața radioasă, atmosfera din templu s-a schimbat brusc. Lumea pluralității a dispărut complet. O vedea doar pe Mamă. A realizat că aceasta este Mama lui adevărată si a simțit că este din nou un copil mic de doi ani. Îmbătat de iubire divină, Rameș a uitat de lume. Plină de duioșie, Sfânta Mamă i-a pus capul în poala ei. Fiind conștientă că Rameș se pierduse în extaz, Mama i-a ridicat încet capul și a rugat câțiva credincioși să îl așeze pe jos. La ora nouă seara, Mama s-a întors și l-a găsit în aceeași stare, întins pe jos. Rameș și-a recăpătat cunoștința doar când a auzit-o pe Mamă chemându-l: „Fiule!".

După acest incident, viața lui Rameș a luat o turnură dramatică. Dorința de a o vedea pe Mamă s-a intensificat. Nu îi mai păsa deloc de lumea materială. A încetat să mai meargă la magazin și a început să o viziteze pe Mamă tot timpul, petrecând zile și săptămâni în șir în așram. Această schimbare subită a lui Rameș i-a umplut familia de teamă. Părinții și rudele și-au întețit eforturile de a-l aduce înapoi la modul de viață dinainte și a-l convinge să se însoare. Dar toate încercările lor au eșuat. Într-o zi, Sfânta Mamă i-a spus lui Rameș: „Fiule, părinților le e dor să te vadă. Mergi acasă și cere voie să vii aici." Rameș a spus: „Mamă, mă abandonezi? Îmi vor face probleme." Mama i-a răspuns: „Un bărbat curajos poate depăși acest fel de probleme."

Mama l-a trimis pe Rameș acasă împreună cu un alt rezident al așramului. Membrii familiei au folosit forța pentru a-l ține pe Rameș acasă. Ei au crezut că Sfânta Mamă l-a influențat folosind puteri necurate. Pentru a-și convinge fiul să se întoarcă acasă, au făcut niște ritualuri speciale. Părinții au insistat ca Rameș să mănânce un gen special de ghi[11] care fusese preparat de un preot folosind anumite mantre pentru a-l face să plece din așram și să se

---

[11] Un aliment făcut din unt.

întoarcă acasă. Rameş i-a cerut sfatul Sfintei Mame cu privire la ghi. Mama i-a spus: „Fiule, mănâncă. Dacă e ceva necurat în el, nu are nici o importanţă. Ai venit la mine datorită tendinţelor tale spirituale. Nu ţi se va întâmpla nimic, chiar dacă mănânci ghi-ul."

Ascultându-i sfatul, Rameş a mâncat ghi-ul, dar nu s-a întâmplat nimic. Setea lui pentru viaţa spirituală nu fusese cu nimic afectată. Acum familia a schimbat tactica şi a devenit mai aspră şi mai inumană. Au tras concluzia că schimbarea bruscă a fiului lor se datora unei afecţiuni mentale cauzate de faptul că nu reuşise să obţină o slujbă în străinătate. Cu ajutorul prietenilor, care nici ei nu erau de acord cu noul fel de viaţă al lui Rameş, l-au dus la un psihiatru pentru tratament.

Rameş a spus doctorului: „Nu sunt nebun. Ascult de sfatul gurului meu. Tu eşti cel nebun, nebun după lumea asta. De aceea încerci să îţi impui nebunia şi altora." La insistenţa rudelor, doctorul l-a tratat pe Rameş timp de zece zile. Scopul lor era să îşi convingă fiul să îşi dorească o viaţă în lumea obişnuită. Imediat după tratamentul psihiatric, au decis să îl trimită la Bhilai să stea cu rudele, gândind că o schimbare de mediu îl va ajuta să se reîntoarcă la vechiul mod de viaţă. În plus, au încercat să găsească o soţie potrivită pentru el.

Aflat în impas, Rameş i-a scris Mamei: „Mamă, până acum nu am cedat dorinţelor lor. Dar în acest moment, dacă Mama nu mă salvează, mă voi contopi cu Mama din cer. Mă voi sinucide."

După şederea iniţială în Bhilai, Rameş a fost adus înapoi acasă. Familia lui era acum convinsă că renunţase la spiritualitate şi l-au încurajat să continue cu afacerea de textile. Într-o zi, fără ştirea nimănui, a vizitat-o pe Sfânta Mamă şi a implorat-o: „Mamă, dacă mă părăseşti, o să mor." Fără să aştepte un răspuns, şi-a continuat şederea în aşram. În timpul scurtei lui şederi de trei zile, Mama l-a avertizat de câteva ori despre intenţiile rudelor de a crea obstacole în calea lui. L-a sfătuit chiar să se întoarcă acasă și să aștepte până când familia își va da consimțământul pentru viața spirituală, dar Rameș nu i-a dat atenție spunând: „Dacă mă întorc acasă nu mă vor lăsa să-mi continui practicile spirituale."

În această vreme, tatăl lui Rameș a depus o petiție împotriva Sfintei Mame, cerând intervenția poliției pentru a-și recăpăta fiul care, spunea el, era ținut cu forța în așram. În a treia zi, tatăl lui Rameș și alte câteva rude au venit la așram cu o furgonetă plină cu polițiști. Rameș i-a spus polițistului plin de îndrăzneală: „Sunt suficient de mare ca să aleg modul de viață pe care îl doresc și sunt liber să decid unde să locuiesc." Dar nici poliția, nici părinții nu au dat atenție acestor vorbe și au decis să îl ducă la un spital de boli mintale din Trivandrum. Pe drum, s-au oprit cu toții să ia masa de prânz în Kollam. Rameș a refuzat să mănânce și a rămas în mașină. Deodată, a auzit o voce interioară spunându-i: „Dacă fugi acum, vei fi salvat. Altfel, vei fi distrus."

În momentul imediat următor, un taxi s-a oprit în fața lui. Fără să ezite nici măcar un moment, Rameș a sărit în el. Nu avea nici un ban în buzunar. În acea perioadă, unul dintre rezidenții așramului stătea în Kollam, unde se pregătea pentru un masterat în filozofie. Rameș i-a spus ce s-a întâmplat. În noaptea aceea, cu ajutorul unor credincioși, Rameș a părăsit Kerala și a mers la Misiunea Chinmaya din Bombay. Aflând că se află în Bombay, rudele au încercat din nou să îl aresteze. Pentru a-și salva viața, Rameș a pornit spre Himalaia. Nu avea practic nici un ban la el pentru biletul de tren și mâncare și nu avea nici haine călduroase care să-l protejeze împotriva frigului. Cu greu, a ajuns în Himalaia unde a hoinărit din sat în sat. Hainele îi erau rupte și zdrențuite și tânărul a devenit un hoinar, cerșind mâncare și meditând sub copaci sau în peșteri. Astfel au trecut zile și luni. În final, a primit la o adresă pe care o dăduse în prealabil, o scrisoare de la Sfânta Mamă ce spunea: „Fiule, vino înapoi. Nu mai sunt probleme."

Rameş s-a întors la aşramul Sfintei Mame. Ea l-a trimis apoi să îşi vadă părinţii care se învăţaseră minte. Se mai domoliseră şi au fost fericiţi să-şi vadă din nou fiul. Dar au continuat să încerce să-l tenteze. Când au realizat că împotrivirea lor vehementă nu serveşte la nimic, au încercat să îl facă să se răzgândească cu frumosul. Dar toate eforturile lor s-au topit în focul aspiraţiei spirituale a lui Rameş. Pe douăzeci şi şapte august 1982, Rameş a devenit rezident permanent al aşramului şi a continuat netulburat practicile spirituale.

Nealu (Swami Paramatmananda Puri)

Neal Rosner (Nealu) s-a născut în Chicago, Statele Unite, în 1949. Graţie discernământului său şi a predispoziţiilor înnăscute, şi-a dat seama încă din tinereţe de efectele pozitive şi negative ale vieţii lumeşti. Când a ajuns în India în 1968, detaşarea de lume făcea deja parte din personalitatea sa. Din 1968 până în 1979 a stat în Tiruvannamalai unde a făcut diferite practici spirituale. A ajuns la Vallickavu în 1979. Pe tot parcursul călătoriei cu trenul fusese bolnav şi trebuise să stea întins. Suferea de ceva vreme de mai multe afecţiuni: slăbiciune, durere de spate, durere de stomac, lipsa poftei de mâncare, dificultate de a şedea sau de a umbla.

Când Nealu a întâlnit-o pe Mamă pentru prima oară în ziua în care a ajuns la aşram, nu a simţit nimic neobişnuit. Dar în noaptea următoare, în timpul Bhavei lui Krişna, a simţit cum o forţă spirituală puternică a ieşit din vechiul templu şi a intrat în interiorul lui. Această forţă l-a cufundat în extaz şi fără să ştie de ce, a început să plângă. Aceste lacrimi i-au uşurat inima şi din acel moment durerile de care suferise multă vreme s-au atenuat. A intrat apoi în templu şi a privit-o în ochi pe Mamă. În ei a văzut lumina păcii şi a beatitudinii interioare. Văzând pacea ce emana din Ființa Ei, a fost convins că Mama este un jivanmukta[12]. Prin grația divină a Mamei, Nealu a înțeles încă de la început că Mama își manifestă divinitatea în timpul Bhavelor, iar în restul timpului o ascunde. Nealu se găsea acum într-un ținut al beatitudinii divine și aici s-a rugat Mamei să îi arate calea către beatitudinea eternă. Mama a consimțit să îi îndeplinească dorința.

Odată, Nealu a întrebat dacă Mama i-ar putea acorda, doar printr-o simplă binecuvântare, devoțiune pentru Ea. Mama a râs cu inocență de copil și a spus: „Ce pot face eu? Sunt nebună." În ziua aceea, pe când Bhava lui Devi era pe cale să se termine, Mama a trimis pe cineva să îl cheme pe Nealu care stătea lângă intrare cu ochii fixați asupra ei. Dintr-o dată, Nealu a observat fața Mamei luminându-se. Intensitatea strălucirii a continuat să crească până când nu a mai putut vedea nimic, doar o lumină orbitoare de jur împrejurul ei. Totul dispăruse. Nu mai exista nici Mamă, nici templu, nici lume. În locul Mamei se afla o lumină strălucitoare. Acea strălucire sau lumină se întindea în toate direcțiile învăluind totul. Apoi lumina a început să se micșoreze până când a ajuns de mărimea unui grăunte de lumină și în final a dispărut. Nealu a rămas stupefiat. Simțea prezența Mamei înlăuntrul lui și se găsea într-o stare în care simpla amintire a viziunii luminoase a Mamei era suficientă pentru a-l face să izbucnească în plâns. După această viziune nu a putut dormi patru nopți întrucât se afla încă cufundat în această experiență divină. Simțea totodată permanent un parfum divin. După această experiență a decis să își continue practicile spirituale în Vallickavu. Amma a acceptat. Mama i-a dăruit o *mală din semințe de rudrakșa*[13]. Pentru mulți ani, din mală au emanat diferite parfumuri.

---

[12] Un suflet eliberat de ciclul nesfârșit al nașterii și morții.

[13] Colier (rozariu) din semințe ale unui copac sfânt, numit rudrakșa.

Fără medicamente, doar prin *sankalpa*[14] divină a Ammei, sănătatea lui Nealu s-a ameliorat semnificativ. Putea acum să şadă, să stea în picioare, să se plimbe, să mănânce. A început să simtă prezenţa continuă a Mamei în interiorul său şi o senzaţie neîntreruptă de pace şi beatitudine.

Odată, a avut un acces puternic de tuse, imposibil de controlat şi greu de suportat. În timpul Bhavei lui Krişna, Mama şi-a aşezat mâinile pe pieptul şi pe capul lui Nealu. În acel moment, viziunea de lumină pe care o avusese anterior, a revenit. Nealu a văzut clar că aceeaşi lumină se afla şi în interiorul lui şi că Sinele său adevărat şi trupul erau două lucruri diferite. Acea experienţă divină a rămas cu el pentru multă vreme. Totodată, suferinţa fizică s-a atenuat.

Într-o seară, din cauza unei dureri de cap intense, Nealu nu a reuşit să participe la cântecele devoţionale. Pe când zăcea în pat cu ochii închişi, a văzut o lumină ce a dispărut rapid. Apoi a văzut-o din nou şi de astă dată a simţit prezenţa divină a Mamei. Instantaneu, durerea de cap a dispărut şi Nealu s-a putut ridica şi a mers să asiste la programul ce avea loc.

Prin Graţia Ammei, problemele de sănătate ale lui Nealu s-au atenuat semnificativ. Dar mai mult decât atât, Nealu putea simţi prezenţa divină a Mamei oriunde se afla, adică se bucura de o pace şi beatitudine constante. Toate acestea se datorau contactului direct cu ea. Deşi optase pentru *Jnanamarga* (calea Cunoaşterii) în Tiruvannamalai, acum prefera *Bhaktimarga* (calea Devoţiunii). Spune el: „Aceasta este binecuvântarea pe care am primit-o de la Amma." Nealu spune că fără practicile spirituale pe care le urmase ani de zile nu ar fi fost în stare să înţeleagă sau să absoarbă învăţătura spirituală a Mamei. El este convins că scopul vieţii spirituale poate fi atins doar cu binecuvântarea Mamei.

---

[14] Hotărâre.

În primii ani de existență, așramul ducea mereu lipsă de bani. Cineva și-a împărtășit temerile Mamei: „Cum va putea să funcționeze așramul?" Mama a răspuns: „Nu îți fie teamă. Persoana ce va fi responsabilă de funcționarea așramului va veni curând." Nu după multă vreme, Nealu a sosit la așram și a început să se ocupe de partea financiară a organizației. Nealu a servit-o pe Mamă din tot sufletul, acordând atenție maximă chiar și celor mai mici detalii, îndeplinindu-și toate îndatoririle cu răbdare și *șrada*[15].

Saumya (Swamini Krișnamrita Prana)

Saumya a venit să stea în așramul Sfintei Mame în 1982. Era născută în Australia unde trăise deja într-un așram înainte de a veni în India pentru a petrece o vreme la sediul său central, în Bombay. Pe când locuia lângă Bombay, a fost prezentată unui credincios devotat Mamei care studia la acea vreme în Misiunea Chinmaya. El i-a vorbit mult despre Sfânta Mamă și experiențele pe care le avusese cu ea și i-a mărturisit lui Saumya că simțea că și ea este copilul Mamei. Acea persoană era convinsă că dacă Saumya ar merge să o viziteze, s-ar hotărî fără îndoială să rămână acolo. Așa s-a și întâmplat. După ce locuise într-un așram împreună cu câteva mii de oameni, mulți dintre ei din Vest, Saumya a fost plăcut surprinsă să viziteze așramul modest al Mamei unde locuiau la acea vreme doar paisprezece persoane, în câteva colibe mici.

Sfânta Mamă fusese informată printr-o scrisoare că Saumya urma să sosească. Când Saumya a intrat în templu, Mama s-a repezit să o îmbrățișeze. Saumya a fost peste măsură de uimită de căldura și iubirea pe care i-le-a arătat Mama. În așramurile în care fusese până atunci, discipolilor li se permitea doar să se închine Gurului și să îi atingă sandalele, în timp ce Gurul stătea așezat

---

[15] Atenție.

la o oarecare distanţă. Iar aici Mama mângâia pe credincioşi cu o iubire şi compasiune greu de înţeles.

În acele vremuri, Mama se purta uneori ca cineva care îşi pierduse minţile, întinzându-se pe nisip sau mâncând direct de pe jos. Deseori intra în samadhi în timp ce intona cântece devoţionale sau în timp ce dădea Darşan credincioşilor. Mama trăia extrem de simplu, dăruind fiecare moment al zilei lui Dumnezeu şi copiilor Lui, fără a păstra nimic pentru ea. Şedea pe nisip pierdută cu gândul la Dumnezeu, cântându-i neîncetat. Dumnezeu era singurul ei gând şi când nu era cufundată în El, ne iubea pe noi, iubea întreaga omenire. Nu-şi putea ascunde această iubire pentru că îi emana din fiecare por al fiinţei.

Înainte de a veni la Sfânta Mamă, Saumya se gândise că într-o zi va avea o familie. Îi plăcea totodată să călătorească. Însă aceste dorinţe au dispărut complet după întâlnirea cu Mama. După ce a auzit pe Mamă vorbind despre spiritualitate, despre faptul că această viaţă este menită în exclusivitate realizării esenţei Divine din interiorul nostru, a simţit că nu se poate întoarce şi trăi în Vest şi pretinde că acea viaţă este reală. Dorea să trăiască cu Gurul ei şi să fie îndrumată de ea.

Nu după multă vreme de la sosirea în aşram, Mama a rugat-o pe Saumya să preia responsabilitatea de asistentă personală în timpul Darşanului Bhavelor. Aceasta era o mare onoare şi o încântare, dar totodată o sarcină foarte dificilă, întrucât Saumya nu vorbea Malayalam. Una dintre îndatoririle ei era să şteargă faţa Mamei în timpul Bhavei lui Devi. Deşi Trupul Ei nu transpira niciodată, faţa i se umezea câteodată, datorită transpiraţiei credincioşilor. Era mereu extrem de cald şi de aglomerat în templu, iar Mamei îi plăcea să i se şteargă faţa după fiecare două persoane, pentru confortul credincioşilor.

Saumya se temea să șteargă fața Mamei Divine a Universului cu un prosop de față, dar nu avea de ales întrucât în acea perioadă Mama nu făcea niciodată asta singură.

Devi Amma (Sfânta Mamă în forma Mamei Divine) obișnuia să îi apară noaptea în vis și să o fixeze intens cu privirea, întrebând-o dacă nu avea de gând să îi șteargă fața. Aceste vise păreau atât de reale încât Saumya sărea din pat și începea să caute prosoape de față, simțindu-se extrem de vinovată că adormise. Uneori dormea cu ea și o altă fată ce o întreba ce făcea pe întuneric în miez de noapte.

Când se trezea complet într-un final și realiza că este miezul nopții și că Bhava lui Devi se terminase, că totul fusese doar un vis, obișnuia să ceară iertare Mamei pentru că se culcase, ce altceva putea să facă? Acest vis se repeta uneori chiar și de trei ori pe săptămână și nu a încetat decât după mulți ani.

Când a venit pentru prima oară la Mamă, își dorea să învețe cum să ducă o viață spirituală întrucât văzuse caracterul trecător al bucuriilor lumești. În anii de început ai așramului, Mama obișnuia să vorbească despre o viață dusă în slujba altora, dar Saumya nu s-a gândit că aceste învățături o priveau în vreun fel. Pe măsură ce anii au trecut, Mama a început să vorbească despre asta din ce în ce mai mult. Treptat, sămânța sădită de Mamă în inima Saumyei și pe care a îngrijit-o cu atenție și dragoste, dorința de a fi de folos celorlalți, a crescut și a dat roade. Acum este cea mai puternică dorință a ei. Rugăciunea ei secretă este: „Amma, dă-mi curățenia sufletească și forța de a sluji întreaga lume."

Madhu (Swami Premananda Puri)

Madhu s-a născut în Reunion (o colonie franceză) și este la origine indian. Încă din copilărie, Madhu a avut o dorință puternică de a deveni saniasin.

În 1976, Madhu a ajuns în India unde a stat pentru puţină vreme în aşramul Ramakrişna. Aici l-a întrebat pe Swami Vireşwarananda al mănăstirii Belur dacă ar fi bine să meargă în munţii Himalaia pentru a face sadhana. Swami Vireşwarananda l-a sfătuit să meargă însă în sudul Indiei, întrucât acesta era locul ce se potrivea cel mai bine constituţiei spirituale a lui Madhu. Urmând aceste instrucţiuni, Madhu făcea practici spirituale în Arunachala, când un credincios i-a spus: „Pari să fi un credincios devotat lui Kali. Kali e în Vallickavu. Mergi şi o vizitează."

Aşa a ajuns Madhu în Vallickavu pe 1 iunie 1980, în timpul Darşanului Bhavei. În interiorul altarului vechiului templu, Mama i-a spus lui Gayatri: „Fiul meu Madhu aşteaptă afară. Mergi şi adu-l înăuntru." Când a intrat în templu şi a văzut-o pe Mamă, Madhu a izbucnit în plâns. Mama i-a spus lui Madhu: „De câtă vreme te aştept."

A doua zi, cu o poză în mână, Mama a început să întrebe pe toată lumea cine este persoana din poză. Madhu, care şedea lângă Mamă, a spus: „Este Vireşwaranandaji." Mama a spus: „E un om de treabă." Mama i-a revelat lui Madhu că îl văzuse în timpul meditaţiei. Ce intuiţie bună avusese Swami, să îl trimită pe Madhu în sudul Indiei! În timpul Bhavei lui Devi, Amma l-a iniţiat pe Madhu cu o mantră.

În 1982, Madhu a celebrat aniversarea zilei de naştere a Sfintei Mame în Reunion. Aici a înfiinţat o sucursală a Mata Amrita-nandamayi Math şi s-a dedicat propagării Sanatana Dharmei (religiei eterne). Madhu era un sadhak sincer, modest, muncitor, cultivat şi plin de compasiune.

Pe 24 februarie 1985, Madhusudan a fost iniţiat de către Mamă în brahmacharya şi a devenit Prematma Chaitanya. Devotamentul său pentru Sfânta Mamă reiese cu uşurinţă din următoarele cuvinte: „Sunt ceea ce sunt datorită Ammei. Dacă n-aş fi întâlnit-o pe Mamă, aş fi dus probabil o viaţă obişnuită.

Doar datorită Graţiei Mamei am reuşit să mă menţin pe calea renunţării de sine. Pentru progresul spiritual, mult mai importantă decât capacitatea individuală, este Graţia Gurului."

Capitolul 13

Amma, Maestru Spiritual

Cine întruchipează perfecțiunea pentru tine? Dacă această întrebare s-ar pune unui tânăr din timpurile noastre, acesta ar răspunde probabil că persoana ideală este un milionar extrem de influent și prezentabil, sau poate un lider politic de înalt nivel; sau ar menționa numele unor vedete de cinema cu înfățișare romantică sau a unor jucători celebri de crichet. E păcat că tinerii din ziua de azi nu pot concepe o societate fără filme, politică sau romantism, care constituie pentru ei necesități vitale. Dar aceste activități contribuie la formarea caracterului și ne ajută în lupta cu viața? Ce conferă cuiva frumusețe și perfecțiune? Ce dă dulceață și farmec acțiunilor lor? Care este elementul care face pe cineva nemuritor și demn de adorație? Este oare unul din lucrurile menționate mai sus? O persoană matură înzestrată cu discernă-mânt ar răspunde fără nici o ezitare: „Nu, în mod sigur că nu!" Atunci care este acel factor? Pe scurt, sunt virtuțile eterne care odată bine integrate izvorăsc din toată ființa. Este ceea ce putem vedea în Sfânta Mamă Amritanandamayi, îmbinarea armonioasă a iubirii necondiționate și a fericirii supreme.

Oameni din diferite medii sociale o văd diferit pe Sfânta Mamă, în funcție de nivelul lor de înțelegere și de maturitatea lor intelectuală. Dacă ai întreba de pildă o persoană a cărei minte este preocupată doar de nivelul superficial al existenței cine este

Mata Amritanandamayi, aceasta ar răspunde: „Este o femeie extraordinară care poate vindeca boli groaznice şi incurabile cu o simplă atingere sau privire." Sau ar răspunde: „Îţi poate rezolva toate problemele şi îţi poate îndeplini toate dorinţele." Dacă aceeaşi întrebare s-ar pune cuiva cu o minte mai rafinată, răspunsul ar fi: „O, Sfânta Mamă este incredibilă. Îţi poate da multe puteri oculte. Este maestră în telepatie şi clarviziune. Nu e mare lucru pentru ea să transforme apa în panchamritam şi lapte. Are control absolut asupra celor opt puteri mistice (siddhis[1])" şi aşa mai departe. Răspunsul unui adevărat aspirant spiritual ar fi: „Mama este Ţelul Suprem al unui aspirant. Ea este cea care îi inspiră şi îi susţine pe toţi aspiranţii spirituali sinceri pe care îi ajută să traverseze Oceanul mereu schimbător al Transmigraţiei. Iubirea şi compasiunea sunt însăşi esenţa ei; este încarnarea tuturor virtuţilor descrise de către scripturile Vedice şi de către toate textele religioase din lume. Dacă vă refugiaţi la picioarele ei, nu există nici o îndoială că veţi atinge cu uşurinţă Ţelul. Este un Maestru Perfect şi o Mamă Minunată."

Oricine vine în contact direct cu Mama şi o observă de aproape, fără prejudecăţi, poate percepe clar că ea integrează cele trei căi: calea devoţiunii (Bhakti Yoga), calea cunoaşterii (Jnana Yoga) şi calea acţiunii (Karma Yoga).

Toate aspectele devoţiunii supreme se manifestă în ea în forma lor cea mai înaltă. Vorbele şi acţiunile ei exprimă o cunoaştere perfectă a Sinelui Etern. Mama nu are egal printre karma yoghini. În acelaşi timp, toate punctele de vedere menţionate mai sus sunt

---

[1] Cele opt siddhis, perfecţiuni, sunt: puterea de a deveni oricând doreşti, mic ca un atom (anima), vast ca întregul univers (mahima), la fel de uşor ca bumbacul (laghima), la fel de greu ca muntele (garima); de a fi stăpânul tuturor lucrurilor (işitva), de a învinge totul şi a controla totul (vaşitva), de a merge fără nici cel mai mic efort în locuri aflate chiar dincolo de imaginaţie (prapti), de a te manifesta oriunde şi oricând doreşti (prakaşya). (Extras din Şri Lalita Sahasranama - Comentariu, publicat de centrul Mata Amritanandamayi, 1996).

viziuni parțiale născute din experiența și înțelegerea limitată a fiecăruia.

În Malayalam există o expresie: „Răbdător ca Pământul." Mama Pământ suportă tot. Oamenii o lovesc, o scuipă, o ară cu plugul, sapă în ea, îi străpung sânul cu târnăcopul pentru a o cultiva și pentru alte motive. Construiesc chiar clădiri de o sută de etaje peste ea, dar ea suportă totul cu răbdare. Nu se plânge de nimic. Nu disprețuiește pe nimeni ci servește și hrănește pe toți cât poate de bine. Într-un mod similar, Sfânta Mamă dă dovadă de o răbdare monumentală în reclădirea caracterului copiilor ei. Ea așteapă răbdătoare până când discipolii sunt suficient de maturi pentru a fi disciplinați. Până în acel moment, revarsă asupra lor iubirea ei necondiționată și le iartă toate greșelile.

Dacă se studiază cu atenție lunga tradiție spirituală de sfinți și înțelepți din India și se observă modul în care și-au instruit și iluminat discipolii, se poate înțelege cu ușurință natura specială a relației Guru-discipol ce nu poate fi întâlnită nicăieri altundeva în lume. Sfânta Mamă spune: „La început, un satguru (Maestru Perfect) nu dă instrucțiuni stricte discipolului ci îl cucerește cu iubirea lui necondiționată. Impactul puternic creat de iubirea Gurului îl pregătește pe discipol și începând cu acest moment Gurul poate lucra asupra vasanelor[2] și tendințelor lui mentale. Încet încet, prin instrucțiuni stricte dar iubitoare, Gurul disciplinează și reconstruiește personalitatea discipolului. Într-o relație Guru-discipol adevărată este greu de spus care este Gurul și care este discipolul, pentru că Gurul va fi mai umil decît discipolul, iar discipolul mai umil decât Gurul." La început, Gurul poate face uneori chiar pe placul discipolului într-o oarecare măsură dar apoi, când decide că discipolul este suficient de matur pentru a începe practica spirituală, Gurul începe să îl disciplineze treptat. Odată ce faza de disciplinare începe, deși iubește pe discipol ca pe

---

[2] Tendințe latente aduse din alte vieți.

un fiu sau fiică, Gurul nu îşi va arăta prea mult iubirea. Singurul Ţel al Gurului este de a face pe discipol conştient de propriul său Sine Etern. Cu alte cuvinte, disciplinarea este un alt mod de a-şi exprima iubirea. Aceasta este iubire adevărată, tranformarea discipolului într-un giuvaer adevărat.

Referindu-se la modul în care pune în evidenţă şi corectează greşelile copiilor ei, Sfânta Mamă spune: „Sunt ca un grădinar. Grădina este plină de flori multicolore. Nu mi s-a cerut să am grijă de florile perfecte ci să vin în ajutorul florilor atacate de viermi şi insecte dăunătoare. Pentru a înlătura insectele, e posibil să trebuiască să ciupesc petalele şi frunzele şi asta este dureros, dar în acelaşi timp indispensabil, dacă doresc să salvez plantele şi florile de la distrugere. În acelaşi mod, Mama lucrează necontenit asupra slăbiciunilor copiilor ei. Procesul de purificare este dureros dar este pentru propriul vostru bine. Virtuţile voastre nu necesită atenţie, dar dacă slăbiciunile nu sunt înlăturate, vor distruge şi calităţile pe care le aveţi. Copiii mei, poate vă gândiţi că Mama este supărată pe voi uneori. Nici vorbă de aşa ceva. Mama vă iubeşte mai mult decât oricine altcineva şi de aceea face ceea ce face. Mama nu îşi doreşte nimic altceva decât progresul vostru spiritual."

Nu o veţi vedea niciodată pe Mamă şezând pe un tron şi dând ordine credincioşilor şi copiilor ei spirituali să facă una sau alta. Ea dă instrucţiuni dar în acelaşi timp oferă un exemplu demn de urmat prin acţiunile ei. Caracteristicile măreţiei sunt umilinţa şi simplitatea iar Sfânta Mamă este un exemplu viu al acestui adevăr. Este mai umilă decât cel mai umil pământean şi mai simplă decât cel mai simplu dintre oameni. Vorbind despre ea, spune: „Sunt servitoarea servitorilor. Această viaţă este dedicată celorlalţi. Fericirea copiilor ei este averea şi sănătatea Mamei."

Metoda Sfintei Mame de a diminua şi distruge ego-ul şi alte tendinţe negative ale copiilor ei este minunată. Mama este un soldat invincibil. Chiar Mama pregătește terenul pentru a pune la încercare maturitatea și progresul spiritual, creând o situație potrivită. Fără a da nici cel mai mic motiv de bănuială, conduce pe aspirant pe câmpul de bătălie. Până să își dea seama de gravitatea situației, toți dușmanii interiori ies la iveală iar intelectul, în mod normal înzestrat cu putere de discernământ, este copleșit de emoții. În acest moment, Sfânta Mamă profită de ocazie pentru a elimina egoismul copiilor ei. Armele ei puternice lovesc ținta fără nici o excepție și nu trece multă vreme până când tendințele negative ale celor ce i-au cerut ajutorul devin din ce în ce mai slabe. Următoarea povestire descrie un astfel de incident.

Odată, în urmă cu câțiva ani, Brahmachari Nealu a adus de la Tiruvanamalai (reședința sa precedentă) o mașină de scris portabilă. Balu, care nu învățase niciodată să scrie la mașină, a luat o bucată de hârtie și a bătut în glumă: „Mamă, fă-mă sclavul tău." Mama, care ședea în apropiere vorbind cu Nealu, s-a întors pe neașteptate spre Balu și l-a întrebat: „Fiule, ce bați la mașină?" Balu a tradus propoziția în Malayalam. Fără a mai menționa nimic legat de asta, Mama a continuat conversația cu Nealu.

După cincisprezece minute, Mama i-a spus lui Nealu: „Îl voi trimite pe Balu în străinătate." Balu a fost uluit la auzul acestor cuvinte, întrucât deja renunțase la două slujbe pentru a putea sta cu Mama permanent. „Ce ai spus, Mamă?" întrebă el îngrijorat.

„Da, avem nevoie de bani pentru așram. Numărul de rezidenți e în permanentă creștere și nu avem nici un venit pentru a-i hrăni și adăposti. Așa că trebuie să mergi să muncești." răspunse Mama.

Atât i-a trebuit lui Balu. Toți demonii interiori s-au mobilizat și a strigat cu vehemență: „Nu, nu vreau să muncesc. Nu vreau să plec de aici. Am venit să stau cu Mama, nu să muncesc în lume sau să fac bani." Dar Mama a continuat să insiste până când furia lui Balu nu a mai cunoscut margini. Tendințele lui negative erau gata de atac când dintr-o dată Mama îi spuse duios: „Fiule, ce ai scris la maşină acum câteva minute? Dacă vrei să devii servitorul lui Dumnezeu, trebuie să abandonezi tot ce îţi aparţine la Picioarele Lui. Dacă mintea nu este curată, Dumnezeu nu va sălăşlui în inima ta. A deveni servitorul lui Dumnezeu înseamnă a accepta împăcat toate experienţele, bune sau rele, fericite sau nefericite. A vedea în toate voia lui Dumnezeu. Fiule, nu vreau banii tăi. Când văd cum plângi după Dumnezeu sunt atât de fericită că mi se umple inima de bucurie pentru tine." Acestea fiind spuse, a intrat în samadhi. Corpul i-a deveni complet imobil iar pe obraji au început să îi curgă lacrimi. Aşa a rămas vreme de o oră, după care a revenit treptat la planul obişnuit de conştiinţă.

Cuprins de remuşcare, Balu a căzut la picioarele Mamei şi a implorat-o să îl ierte. A rugat-o: „Mamă, te rog, purifică-mi inima. Eliberează-mă de toate gândurile şi faptele necurate. Fă din mine un instrument perfect în mâinile tale." Mama l-a consolat spunându-i: „Fiule, nu te teme. Ai venit la Mama şi acum este responsabilitatea ei să aibă grijă de tine şi să te conducă la perfecţiune." La auzul acestor cuvinte, Balu s-a simţit inundat de un sentiment de pace şi bucurie.

Sfânta Mamă a spus odată: „Copii, sunteţi fericiţi când Mama vă prezintă o faţă surâzătoare. Dacă Mama spune ceva împotriva dorinţelor voastre vă gândiţi că Mama nu vă iubeşte, dar nu este adevărat. Mama încearcă întotdeauna să vă întărească. Pentru a vă face mai puternici spiritual, toate slăbiciunile mentale trebuie înlăturate. Pentru a atinge acest scop va pretinde uneori că este mânioasă. Uneori asta e necesar pentru a vă instrui. Uitaţi-vă de exemplu la o vacă care mănâncă de zor frunzele fragede ale unui puiete de cocotier. Nu este suficient dacă cineva îi spune: „Vacă dragă, te rog, nu mânca frunzele astea fragede. Planta se va ofili." Mai mult ca sigur că vaca nu se va mişca din loc. Dar dacă iei un băţ lung şi strigi la ea: „Du-te de aici, du-te de aici!" vaca va părăsi imediat locul. La fel este cazul şi cu mânia Mamei. Copii,

Mama nu simte nici măcar un dram de mânie. Amintiți-vă întotdeauna că Mama nu are motive egoiste și acționează doar pentru progresul vostru spiritual. Dacă Mama vă arată mereu iubirea și afecțiunea pe care le are pentru voi, nu vă veți uita înlăuntrul vostru pentru a găsi Sinele Adevărat. Copii, pentru o persoană obișnuită este suficient să aibă grijă de nevastă și de copii, dar un saniasin adevărat trebuie să ducă pe umeri povara întregii lumi. Prin urmare trebuie să deveniți cât mai puternici."

Odată, după Darșanul obișnuit, Mama a reușit să se retragă pentru a se odihni doar la ora patru dimineața. După ce a intrat în colibă și a închis ușa, un rezident al așramului s-a întins să doarmă ca de obicei în fața ușii, pentru a se asigura că nimeni nu o va deranja în timp ce se odihnea. Exact în acel moment, o femeie care pierduse autobuzul și care venise pe jos tocmai din Kollam (aflat la o distanță de treizeci și cinci de kilometri) a ajuns la așram. Când a aflat că Mama se dusese la culcare, a fost extrem de dezamăgită dar nu și-a pierdut complet speranța și a strigat-o pe Mamă de câteva ori. Auzind vocea femeii, rezidentul care păzea ușa Mamii s-a sculat și a certat-o spunând că o deranja pe Mamă și a rugat-o chiar să părăsească locul. În acel moment, Mama, care înțelesese ce se întâmplase, a deschis ușa și a ieșit să o primească pe femeie. După câteva întrebări afectuoase, Mamă a consolat-o și a asigurat-o că îi va rezolva problemele cu care se confrunta.

Întorcându-se apoi către persoana care dormise în fața ușii, Mama i-a spus pe un ton aspru: „Nu mă aflu aici pentru a mă bucura de odihnă sau confort ci pentru a servi pe alții și pentru a le ușura suferințele. Fericirea lor este fericirea mea. Nu doresc serviciul nimănui. Mă aflu aici pentru a servi pe toți. Trebuie să fiu liberă să întâlnesc pe oricine, la orice oră. Nu voi permite nimănui să mă oprească să întâlnesc pe credincioșii care vin aici pentru a cere consolare și ajutor. Știi cu câtă dificultate vin aici cu micile lor economii doar pentru a-și descărca inima în prezența mea? Dacă vei continua să te porți așa și vei mai încerca să impui reguli cu privire la orarul meu, voi dizolva această organizație. Nu doresc o misiune de caritate dacă nu alină suferințele oamenilor. Menirea unei misiuni este să servească pe ceilalți." Zicând acestea, i-a interzis acelui rezident și tuturor celorlalți să mai doarmă la ușa ei.

Cu altă ocazie, o femeie bolnavă care venise la așram pentru a cere sfatul Mamei, a vomitat pe hainele Mamei. Un rezident, una dintre fetele care avea grijă de Mamă personal, a apucat haina murdară cu un băț și era pe cale să o dea unui bărbat însărcinat cu spălatul hainelor. Văzând aceasta, Mama a certat-o pe fată spunându-i: „Dacă nu poți vedea pe Dumnezeu în toți și să servești pe toți în egală măsură, ce rost are că ai meditat și servit pe alții atâția ani? Există vreo diferență între mine și femeia asta bolnavă?" Spunând aceasta, Mama a luat haina și a spălat-o ea însăși, interzicând fetei să aibă grijă de ea pentru câteva zile după această întâmplare.

Simpla prezență a Sfintei Mame este o inspirație pentru credincioși. Ea le poate transmite forța și entuziasmul de a face orice, în orice moment. Dacă rezidenții trebuie de pildă să care cărămizi, nisip și alte materiale de construcție, sau să golească un tanc septic, sau să ajute pe zidari să facă beton, e nevoie să alerge de colo-colo pentru a încerca să adune câțiva credincioși să îi ajute. Uneori aceasta se petrece la ora trei sau patru dimineața, la finalul Bhavei lui Devi când toți credincioșii doresc să meargă la culcare. Pe neașteptate, Sfânta Mamă își face apariția la locul unde munca este pe cale să înceapă. În ciuda faptului că a stat așezată de la ora șase din ziua precedentă până la trei sau patru în dimineața următoare, se alătură rezidenților plină de entuziasm și voie bună. Curând, vestea că Mama cară cărămizi, apă sau altceva se răspândește și credincioșii vin în fugă din toate direcțiile. Partea mai interesantă este că o muncă care ar fi luat în mod normal șase sau șapte ore, se termină în una sau două.

Pentru a face pe credincioși să uite de greutatea muncii, Sfânta Mamă, ce are un simț al umorului extrem de dezvoltat, îi face să râdă. Uneori face un foc și prepară pe el băuturi și alune prăjite pentru toți cei care lucrează. Apoi le distribuie ea însăși credincioșilor. În timpul lucrului, Sfânta Mamă le dă tuturor instrucțiuni: „Copii, pe când lucrați, încercați întotdeauna să vă recitați mantra sau să cântați un cântec devoțional. Doar acele acțiuni care sunt dedicate Domnului sunt considerate acțiuni reale și atunci acțiunea (karma) devine Yoga. Altfel este Karma Bhoga (acțiune motivată de dorința de a te bucura de ceva)."

„Când Gopițele din Vrindavan mergeau să vândă lapte sau iaurt obișnuiau să strige: „Krișna, Madhava, Yadava, Kesava..." În bucătărie puneau diferitele nume ale lui Krișna pe toate borcanele cu condimente și pe alte alimente. Își asumau totodată toate responsabilitățile unei stăpâne a casei[3]. Nu stăteau niciodată fără lucru ci purtau mereu forma lui Krișna în inima lor și Numele Lui Divin pe buze. Copii, încercați să fiți ca ele."

Indiferent de întrebare, sau de cel ce o pune, fie el ateu, teist, raționalist sau antagonist, Sfânta Mamă răspunde cu blândețe, calm și afecțiune, fără să îi rănească sau să le desconsidere ideile. De pildă, într-o zi, un tânăr care vizita așramul i-a spus Mamei: „Nu am nici o încredere în filozofia spirituală și în maeștrii spirituali. Nu e mai bine să servești umanitatea? Mulți oameni suferă de sărăcie și foame. Ce fac acești așa-zis spiritualiști pentru ei? Nu își pierd pur și simplu vremea fără să facă mare lucru?"

Sfânta Mamă răspunse calm: „Fiule, ceea ce spui este corect. Desigur, a servi pe ceilalți este important. Viața unui aspirant spiritual adevărat trebuie să fie dedicată acestui țel. Mama este

---

[3] În India, toți cei devotați Sfintei Mame care nu sunt rezidenți în așram, se alfă practic la conducerea unei familii.

perfect de acord cu această idee. Dar ce constituie un serviciu real? Serviciu adevărat este ajutorarea aproapelui fără a aştepta nimic în schimb. Cine face asta? Dacă cineva se gândeşte să ajute o familie nevoiaşă, în mod sigur în spatele acestui gest există un motiv egoist. Toată lumea îşi doreşte glorie personală şi faimă. Mama ştie că un sfat spiritual nu va potoli foamea unei persoane cufundate în mizerie. Trebuie să avem compasiune şi iubire pentru asemenea oameni. Adevărata compasiune şi iubire vin doar prin practicarea spiritualităţii. Trebuie să avem un ideal înalt în viaţă. Trebuie să fim pregătiţi să sacrificăm totul pentru a-l respecta. Aceasta este adevărata spiritualitate. A furniza doar mâncarea necesară nu va rezolva problemele nimănui. Nevoia de mâncare va apare din nou după o vreme. Aşa că cea mai bună soluţie este să îi ajuţi pe ceilalţi şi la exterior şi în interior, adică să le dai de mâncare, dar în acelaşi timp să îi faci conştienţi de necesitatea de a se dezvolta în interior. Aceasta este posibil doar prin educaţie spirituală. Acest gen de serviciu va ajuta lumea să ducă o viaţă fericită şi echilibrată indiferent de circumstanţe, chiar în condiţii materiale extrem de grele. De fapt, spiritualitatea este cea care ne învaţă cum să trăim o viaţă perfectă în lume. Fiule, totul depinde de minte. Dacă mintea este calmă şi liniştită, chiar şi cel mai întunecat iad devine un sălaş al fericirii, dar dacă mintea este agitată, chiar şi raiul devine un loc de suferinţă imensă. Asta este ceea ce oferă spiritualitatea şi maeştrii spirituali: pacea şi liniştea fără de care nu se poate trăi."

Chiar şi cel mai mare ticălos pe care proprii părinţi şi rude îl consideră un netrebnic, este ca un fiu drag pentru Sfânta Mamă. Chiar şi o asemenea persoană poate spune: „Sunt fiul favorit al Mamei. O iubesc mai mult decât pe propria mea mamă care mi-a dat naştere. Sunt copilul ei." Aceasta este impresia creată de Sfânta Mamă în inimile credincioşilor. Chiar şi despre un tâlhar, Mama ar spune: „Ce fiu bun este. E foarte inocent." Trecând cu vederea calităţile lor negative, laudă calităţile pozitive care în realitate pot fi infime.

Prin experiența noastră directă, ne putem da seama că Sfânta Mamă este un izvor inepuizabil de energie spirituală și de creativitate în acțiune. Deși Sfânta Mamă se implică în egală măsură în viața materială și spirituală a credincioșilor, rămâne la fel de detașată și neafectată de nimic ca întotdeauna.

Pentru a-și exprima devoțiunea și recunoștința, un credincios poate spune: „O Mamă, ai atât de multă milă de mine. Cu binecuvântarea ta, meditez foarte bine și mintea mi-e calmă." Altcineva ar spune: „O Mamă, prin grația ta, toate problemele familiale mi s-au rezolvat și multe din dorințele de o viață mi s-au împlinit." Auzind pe credincioși vorbind așa, Sfânta Mamă râde uneori și răspunde: „Namah Șivaya! Cine e Mama să binecuvânteze? E doar o fată nebună care umblă liberă pentru că nu s-a găsit nimeni să o pună într-o casă de nebuni. Eu nu fac nimic. Dumnezeu face totul fără a face nimic."

Oamenii care vin să o vadă pe Mamă sunt foarte diferiți. Unii pun întrebări despre Kundalini Yoga (tehnică pentru a trezi puterea șarpelui mistic Kundalini), în timp ce alții vor să afle despre Nirvikalpa Samadhi, starea celui ce este stabilit în Sinele lui Suprem. O altă persoană se plânge de starea sănătății. Unii părinți vin plângând la Mama, spunând că le-au luat-o copiii pe căi greșite și că săvârșesc tot felul de infracțiuni și o roagă pe Mamă să îi salveze. Unii tineri se plâng că deși au terminat facultatea de ceva vreme, nu pot găsi o slujbă. Ei spun: „Te rog, Mamă, binecuvântează-mă să găsesc de lucru." Soții mărturisesc Mamei că soțiile lor nu sunt sincere. Soțiile se plâng că bărbatul lor nu le iubește. Sunt unii oameni care se roagă Mamei să le pedepsească vecinul sau care îi spun că vaca nu dă suficient lapte sau că în ogradă cocotierul nu dă suficiente nuci de cocos. Unii îi cer binecuvântarea pentru examene iar alții vin cu boli incurabile. Unii părinți se arată tulburați că fiul lor dorește să devină saniasin. Câțiva dintre cei ce vin să o vadă, devin aspiranți spirituali serioși după întâlnirea cu Sfânta Mamă și revin pentru a cere instrucțiuni legate de sadhana. Fiecare dintre aceşti vizitatori este tratat cu aceeaşi iubire şi afecţiune şi este sfătuit în funcţie de nivelul personal de maturitate şi de nevoile individuale. Mama nu le ascultă doar problemele ci le dăruieşte îndeplinirea tuturor dorinţelor.

În fiecare dimineaţă, în jur de ora nouă, Sfânta Mamă vine să întâlnească pe credincioşii veniţi în număr mare pentru Darşan. Chemând pe fiecare la ea, le ascultă cu interes problemele. Sfânta Mamă spune: „Copii, nu doresc nimic de la voi decât povara voastră de suferinţe. Mama se află aici pentru a vă sprijini." Stă aşezată acolo până când toată lumea a fost primită şi consolată. Aproape în fiecare zi termină Darşanul în jur de două sau trei după-amiaza. După ce se întoarce în camera ei, Mama citeşte scrisorile primite şi dă instrucţiuni rezidenţilor legate de funcţionarea aşramului. Continuă să dea instrucţiuni sau să citească scrisori chiar şi în timp ce mănâncă. Deseori, cheamă la ea o familie sau persoană care a ajuns la aşram prea târziu pentru Darşan. Dacă este zi de Darşan al Bhavei iese din nou în jur de cinci seara pentru a cânta cântece devoţionale. După aceasta, începe Darşanul Bhavei care durează până la ora trei sau patru dimineaţa. În tot acest timp, Mama stă aşezată în templu şi primeşte pe credincioşi unul câte unul, ascultându-le problemele, fie el materiale sau spirituale. Nu doar le ascultă problemele, ci le rezolvă printr-o privire, atingere, sau prin pură voinţă (sankalpa). Chiar şi în acest pămînt sfânt al Indiei, Sfânta Mamă Amritanandamayi este un fenomen unic. Însuşindu-şi Bhava lui Adi Paraşakti (Mama Divină), Energia Supremă Primordială, ea serveşte fără întrerupere Creaţia lui Dumnezeu, cu fiecare respiraţie. Compasiunea infinită pe care o manifestă faţă de umanitatea aflată în derivă nu are egal în istoria spirituală a Indiei. Fie ca viaţa ei divină să călăuzească precum o stea pe toţi cei ce aspiră să cunoască Pacea Supremă şi fericirea Sinelui lor Etern.

Om Namah Shivaya!

Glosar

achyuta – „Care nu a căzut, ferm, solid". Nume al lui Vişnu.

Adi Paraşakti – Energia supremă primordială, Creatoarea, partea feminină a lui Şiva (principiul masculin sau conştiinţa pură).

ahimsa – „Stare a celui inofensiv, care nu răneşte, nu omoară". Non-violenţă – un concept care a fost promovat de Mahatma Gandhi în timpul luptei pentru independenţă a Indiei, în 1945.

Ananta – „Infinit". Unul dintre numele şarpelui Şeşa pe care Vişnu se odihneşte după pralaya cosmică (sfârşitul unui ciclu, dezintegrare temporară a universului).

arati – Ritual cu care se finalizează o pujă; constă în rotirea de camfor aprins în faţa unei icoane sau a gurului. Camforul nu lasă reziduuri după ce arde şi simbolizează ego-ul consumat în întregime de flacăra aspiraţiei spirituale.

Arjuna – Celebru personaj al lucrării epice Mahabharata, cunoscut pentru dialogurile sale cu Şri Krişna în Bhagavad Gita, în care Krişna este cel ce conduce carul său de luptă revelându-i în acelaşi timp adevărurile eterne ale existenţei.

Ayodhya – Oraş sfânt şi capitală a regatului lui Rama.

Bhagavan – „Binefericitul; Domnul". Nume ale lui Vişnu şi Krişna.

bhajan – Cântec devoţional.

bhakta – Credincios.

bhoga – Plăcere. Posesiune.

bhavă – Stare, dispoziţie divină, extaz în cursul căruia credinciosul se transformă în divinitatea pe care o adoră.

Brahma – Prima persoană a trinităţii hinduse – Brahma, Vişnu, Şiva – creator al lumilor prin intermediul cuvântului.

brahmachari (-ni) – Aspirant spiritual, discipol monastic, student al ştiinţei lui Brahman. Brahmacharya este considerată o etapă preliminară etapei finale de sanias.

brahmacharya dikşa – Ceremonie de inițiere în care aspirantul este pregătit pentru sanias, sau în care gurul dă discipolului un nume, un cordon sacru care „îl leagă de adevăr" şi un rând de haine de culoare galbenă.

Brahman – Absolutul, Sinele, Supremul. Realitatea dincolo de dualism. Preot, membru al clasei sacerdotale.

chataka – pasăre legendară ce se hrăneşte cu picăturile de nectar căzute din lună sau cu apa de ploaie ce nu a atins încă pământul.

chinmudra – Un gest sacru în care vârful degetului mare atinge degetul arătător, formând un cerc. Acest gest simbolizează uniunea sinelui individual cu Absolutul.

darşan – „A vedea". Momentul în care divinitatea se revelează credinciosului. Ocazie cu care o personalitate spirituală se oferă pentru „a fi văzută". Binecuvântare obținută ca urmare a acestei viziuni.

Devi – Mama Divină; energia divină care a dat naştere întregii creații şi care menține în existență tot ceea ce există, cunoscută şi sub numele de Şakti Divin; Aspectul manifestat al creației; Devi are multe alte nume, printre care şi Parvati, Sita, Durga, Kali, Uma, Tara, Sarasvati.

dikşa – inițiere.

dharma – Lege, regulă de acțiune corectă, în armonie cu ordinea cosmică şi voia lui Dumnezeu. Set de reguli universal acceptate în India ce privesc comportamentul moral, social şi religios.

dhoti – Bucată de bumbac purtată de bărbați; se înfăşoară în jurul taliei şi acoperă picioarele până la glezne.

Durga – „Cea inaccesibilă". Unul dintre numele Mamei Divine.

Dvaraka (se pronunță Duaraka) – „Oraşul Porților". Oraş sacru unde a trăit şi unde a murit Şri Krişna.

Ganeş – „Domn al Multitudinii". Cunoscut şi sub numele de Ganapati sau Vinayaka. Zeu cu capul de elefant, fiul cel mai mare al lui Şiva şi Parvati, simbol al cunoaşterii spirituale. Puterea care depăşeşte obstacolele prin forța cunoaşterii şi a înțelegerii. Domn al Obstacolelor. Este cinstit la începutul ritualurilor și ceremoniilor religioase.

Garuda – Pasăre mistică, rege al păsărilor, dușman al șerpilor, vehicul al lui Vișnu. Astăzi, în India, șoimii sunt numiți Garuda.

Gita – Poem metafizic. Partea cea mai faimoasă a Gitei este Bhagavad Gita – epopee celebră în forma dialogului dintre Krișna și Arjuna pe câmpul de bătălie de la Kurukșetra.

Gokulam – „Așezământ al vacilor". Oraș din regiunea Mathura unde a fost crescut Krișna.

Gopal – Păstorul, protectorul vacilor, nume al lui Krișna.

gopi, gopițe – Păstori și păstorițe de vaci și tovarăși apropiați ai lui Krișna.

gună – „Calitate, caracter, proprietate". Cele trei gune sunt: *tamas* – caracterizează materia fizică inertă; *rajas* – caracterizează acțiunea și planul mental de conștiință; *sattva* – caracterizează spiritul cu înțelepciunea sa inerentă.

Guru – Maestru spiritual, instructor, ghid care călăuzește pe aspiranții spirituali pe calea spirituală. Format din cuvintele Gu – întuneric și Ru – lumină. Cel ce călăuzește de la întuneric la lumină.

Hanuman – Zeul maimuță. Companion fidel al lui Rama, simbol al devoțiunii supreme.

Ișta Devata – Divinitate mult iubită aleasă pentru a fi adorată în exclusivitate (zeu sau zeiță care devine obiect absolut al devoțiunii credinciosului).

japa – repetiție a unei rugăciuni, a unei *mantre* sau a numelui lui Dumnezeu.

jivatman – Sine individual. Atmanul, spiritual sau sinele etern încarnat într-o ființă vie.

Kali – formă teribilă a Mamei Divine. Kali este Mama întregii creații și distrugătoarea tendințelor negative, a egoului.

Kalya – șarpe fioros cu cinci capete învins de Șri Krișna.

karma bhoga – Acţiune motivată de dorinţa de a savura fructele acelei acţiuni.

Katyayani – Fiică a a lui Katyayana, înţelept care a jurat că va fi tatăl Mamei Divine într-una din încarnările sale.

Kaveri – Fluviu sacru al Indiei. Zeiţă a abundenţei.

Keşava – Nume ale lui Vişnu şi Krişna.

Krişna – „Cel de culoare întunecată". A opta încarnare (avatar) a Domnului Vişnu şi erou al lucrării epice Mahabharata din care face parte Bhagavad Gita.

Kucela – O credincioasă a Domnului Krişna a cărei poveste este relatată în lucrarea Srimad Bhagavatam.

kundalini – Kundalini Şakti este reprezentat sub forma unui şarpe de sex feminin, adormit în chakra *muladhara*, aflată la baza coloanei vertebrale. Prin practici spirituale, ea se trezeşte şi traversând cele şase chakre (centre de conştiinţă), se ridică până la ultima chakră, *sahasrara* (lotus cu o mie de petale) în vârful capului, pentru a se uni cu Sadaşiva, reprezentat sub forma unui şarpe de sex masculin. Din această uniune sacră se naşte beatitudinea divină care se răspândeşte în toată fiinţa ca un val de nectar divin, numit *kulamata*.

Kurukşetra – „Ţinut al clanului Kaurava". Câmpie situată în apropiere de Delhi unde a avut loc bătălia descrisă în Mahabharata. Câmpul vieţii pe care se desfăşoară toate acţiunile umane.

kşatria – membru al nobilimii şi al castei de războinici. Om de acţiune, comandant, războinic şi administrator.

lila – „Jocul" prin care Divinul a creat lumea şi s-a manifestat.

mantra – „Cea care linişteşte mintea." Silabă sacră, nume sau formulă mistică.

maya – Energia creatoare, iluzia cosmică care ascunde Absolutul precum un voal.

moksha – Mântuire (unul dintre cele patru purusharrthas sau scopuri legitime ale vieţii; celelalte trei sunt *kama* (satisfacerea dorinţelor), *artha* (acumularea de bunuri materiale) şi *dharma* (comportamentul corect).

mudra – Poziție a degetelor simbolică și sacră. *Mudra* lui Devi este o *mudră* asociată cu Mama Divină.

Muruga – „Frumos". Frate mai mai mic al lui Ganeșa, creat de Șiva pentru a ajuta sufletele în evoluția personală, în principal prin practicile yoga. Este adorat în sudul Indiei.

Nanda – „Bucurie". Tată adoptiv a lui Șri Krișna.

Narasimha – „Omul-leu"; al patrulea *avatar* al lui Vișnu ce a venit pentru a-l salva pe credinciosul său Prahlada.

Narayana – Unul dintre numele lui Vișnu. Domn al Iubirii.

nirvikalpa samadhi – Transă completă, stare de *samadhi* în care se transcend forma, timpul și spațiul. Unde cel ce privește, faptul de a privi și cel ce este privit sunt Una. Nirvikalpa Samadhi este starea de uniune absolută cu Brahman.

padapuja – Adorare a picioarelor sau sandalelor gurului.

padmasana – asană în hatha yoga numită și „postura lotusului".

Parvati – „Fiică a muntelui". Unul dintre numele perechii lui Șiva.

pradakșina – gest sacru și religios ce constă în înconjurarea cu respect a obiectului adorat, ținându-l tot timpul pe partea dreaptă (dakșina înseamnă: la dreapta).

Prakriti – Natura; Forța creatoare, activă, universală.

prana – Energie vitală.

prasad – Ofrandă oferită lui Dumnezeu sau Gurului (dulciuri, orez sau alte alimente). Se consideră că Dumnezeu binecuvântează prasadul oferit care apoi este distribuit credincioșilor.

puja – Slujbă de adorare a divinului sau a gurului; adorare.

Purușa – persoană; ființă conștientă; suflet; ființă supremă ce susține jocul lui prakriti; o conștiință sau o ființă conștientă; Domnul, martorul jocului creației.

Rama – sau Ram. A șaptea încarnare a lui Vișnu, rege al Ayodia și erou al Ramayanei.

Ramayana – istoria vieții lui Rama, celebru poem epic al lui Valmiki. Poemul povestește cum Ravana, regele demonilor, a răpit pe Sita, soția lui Rama și a dus-o pe insula sa, Lanka, și cum Rama a mers să o caute cu ajutorul lui Hanuman, regele maimuţelor, împreună cu armata sa de maimuţe, pentru a o salva şi a o readuce la Ayodia.

Sadguru – „Guru adevărat"; Maestru perfect; Suflet ce s-a mântuit şi care îşi conduce discipolii pe calea realizării divinităţii interioare. Uneori folosit ca nume pentru gurul interior, Sinele etern universal prezent în fiecare fiinţă umană sub forma Sinelui etern individual.

sadhak – Cel ce obţine sau se străduieşte să obţină cunoaşterea lui Dumnezeu.

sadhana – Practică spirituală.

sadhu – Un om bun, un sfânt.

sahaja samadhi – o stare continuă de samadhi în care cel aflat în ea poate desfăşura activităţile zilnice necesare (spre deosebire de Nirvikalpa samadhi în care cel aflat în samadhi nu este conştient de ce se întâmplă în jurul său).

samadhi – Stare de conştiinţă la care se ajunge în urma practicilor spirituale în care conştiinţa individuală (mintea) se uneşte cu Sinele Universal, Conştiinţa Supremă. Extaz care rezultă din această absorbţie în Absolut. Nu exclude a fi conştient de realitatea înconjurătoare şi a îndeplini diferite activităţi.

samsara – mişcare ciclică; lumea supusă ciclului naşterilor şi morţilor repetate; lumea obişnuită, în care domneşte igonranţa.

samskara – Impresie lăsată de un eveniment, idee fixă, reacţie abituală formată în trecut.

saniasin – Ascet ce poartă straie portocalii care a renunţat la lume şi care şi-a consacrat viaţa realizării Sinelui. Amma spune că *sanias* implică serviciul dezinteresat şi iubirea aproapelui.

sankalpa – hotărâre; credinţă, putere de concentrare divină; hotărâre luată în această stare de concentrare totală.

Sarasvati – „Cea care curge, cu mişcări fluide"; Muză şi zeiţă a înţelepciunii, a educaţiei, a artelor şi a artizanatului; un aspect al Mamei Divine, al lui Devi.

Sita – Fiică a lui Janaka şi soţie a lui Rama.

Şakti – Forţă, putere, voinţă, putere; energie creatoare a Absolutului care se exprimă prin prakriti – natură. Aspect feminin al energiei cosmice personificat sub forma lui Devi; Mama divină.

Şiva – „Bun"; Cel Binecuvântat; nume al Eternului sub aspectul său de Forţă şi Domn al tapasului. A treia persoană a trinităţii hinduse, asociată în special cu activitatea de distrugere (Brahma crează, Vişnu menţine, Şiva distruge). Principiu masculin sau conştiinţă pură; aspectul nemanifestat al divinului.

şrada – „Credinţă". Amma foloseşte acest termen punând accentul pe vigilenţă şi atenţie asupra muncii efectuate.

Şri Lalita Sahasranama – Mantră sacră compusă din o mie de nume ale Mamei divine în aspectul său de Şri Lalita. Aceste nume se repetă zilnic în aşramul Ammei precum şi în numeroase alte temple din India închinate lui Şakti (Devi).

swami – „Cel care se cunoaşte pe Sine Însuşi"; titlu dat unui om sfânt hindus, în general unui saniasin.

tapas – „Căldură" sau „Foc". Principiu esenţial de energie. Disciplină spirituală care purifică (care poate produce în corp o senzaţie de căldură intensă). Tapas denotă focul interior al transformării aprins de practicile spirituale.

vasana – Idee sau impresie mentală ce apare în *citta* – memoria pasivă. Ceea ce duce la formarea obiceiului de a reacţiona mereu în acelaşi mod în circumstanţe similare. Tendinţe latente aduse din alte vieţi.

vina – un instrument cu coarde ce poate fi văzut mereu pe genunchii lui Sarasvati.

Vişnu – „Cel omniprezent". A doua persoană a trinităţii hinduse. Cel ce susţine şi prezervează. Se încarnează în diferite epoci sub forma unui avatar.

Vrindavan – Regiune din districtul Matura unde Şri Krişna dansa cu gopii; paradis de frumuseţe şi beatitudine eternă.

Yamuna – Unul dintre cele mai sacre râuri din India.

Yaşoda – Mama adoptivă a lui Krişna.

yoga – „Uniune". Yoga este credința, calea spirituală și scopul acesteia. Cel ce urmează această cale se unește, treptat sau dintr-o dată, cu Absolutul, existența, conștiința, beatitudinea eternă a lui Brahman.

yogi – Cel ce practică Yoga; cel stabit în starea de uniune supremă a sinelui personal cu sinele universal.

www.ingramcontent.com/pod-product-compliance
Lightning Source LLC
Chambersburg PA
CBHW071211090426
42736CB00014B/2777